探索看不见的科学原理

万物运转图鉴

[日]涌井良幸　[日]涌井贞美　著
赵百灵　译

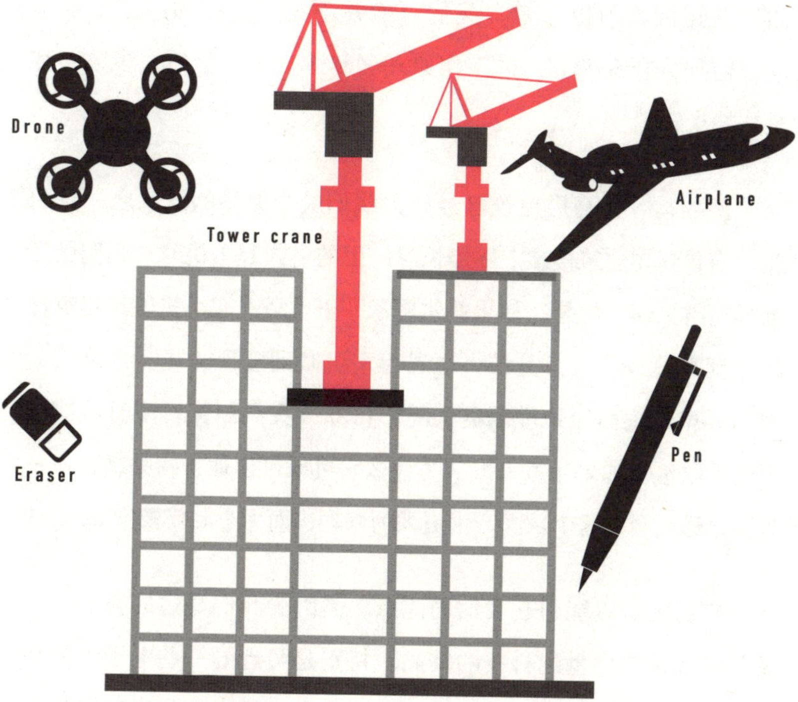

南海出版公司
2021·海口

序言

在科技文明高度发达的现代，各种各样的工业产品和建筑物环绕着我们，其中有很多都是一百年前我们连想都不敢想的“东西”。正因为习以为常，我们可能并不觉得这些物品多么了不起，但如果要探究它们的工作原理和制造方式，恐怕大多数人都是一知半解吧。

例如，今天高层建筑已经成为我们最为熟悉的风景之一，因此，当看到在建筑楼顶上不停忙碌施工的塔式起重机时，我们已经觉得司空见惯。但是，如果偶尔思考一下“塔式起重机能将建筑材料运到高处，那么又是谁将塔式起重机搬到楼顶的呢”，恐怕会因为冥思苦想而原地徘徊良久吧？再如，我们制作模型时习惯使用速干胶水，如果思考一下“为什么它可以迅速地将物品黏合在一起”，恐怕会对这个疑问产生更大的兴趣，而无心制作模型吧。

它们之所以能引起我们的注意，是因为我们身边的很多“物品”，都是二十世纪科技的结晶。特别是最近的一些电子元件和新材料领域的“物品”，都是过去一个世纪研究的集大成之作，对于普通人来说理解起来可能有一些困难。

本书以通俗易懂、图文并茂的形式，为大家揭开这些“物品”中隐藏的秘密。另外，我们也选取了如5G、无人机、VR和AR等最近新闻报道中经常提及的新科技产品。经过我们的精心编写，只需要看图就能够了解这些物品的原理和奥秘，有了这本书，以前那些“为什么”“什么样”之类的问题应该可以统统迎刃而解啦。

在思索二十一世纪的能源、环境、信息等问题时，需要对人类创造出来的“物品”的巧妙原理有所了解。此外，从知识趣味层面上来讲，了解一个“物品”的原理也是非常有意思的事情。如果本书能对您探索未知世界提供些许帮助，将是我们莫大的荣幸。

涌井良幸

涌井贞美

目录

第1章 时尚的高科技产品

026

050

第2章 随处可见的室外科技

072

084

第3章 日用家电中的科技

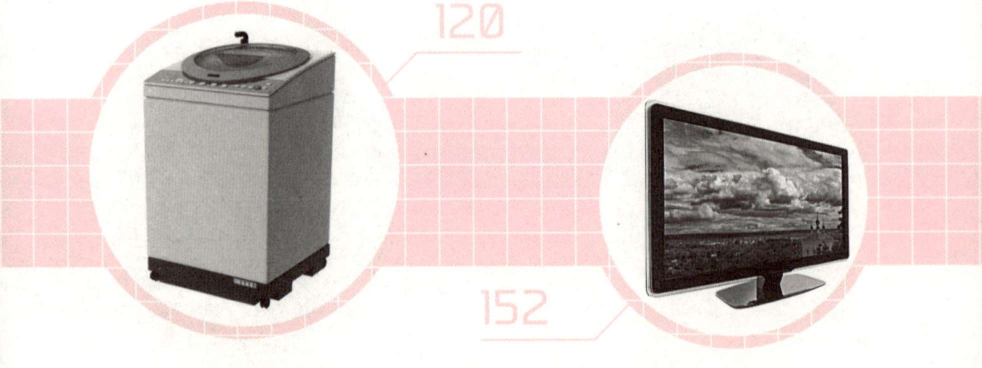

第4章 生活用品中的科技

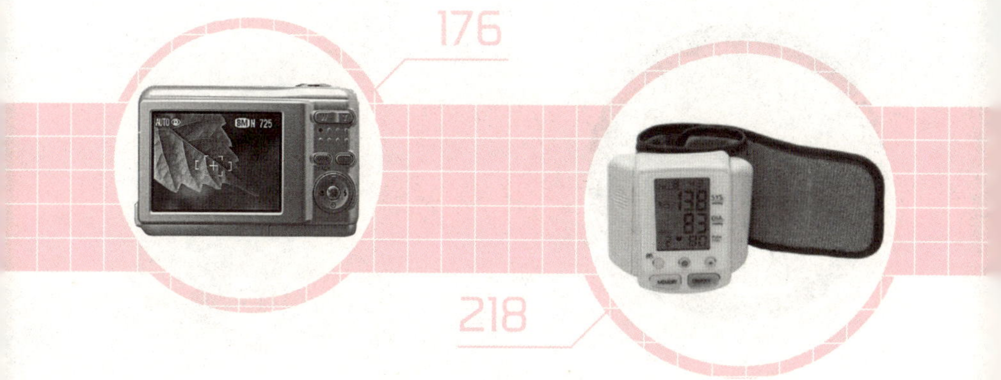

234
249
QUARTZ
SUN
SCREEN
30
SPF
SUN
SCREEN
50
SPF

第 5 章　交通工具集结高科技

258

290

第6章 高科技便利小物

第 7 章 文具也离不开科技

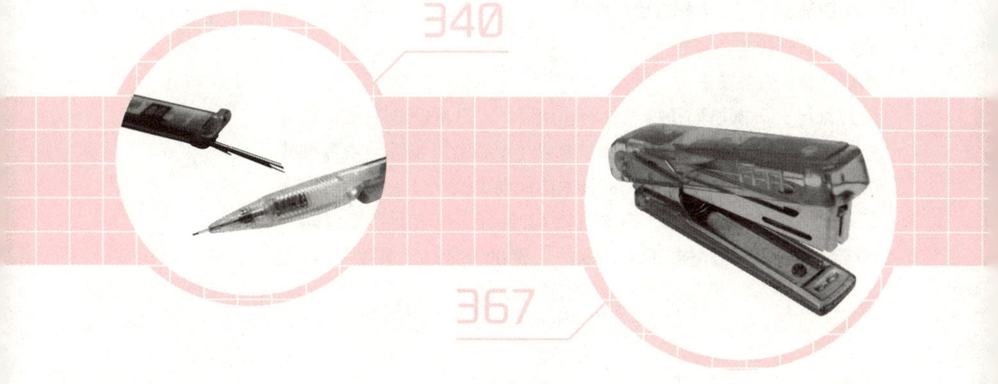

日文版图书制作人员（均为日籍）：

封面插画：小林哲也、Photolibrary、Pixabay、SILHOUETTE AC

封面设计：渡边民人（TYPEFACE）

正文设计：岛田利之（Sheets design）

正文插画及版式：小林哲也

校对：苍史社

助理编辑：岩佐陆生

照片来源：日本旭硝子株式会社（p54）、日本CONTEC株式会社（p304）、日本Mont-Bell株式会社（p300）、日本优衣库株式会社（p308）、日本抗菌制品技术协议会（p209）、日本纤维评价技术协议会（p209）、日本戴森（Dyson）株式会社（p164、p252）、日本无线充电联盟（p30）、Shutterstock（其他）

第1章

时尚的高科技产品

5G、VR、比特币、无人机……这些频繁出现在报纸和电视上的事物，它们都使用了哪些高新科技，又是如何运作的呢？

5G

Technology 001

随着智能手机的普及，人们可以在无线状态下听音乐、看视频、玩游戏，但无线通信线路拥堵的状况也日趋严重。因此，5G应运而生了。

自2007年美国苹果（Apple）公司的iPhone上市以来，智能手机的热潮始终未曾消退。它最大的魅力就是机型小巧，且可以充分享受网络的便捷。但通信公司却对此喜忧参半，虽然终端设备热销、入网用户增多让他们喜闻乐见，但通信线路因此造成的拥堵也使其烦恼。

5G是为了应对这些需求制定的无线通信标准。5G中的“G”是英语“generation（代、时代）”的首字母，因为之前我们一直使用的都是4G，所以5G指的是比4G更新一代的标准。

4G和5G的区别

之前的4G和在2020年开始普及的5G有什么区别呢？我们用高速公路打个比方。

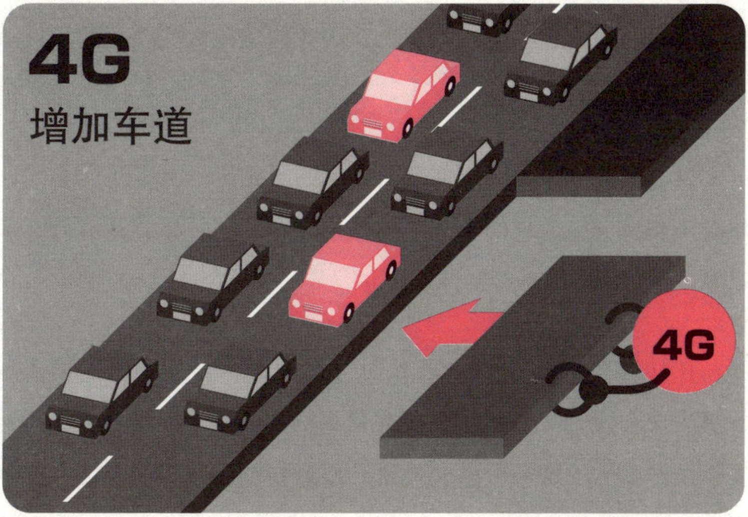

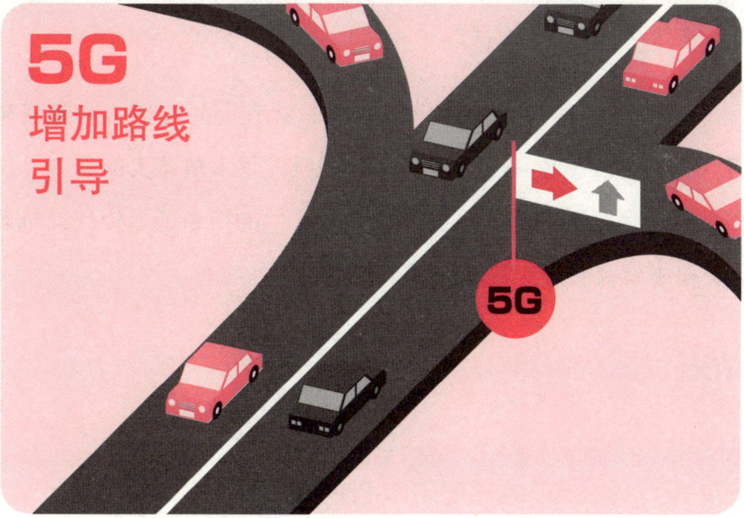

每一代手机的无线技术不变的追求都是**高速大容量**。从1G到5G时代的诉求，一直是如何将大量的数据高速、稳定地发送出去。而且现代无线通信还必须应对IoT的需求。IoT即**物联网**，是“Internet of Things”的缩写，指的是将家电、汽车、商品等所有的物品都与电脑连接在一起的意思，因此构建与之相匹配的无线通信迫在眉睫。

为了解决上述问题，多个国家都在如火如荼地研发5G技术，并以普及为目标。它的原理与前几代无线通信技术究竟有什么不同呢，我们用高速公路来打个比方。

在4G之前，每次更新换代时都是为道路增加车道，以实现车辆往来通畅。5G在继承了前几代想法的同时，还增加了分支路线，根据车辆的特征分散交通量，以这样的方式实现高度大容量化的目的。之所以增加路线是为了适应IoT服务，因为IoT要求同时进行多个连接。

此外，5G还为我们提供了一项非常有用的功能——**超低延迟**。我们可以想象一下外科医生远程操控手术机器人的场景，这样更容易理解低延迟的重要性。如果医生的指令延迟传达给机器人，手术就会变得非常危险。

通信速度的进化

从二十世纪八十年代的1G到计划于2020年开始普及的5G，我们来看一下日本通信速度进化的历史。

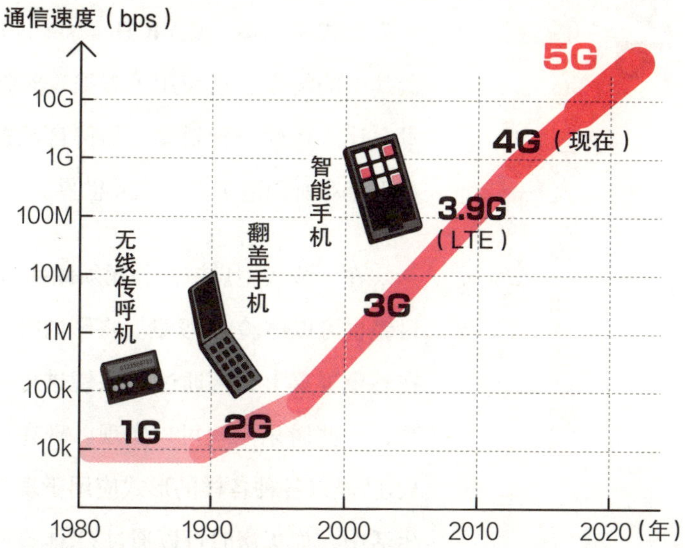

二十世纪八十年代	1G	模拟时代（手机之前） 使用的是 shoulder phone。
二十世纪九十年代	2G	通话用手机开始普及。代表为日本docomo公司的“mova”。开始推出i-Mode服务。
二十一世纪头十年	3G	翻盖手机开始普及。手机上网开始普及。 代表为日本docomo公司的“FOMA”。 用手机发送音乐和图片信息已经是普遍现象。
二十一世纪头十年末	3.9G (LTE)	智能手机开始普及。翻盖手机有趋向低潮的迹象。 代表为日本docomo公司的“Xi”。
二十一世纪一十年代	4G	智能手机的黄金时代。移动终端也能像电脑一样联网使用。
2020年左右	5G	高速大容量、IoT、远程操作。

Technology 002

VR和AR

VR可以利用计算机生成一种模拟环境，使人产生身临其境之感。而AR则会让人感觉虚拟的人或物出现在现实中。

VR（virtual reality）即**虚拟现实**技术，很久之前在游戏界就广为人知。在游戏发布会现场，我们经常看到人们佩戴着专用目镜［简称**HMD**（头戴式显示器）或VR Headset］享受其中的场景。这应用了虚拟现实技术，让人产生一种错觉，仿佛自己置身于游戏所创造出的三次元世界。

在一些大型设施内，无须佩戴VR目镜也可以体验VR场景。将影像投射在整个屏幕上，再通过3D眼镜进行观看，一些游乐园就可以实现。现在，VR已经以各种各样的形式应用于现实生活中，如买房时可以通过VR体验房间布局是否合理，在自己家里通过VR欣赏外国知名博物馆的展览等。

“视差”的原理

左右眼看到的影像之间的差异被称为“视差”。正是因为这种细微的视觉差异，大脑才能感知到物体的立体。

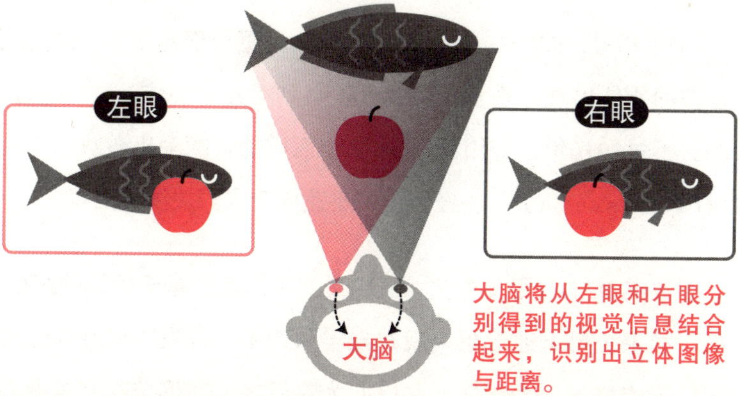

大脑将从左眼和右眼分别得到的视觉信息结合起来，识别出立体图像与距离。

VR的原理

当为左右眼分别提供具有视差的影像时，大脑就会产生身在影像之中的错觉，这就是VR的原理。

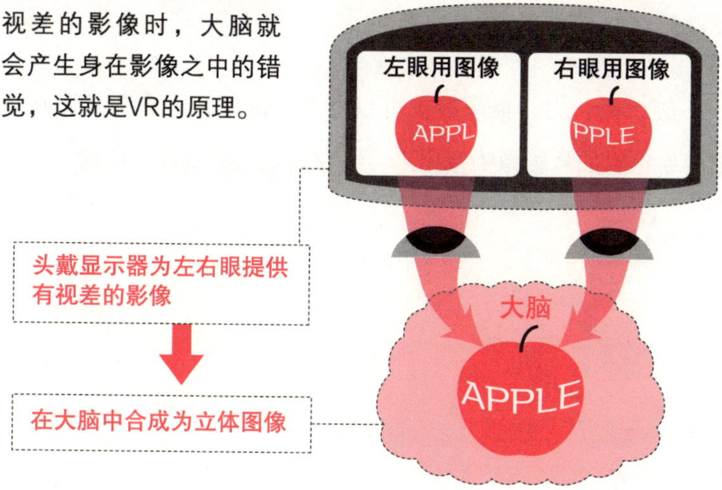

很久之前，VR的原理就为人所知。人之所以能够感知到立体，是因为左右眼看到的影像之间存在一种名为**视差**的差异，VR就是利用了这一现象。通过计算机将视差有意识地呈现出来投射到人的眼睛里，就会让人产生身在影像之中的错觉。

与VR相对，**AR**（augmented reality）即**增强现实**技术，则给人以虚拟的物体出现在现实中的错觉。直到近几年AR技术才为人们熟知，不过2016年，应用AR技术制作而成的智能手机游戏“宝可梦GO（Pokemon Go）”一经面世，迅速成为人们关注的焦点。

想要实现AR有很多方法，其中最基本的就是**基于标识的AR**。例如，如果想要卡通形象呈现在现实风景中，首先需要在风景的特定位置中添加一个标识，并以此为目标将卡通形象与它重叠在一起。这样卡通形象就会融入风景，即使变换视点也不会有违和感。添加标识的位置，也可以利用GPS提前指定，“宝可梦GO”用的就是这种方法。

一般，树、山、桌子等都可以设定为标识，因为图像识别技术很容易将它们从影像中找出来，再与其他信息重叠在一起。

AR的原理

AR是一种给人以虚拟的物体出现在现实中的错觉的技术。

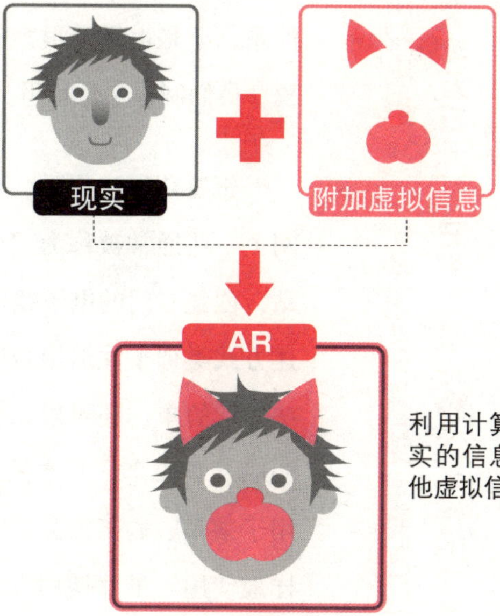

利用计算机，在现实的信息上添加其他虚拟信息。

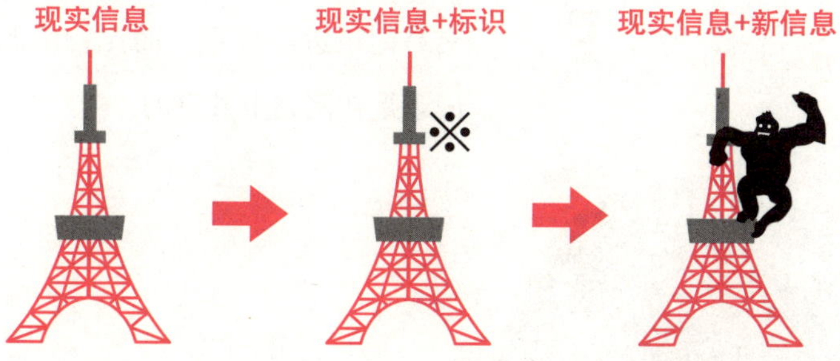

将标识（中图）添加在现实信息（左图）中，以此为目标将新信息与它重叠在一起（右图）是AR技术的基本原理。

Technology 003

比特币

2009年比特币刚出现时，1比特币=0.7日元，到2021年年初已飞涨至1比特币=417万日元*。它究竟是一种什么样的货币呢？

2008年一个自称**中本聪**（Satoshi Nakamoto）的神秘程序员在其公开发表的论文中首次提出比特币概念。中本聪的目的是构建独立于国家的货币体系，于是世界上很多支持该观点的程序员们制作了比特币。

想要获得比特币，需要访问互联网上一些通常被称为“交易所”的网站，创建专门的电子钱包**Wallet**，创建方式类似于注册银行网银，使用方法非常简单。还可以在智能手机上像Suica（西瓜卡，日本的一种IC卡，可用于乘车、购买商品）等电子货币一样地使用。虽然使用方法类似，但是比特币和现有的银行系统有着巨大的差别。银行设有中央服务器，统一对交易记录进行管理。而比特币的交易记录是在网络上共享的。

*日元兑换人民币汇率为1日元≈0.0625元人民币。——编者注

区块链的原理

如下图所示将 A→B的交易汇总到区块链上，再将其连接在过去所有的交易组成的区块链条后面，这就是区块链这个名称的由来。这个链条根据P2P的互联网原理被所有人共享。顺便说一下，P2P技术也被应用在Skype和LINE等IP电话上。

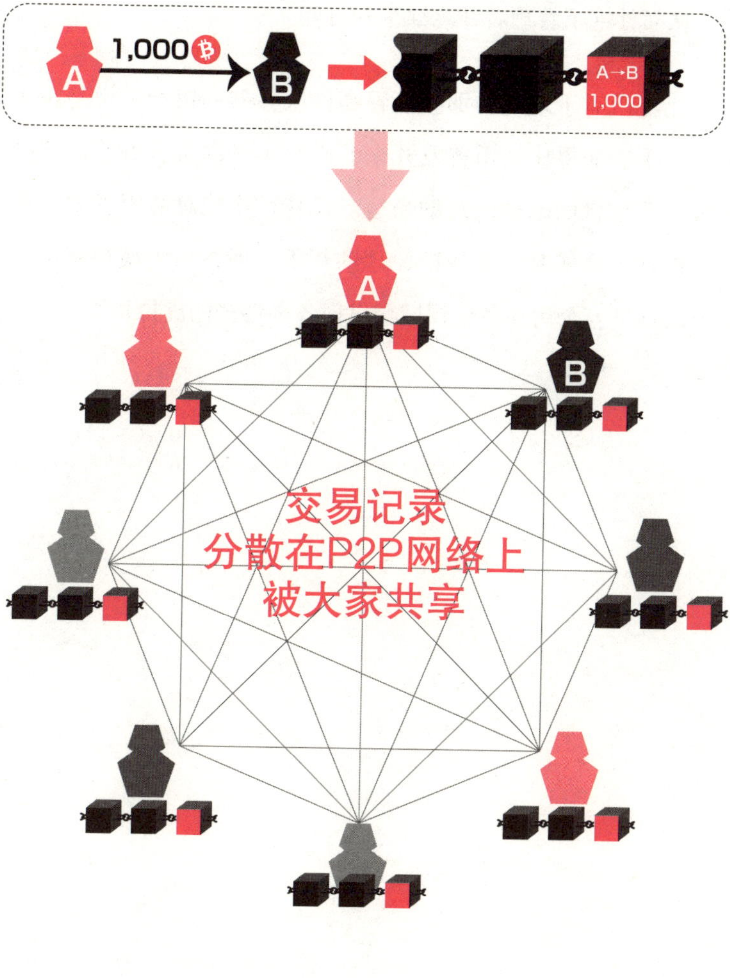

为比特币提供理论支持的是一种名为**区块链**的算法。将交易记录存入区块内，按照时间顺序连接在一起，在联网的计算机上共享，因此数据极难被篡改，共同管理也不容易发生系统故障。

最有意思的是比特币的管理方法。由国家发行的货币，由国家决定增减发行量。而根据公开的算法，比特币的数量是固定不变的，只作为创建区块链的挖矿者的报酬发行固定数量的比特币，从而杜绝了管理者肆意插手的可能。

比特币对于现有的那些设置高价服务器的银行来说是巨大的竞争对手。如果比特币普及开来，必须维护高价服务器运营的现有银行系统将面临被淘汰的命运。比特币中隐藏着引发金融革命的可能性。虽然基于区块链原理的货币一般被称为**虚拟货币**，但是可以预见，今后在各个领域会出现各种各样的虚拟货币。

比特币的使用方法

在日本，访问互联网上的“交易所”，就能够买卖比特币。比特币可用于购物和汇款。

●在交易所购买和使用比特币的流程

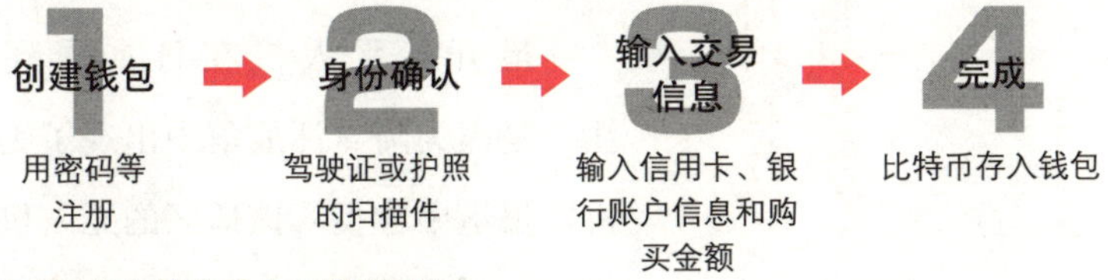

※开通账户的方法与网银类似

※使用方法和电子货币类似

比特币交易记录共享

现有的银行系统中，交易记录是由服务器统一管理的，而比特币的交易记录由所有参与交易的人在互联网上共享。

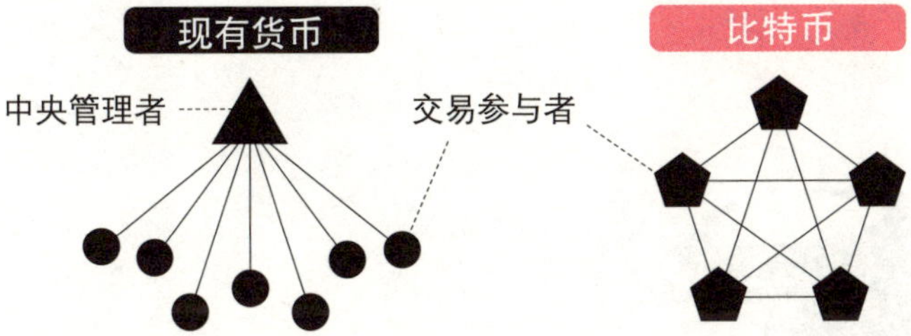

由中央银行等大型服务器对交易记录统一管理。

由所有参与交易的人互相管理交易记录（没有中央管理者）。

无人机

Technology 004

无人机广泛应用于拍摄案件现场、确认农作物的生长状况、掌握受灾情况等场景。它和之前的无线电遥控飞机有什么不同呢？

无人机的英文为“drone”，本意为“雄蜂”。顾名思义，现在受到广泛关注的无人机是一种仿真飞机，它如雄蜂一样擅长随机应变，移动时发出的声音与蜜蜂振翅声相似。

最开始无人机在日本受到关注，是因为阿富汗战争中出现了无人机。报道中称投入该地区的无人机为“drone”，后来在日本就用由drone衍生而来的日语来称呼可以自主航行和远程操控的飞行物。

如上所述，我们可以了解到，无人机是一种在没有人为操控的情况下仍可以飞行一段时间，必要时还可以进行远程操作的飞行物。与之前由人全权操控的无线电遥控飞机有着微妙的差异。

无人机的构造

研究一下无人机的构造就会发现，它包含了蓄电池、控制器等，很多都与智能手机的构造相同。

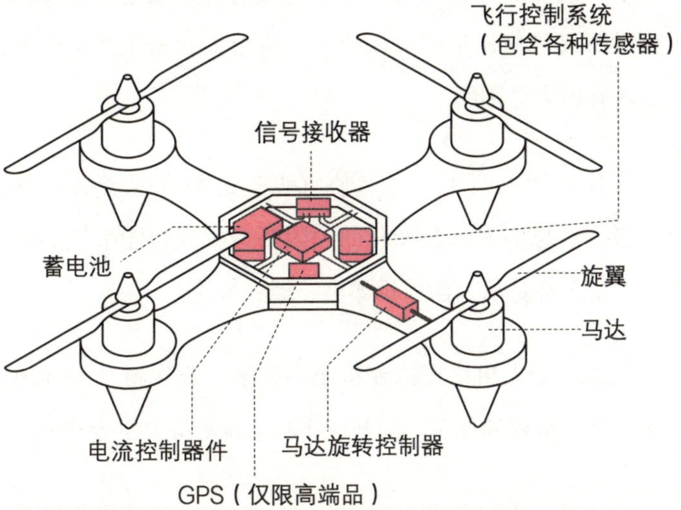

与智能手机相同的陀螺仪传感器

为了保证无人机的平稳飞行，将智能手机上搭载的位置控制传感器——陀螺仪传感器，用在了无人机上。

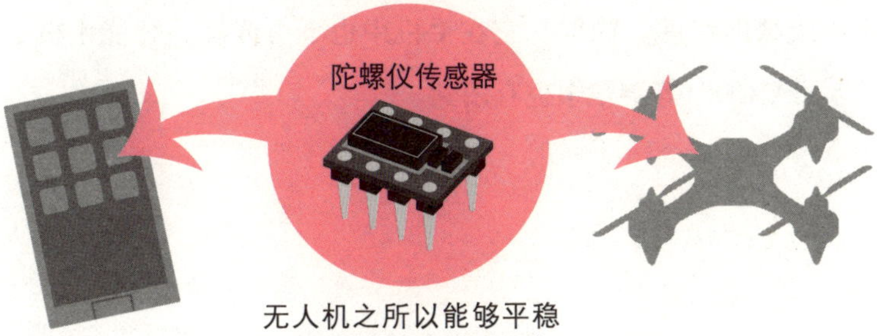

无人机之所以能够平稳飞行就是因为借用了智能手机的传感器。

现在的日本，已经很少有人将无人机与武器联系起来了。多数人想到的应该是有很多个旋翼的直升机模型。只要几千日元就能入手一台玩具级别的无人机。无人机的操控十分简单，稍微练习一下，就能操控它飞起来。很早之前的无线电遥控飞机和直升机模型不仅价格昂贵而且操控难度也很大，相比之下无人机和它们还是有很大差别的。

为什么无人机可以这么便宜呢？这都有赖于操控越来越简单。最有意思的是这些变化的原因要追溯到智能手机。因为无人机技术很多都是从智能手机那里“借”来的。

例如，无人机之所以变得小巧轻便，轻巧持久的强力蓄电池起到了至关重要的作用。而智能手机上也有同样的蓄电池。

此外，无人机能够平稳飞行，一种名为**陀螺仪传感器**的位置控制传感器起到了重要作用，而手机上早就应用了这种传感器。陀螺仪传感器是一种能够检测旋转、方向变化的传感器，一个名为**MEMS**（微机电系统）的元件在其中承担着主要责任。这款传感器能够检测无人机上下、左右的朝向和移动，是保证平稳飞行不可或缺的组件。同样，它在手机中也不可或缺，智能手机上的“宝可梦GO”等游戏中也有用到。

无人机是什么形状的

在日本提到无人机，很多人的第一印象都是下图中那种半自动轻型直升机。拥有三个以上旋翼的被称为“多轴旋翼飞行器（multicopter）”，拥有四个旋翼的被称为“四轴旋翼飞行器（quadcopter）”。

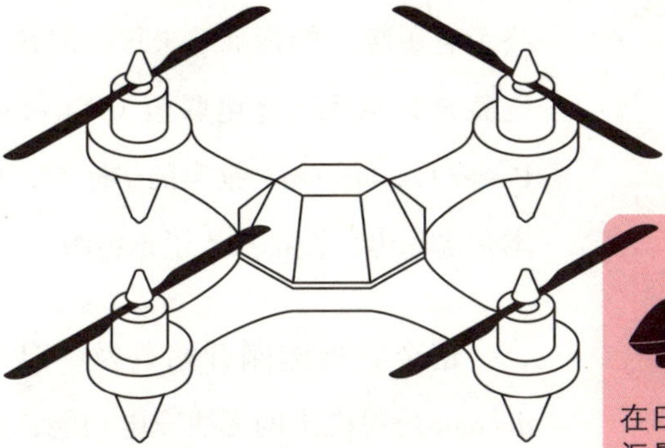

无人机（四轴旋翼飞行器）

在日本，无人机这个词汇最初广为人知的意思是无人武器。

无人机控制方向的原理

无人机需要依靠很多个旋翼飞行，但它可以自由灵活地上升下降、前进后退和旋转，这是为什么呢？

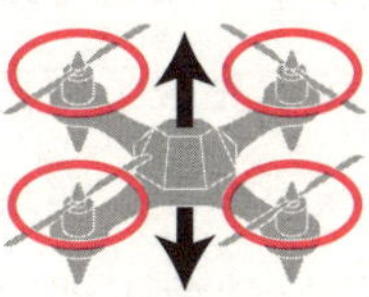

上升 / 下降

当所有的马达都以同样的强度旋转时，无人机上升或下降。

前进 / 后退

通过改变前进方向上马达的强度实现前进和后退。

旋转

轮流改变马达的强度可以实现旋转。

Technology 005

Qi无线充电

以前智能手机、手机、电动剃须刀等电子产品都各有各的充电器。『Qi』的出现改变了这一现状。

很多便携式电子产品虽然十分便捷，但电脑、电动剃须刀、手机等产品，不同的生产厂商和机型会配备不同的充电器，因此外出时需要携带很多种类的充电器，真的很麻烦。现在终于有了统一的标准解决这个问题，它就是日本无线充电联盟（Wireless Power Consortium）推出的Qi标准，日本很多家电厂商都加入了该组织。

这个标准刚刚开始普及。日本docomo公司推出的无线充电功能，宣传语为“放下就能充电”，遵循的就是**Qi标准**。

Qi是无接触充电技术中的一个标准。这种充电方式一般被称为**非接触式充电**或**无线充电**。在此之前，手机、电动剃须刀等很多产品也可以无线充电。Qi的特点在于克服了厂商、机型的差异，统一了标准，实现了所有的产品都能够“放下即可充电”。因此，如果使用的是这个标准的产品，拥有一个充电器就够了。另外，如果出行目的地有Qi标准的充电器，也可以无障碍使用。

电磁感应充电

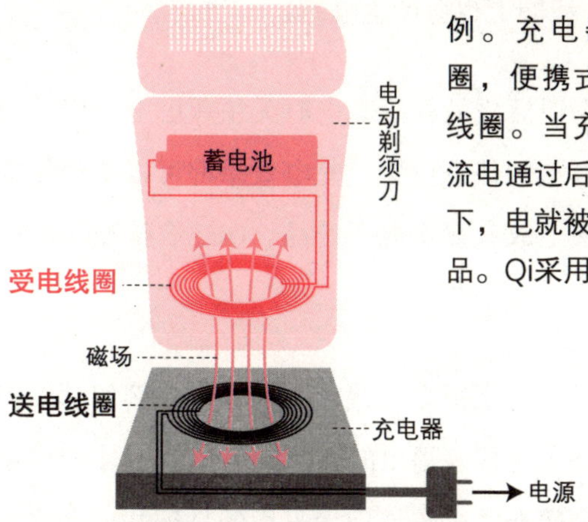

以电动剃须刀的无线充电为例。充电器上安装有送电线圈，便携式电子产品上有受电线圈。当充电器连接电源有交流电通过后，在电磁感应的作用下，电就被输送至便携式电子产品。Qi采用的就是这种方式。

一个充电器可以为多个设备充电

传统的便携式电子产品，每个都需要使用专用的充电器充电，但遵循Qi标准的产品，可以使用同一标准的充电器进行充电。

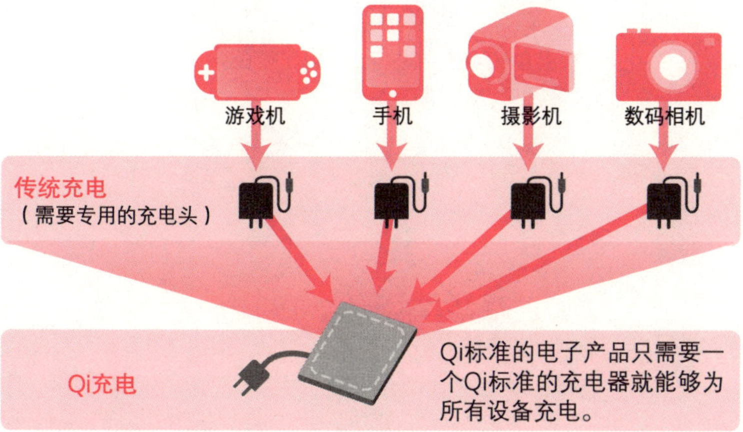

Qi充电方式采用的也是以往充电器所使用的电磁感应方式。根据电磁感应原理，两个线圈位置相对，当其中一个线圈上有交流电通过时，另一个线圈上也会产生电流。

Qi标准还有一个便捷之处在于充电时无须顾虑电子产品放置的位置，放到充电板上的任意位置，充电效果都可以得到保证。此外，如果在充电板上放有多个电子产品，Qi还有按顺序依次充电的功能。

除了Qi之外，还出现了很多无线充电的标准，例如，以美国高通公司（Qualcomm）为代表提出的**WiPower**，以日本村田制作所为代表提出的**电场耦合方式**等。前者采用的是磁共振方式，后者则利用电容器实现无线充电。它们宣称比Qi的自由度和效率更高。

不仅如此，科研人员正在努力研发，计划将来把无线充电方式应用到电动汽车上。

Qi的便捷功能

检测机器放置的位置，再将送电线圈移动到那里。因此，充电时无须顾虑位置，只要将产品放在上面就可以充电。

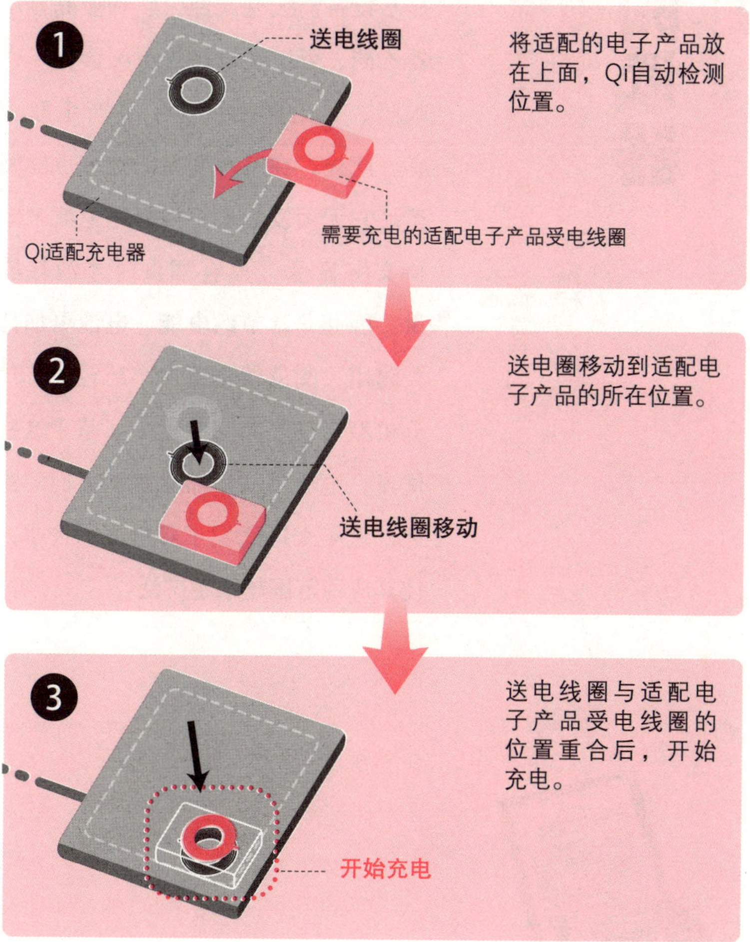

Technology 006

电子书阅读器

电子书阅读器作为电子书籍专用的终端设备而广受好评。它电池持久耐用，而且不会造成视疲劳，是非常优秀的产品。

近几年，电子书籍让出版业一片繁荣，真正的书籍电子化时代来临了，书籍的样式即将发生重大变化。

电子书阅读器作为电子书籍的显示设备而大受欢迎，它和液晶显示器不同，可以在自然光下阅读，不伤眼睛，长时间阅读也不易产生疲劳感。此外，在室外明亮的地方也能阅读。它无须发光也不需要用电流来维持文字显示，只有翻页时才消耗能量，因此非常节约电能，电池更加持久耐用，阅读器也更加小巧轻便（部分机型带发光照明装置）。基于这些优点，电子书阅读器受到了人们的欢迎，近年来还研发了彩色显示技术，使其应用范围越来越广泛。

电子书阅读器显示文字的原理

电子书阅读器上的文字表现为点（像素）的集合形式，例如，字母“E”就是以如下形式显示的。

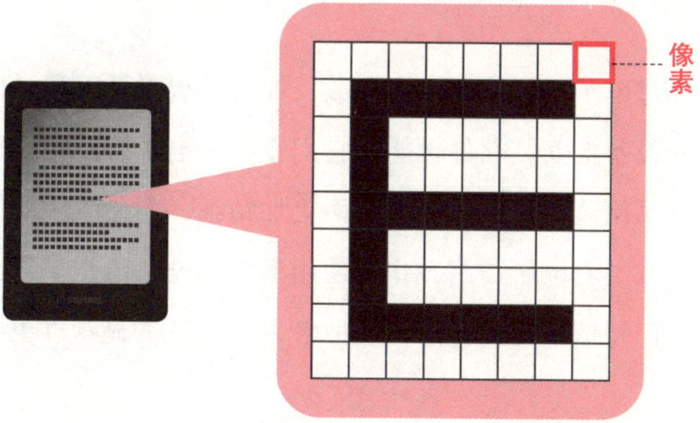

E Ink公司的微胶囊

用于显示文字的那些点（像素）是由微胶囊构成的。这些微胶囊中封装了带有负电的黑色颗粒和带有正电的白色颗粒。

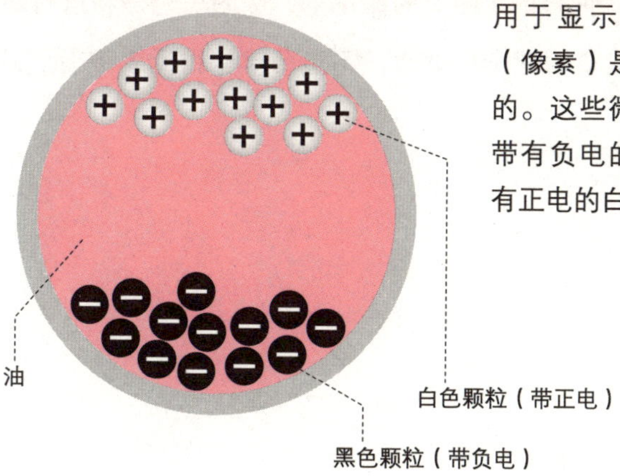

实现电子书阅读技术的方式有很多，其中最受欢迎的是E Ink公司研发的**电泳显示技术**。将分别带有不同电荷的黑白两种颗粒封装到微胶囊内，它们在电的作用下产生迁移，从而呈现出黑白单色的可视化效果。亚马逊、索尼、乐天等公司生产的电子阅读器的显示器均使用了该技术。

不过电子书阅读器也有劲敌，那就是智能手机和平板电脑。在这些设备上安装软件也能让它们变身为电子阅读器。平板电脑比电子书阅读器反应灵敏，画面更加精细，颜色更加鲜艳，还可以玩游戏、看电影，因此作为通用型终端设备还是平板电脑更胜一筹。但相信不远的将来，一种名为有机EL的显示屏也会成为劲敌。

还有一种和单色电子书阅读器外观十分类似的产品——**磁性板**。在文具货柜出售的磁性写字板和玩具货柜出售的磁性画板都用到了磁性板。它们是在磁力的作用下，吸附黑色磁粉进行显示的，构造十分简单因此价格低廉，不过分辨率很低无法用于显示屏。

E Ink公司的电泳显示技术

封装到胶囊内的带电颗粒颜料，在电极的指示下，聚集在显示器一侧将文字的样式呈现出来。

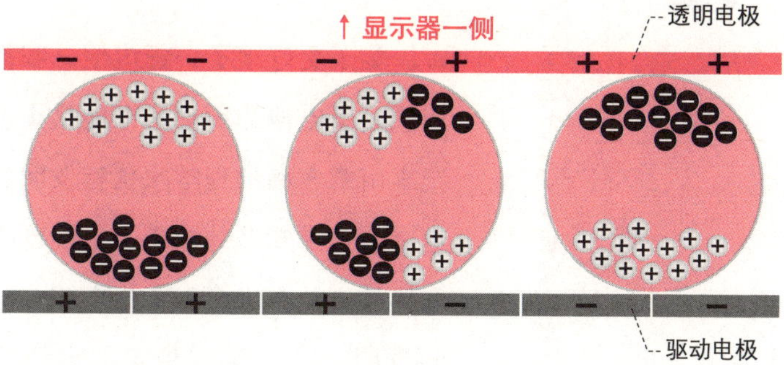

磁性板的原理

黑色铁粉被装有磁铁的笔（磁性笔）吸附，从而让文字显示出来，这就是磁性板的原理。

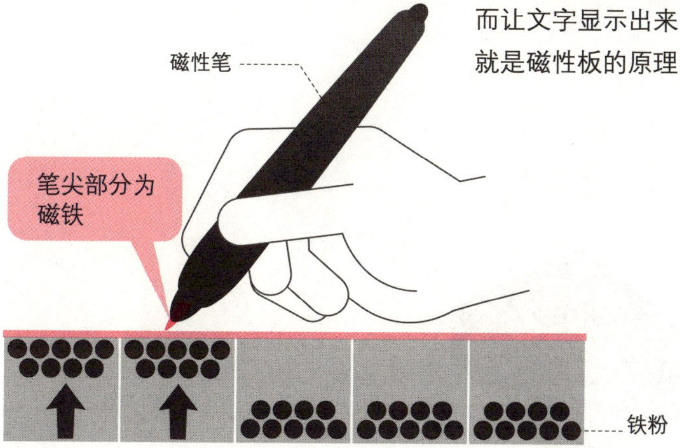

Technology 007

锂电池

智能手机使用的电池为锂电池，它到底是一种什么样的电池，与常见的碱性干电池有什么不同呢？

锂电池是目前性能最好的电池之一，拥有工作电压高、能量密度大、无记忆效应等众多优点，广泛应用于手机、相机等诸多电子设备。

为了更好地了解锂电池，我们先回顾一下电池的历史。电池是十八世纪末由意大利物理学家伏特发明的，这是个非常知名的故事，他发现把铜和铅放到盐水中可以产生电流。电池的发明，让人类在稳定的电流支持下，可以从事各种各样的实验，开拓了更广阔的电学世界。

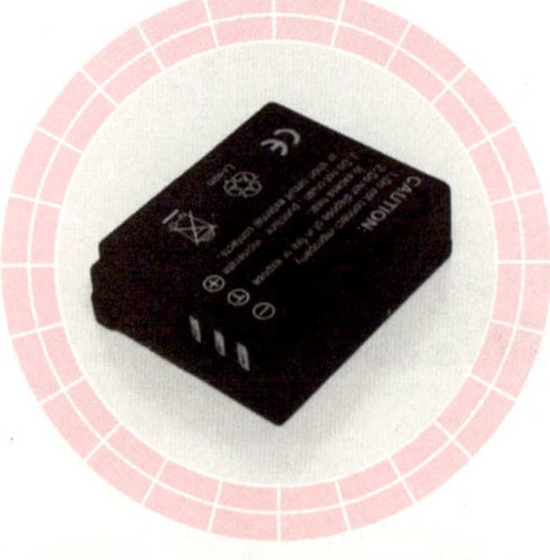

伏特电池的原理

锌接触盐水后变成阳离子，将电子留在锌板上，留下的电子向铜的方向转移，并与水中的氢离子结合在一起，重复这个流程就会有电流产生，这就是伏特电池的原理。

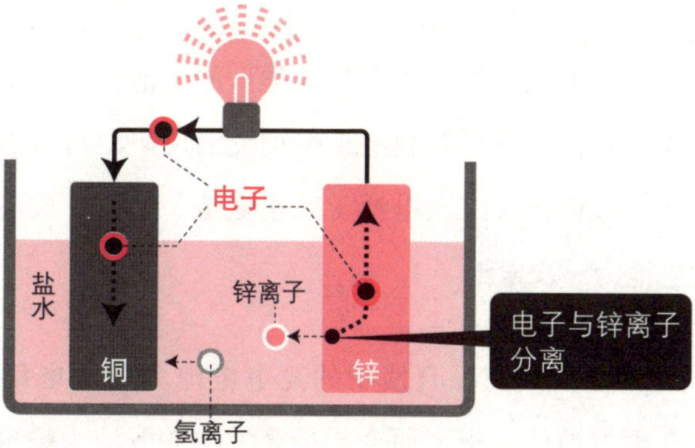

锌锰干电池的构造

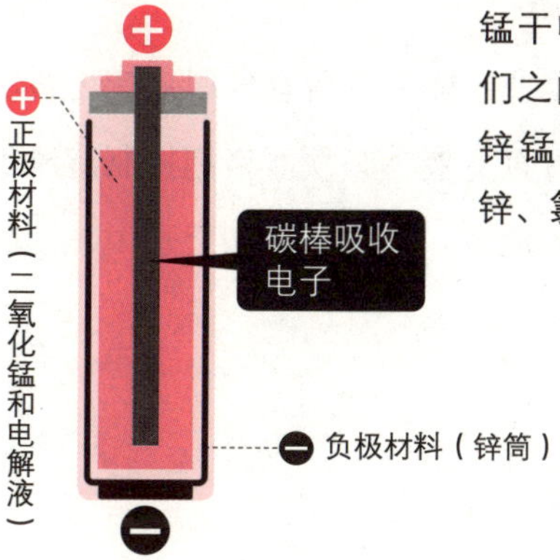

干电池分为锌锰干电池和碱性锌锰干电池（简称碱性电池），它们之间的区别是电解液不同。在锌锰干电池中，电解液是氯化锌、氯化铵。

将伏特电池中的铜、锌和盐水替换成另外两种金属和水电解质溶液（**电解液**）可以制作出不同特性的电池，其中的代表就是**干电池**。“干”指的是水溶液并非液态，因此这种电池可以被携带到任何地方。时至今日，手电筒和遥控器等设备依然还在使用这种电池。

除了干电池以外还有其他类型的电池。某种金属与电解液组合在一起，会发生与放电正好相反的反应，可以做成可以充电的电池，被称作“二次电池（**充电电池**）”。（放电后不可再充电的电池为**一次电池**。）

以前，人们一直使用的充电电池为**铅蓄电池**，现在依旧是汽车蓄电池的标配。而今天最受关注的电池为**锂电池**，它的正极为锂的氧化物，负极为石墨，电解液为含有六氟磷酸锂的有机溶液，工作电压和能量密度都是传统充电电池的数倍。现在的便携式电子设备多使用锂电池。

锂电池的历史尚短，因此不能说它所有的原理都已被解释清楚。而且电解液为易燃的有机溶液，必须严格把控制造流程且妥善管理，否则有发生火灾的危险。从这个意义上来说，锂电池是一匹未被驯服的野马。

碱性干电池的构造

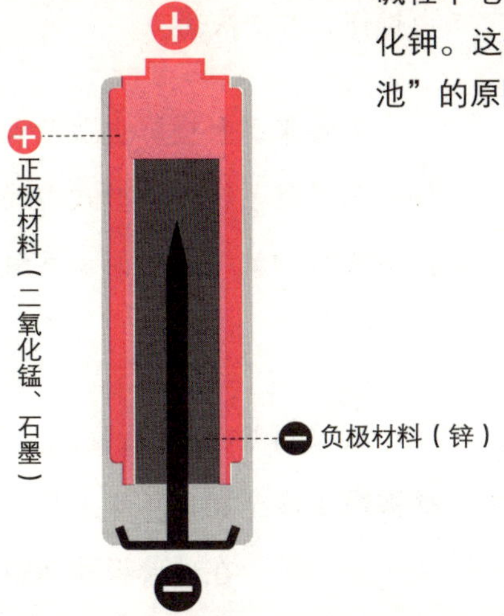

碱性干电池的电解液为碱性的氢氧化钾。这也是它被称为“碱性干电池”的原因。

锂电池的原理

充电时，电池的正极生成锂离子，锂离子通过电解液和隔膜运动到负极，与通过外部电路运动到负极的电子结合。放电时，锂离子从负极脱离，再次通过电解液及隔膜回到正极材料，电子通过外部电路运动到正极。

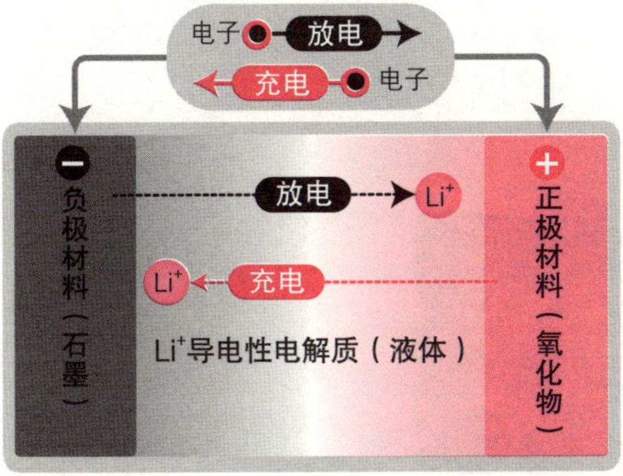

Technology 008

触摸屏

智能手机的触摸屏，滑动、放大、缩小等很多操作都十分炫酷。那么，它的原理是什么呢？

车站售票机和银行ATM机的操作界面使用的都是**触摸屏**，指尖轻触即可操作，方便快捷。

近年来，触摸屏也普及到家庭，如汽车导航系统、便携式游戏机等。接下来我们就一起探讨一下触摸屏的原理。

触摸屏中销量最高的是**电阻式触摸屏**（截至2017年年末）。它的构造十分简单，在玻璃板和薄膜上贴上透明电极膜并让它们彼此相对，中间稍微留一些间隙。按压薄膜表面，薄膜一侧和玻璃一侧的电极相互接触后电流通过。从电流的变化中可侦测到电压的变化，从而确定接触点的具体位置。

电阻式触摸屏的原理

电阻式触摸屏是普及最广的类型。按压处的电极接触后电流通过，使电压发生变化。依此推算出读取信息的位置。

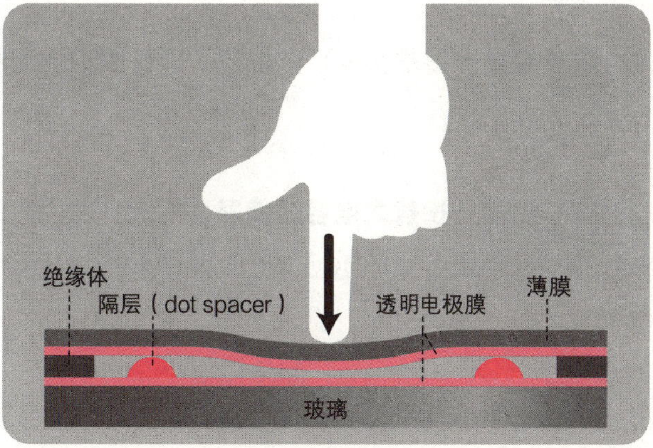

用两根手指操作的多点触摸技术

苹果公司首先将多点触控的操作方式应用到电子产品上，在画面上张开两根手指可以放大画面，缩小的动作与之相反。此外，还可以通过一根手指的动作（滑动或横扫）操控画面。

近几年智能手机和平板电脑非常受欢迎，它们受欢迎的理由之一就是名为**多点触控**的全新操作方式。例如，在画面上张开两根手指可以放大画面，这种操作名为“放大”。多点触控展现了一种前所未有的炫酷操作。

不过电阻式触摸屏很难实现多点触控，这是因为它无法同时测算两个接触点的位置。

多点触控采用的是**投射式电容触摸屏**技术。它的构造比电阻式触摸屏复杂，但是响应速度快，可以实现精度要求较高的多点触控操作。

投射式电容触摸屏基本上是由电极模块层和保护膜两层构成的。电极模块层是由很多个铺满了固定规格模块的透明电极组成，保护膜是玻璃或塑料的绝缘体。当手指接近保护膜表面时，多个电极之间的静电容量同时发生变化，电极间有电流产生。通过测算电流，就可以迅速判断出多个手指的动作以及位置。

在美国苹果公司和微软等厂商的带动下，多点触控技术的应用迅速风靡，进入了一些全新应用领域。多点触控类似鼠标的点击和拖拽功能，已逐渐被推广开来。

投射式电容触摸屏的工作原理

搭载了IC的玻璃基板上面，是由很多个铺满了固定规格模块的透明电极组成的电极模块层，上面又覆盖着一层玻璃或塑料的保护膜（绝缘体）。当手指接近表面时，多个电极之间的静电容量同时发生变化并产生电流，通过测算电流量，就可以同时确定多个位置。

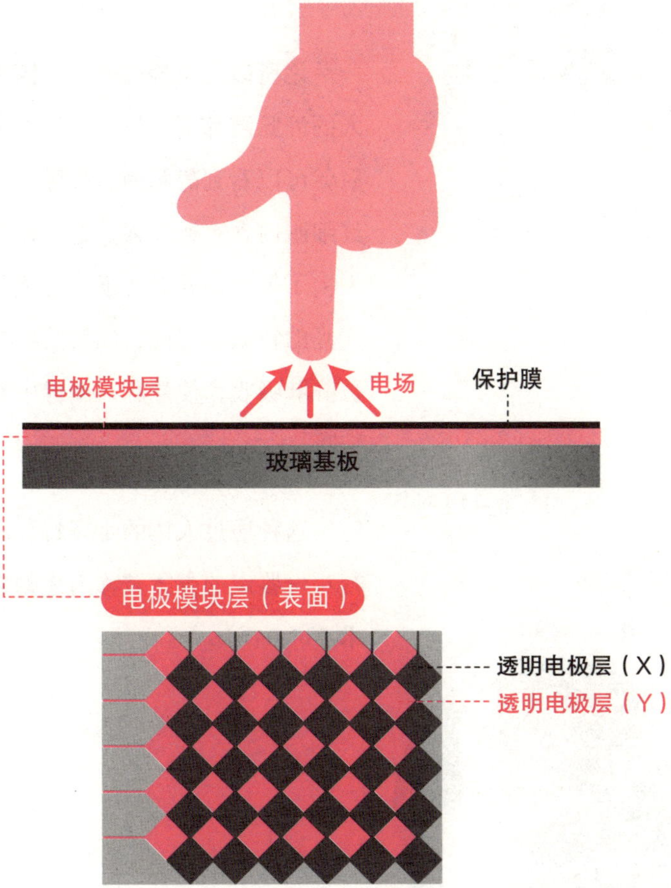

Technology 009

生物识别技术

以前在科幻电影中出现的生物识别技术，已经走进大众的日常生活。无须身份证和钥匙的时代正在来临。

现在，日本很多银行的ATM区域都会设有**静脉识别设备**。该设备可以通过红外线读取手指或者手掌的静脉网，进行身份鉴定。也就是说，利用身体的部分特征来进行身份鉴定。很久之前科幻电影中描绘的场景，现在已经成为现实。

之所以使用静脉网，是因为每个人的静脉网都不一样。使用红外线照射就可以看到静脉网，静脉血液中的红细胞内含有血红素，这些血红素是失去了氧的还原血红素，有吸收红外线光的特质。因此，照射的红外线会被静脉吸收，使静脉在图像中看起来偏暗。

这种通过人体的生理特征对人进行身份鉴定的方式被称为**生物识别技术**（biometrics）。

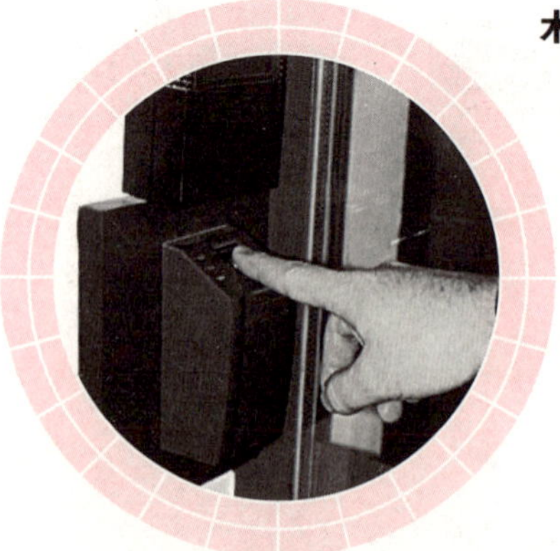

指静脉识别

人体的静脉网各不相同。因此，用红外线照射后就可以对身份进行识别。

1 红外线照射手指，再由相机读取静脉网。

2 以血管中心为基准，提取血管图像。

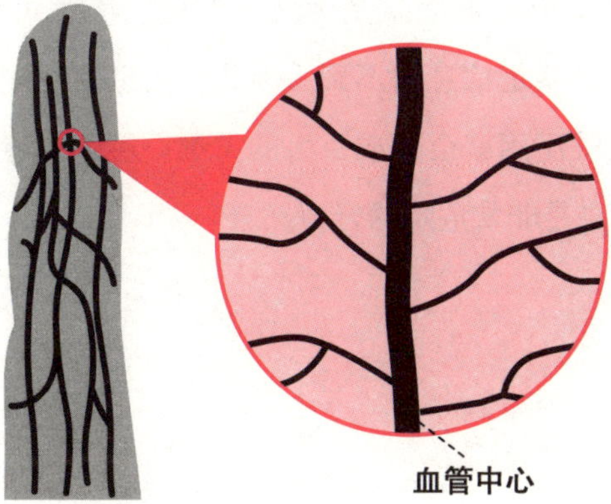

生物识别技术的优点是，无须卡片等物品就可以判定身份，并杜绝了他人“假冒”本人的可能。因此，系统更加安全，也让使用者更加轻松。

生物识别技术除了静脉识别以外，还有从很早之前就在使用的**指纹识别**。这项技术在刑事侦查上的知名度更高，目前也应用到了日常生活中。例如，市售的电脑指纹识别器，可以确认是否为本人登录，为保护电脑系统安全作出了贡献。

在科幻电影中出现最多的就是**虹膜识别技术**，这是一种通过瞳孔形状来进行身份鉴定的方法。因为每个人的虹膜都是唯一的，所以可以此作为判断的依据。

最理想的鉴定方式应该是人脸识别吧。因为这本来就是人们互相确认身份的方式，没有任何违和感。用于打击犯罪的人脸识别技术正在开发中，其中部分成果已经开始投入使用。

此外，身份鉴定信息是无法更改的。卡片可以重新发行一次，但是身份鉴定信息做不到。因此，信息一旦被登记是无法修改的，如果被滥用就会变成一生的灾难。所以，请谨记胡乱登记身份鉴定信息是非常危险的行为。

手掌的静脉识别

用红外线照射手指，将曲线或分支处等有特色的地方读取为静脉图。

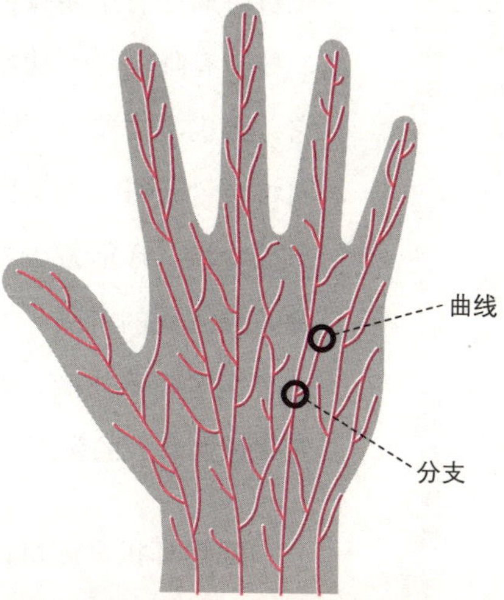

主要的指纹识别方法

在日本，指纹识别技术自古就为人们所用。日本有频率解析法和指纹节点确认法两种识别方法，接下来我们看一下它们各自的工作原理。

频率解析法

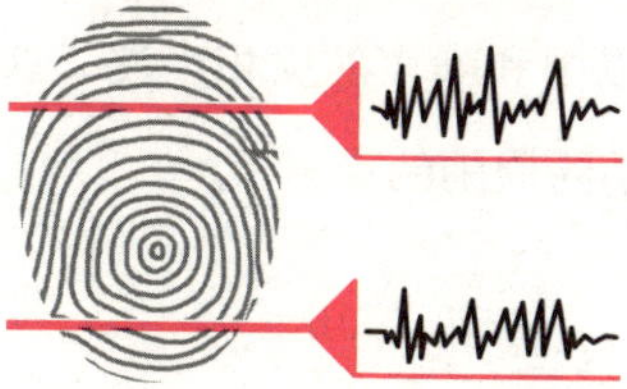

将指纹截面做成波形图再做成图像。

指纹节点确认法

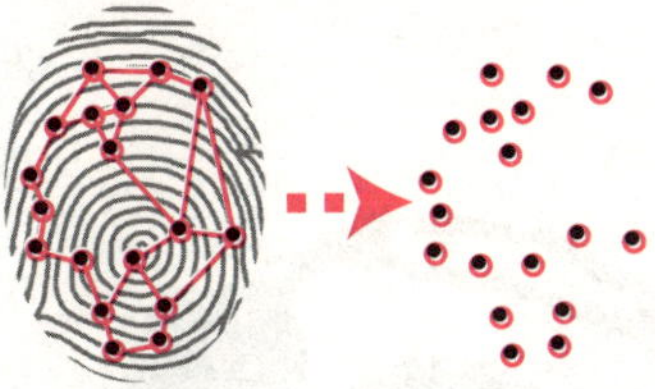

将指纹有特征的点的位置关系做成图像。

降噪耳机

Technology 010

都市生活中最想隔绝的就是噪音，耳机的降噪功能是一项非常便捷的技术，可以阻断噪声干扰。

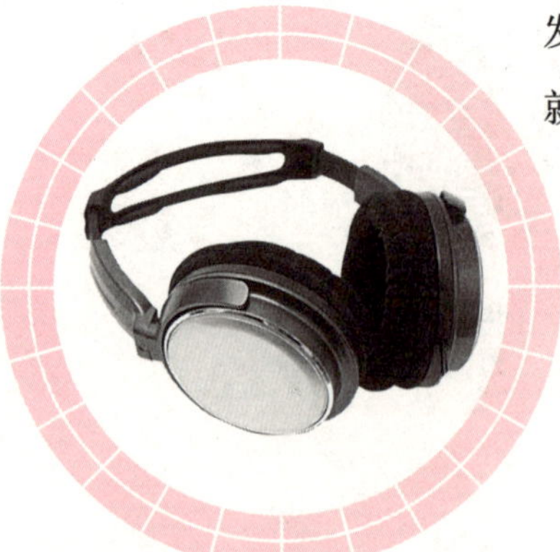

有时我们在公交车上也想享受清晰悦耳的音乐，**降噪耳机**为我们实现了这个奢侈的愿望。乘坐公交车或飞机时周围有很多噪声，降噪耳机是一种带有降低噪声功能的耳机，有了它，再也不需要为了降低杂音的干扰而将音量开得过大，因而不会给耳朵造成负担，还能减少耳机漏音，是一种非常方便的产品。另外，降噪耳机还有很多隐藏技能，如在旅途中可以用来抵御友人的鼾声等。

降噪耳机大体可以分为两种，**主动降噪耳机**和**被动降噪耳机**。近几年主动降噪耳机更流行一些。

主动降噪耳机是依靠电能来降低噪声的。在耳机内装有麦克风，它可以侦测到周围的噪声，再从耳机内部发出可以中和噪声的反相声波。这样就可以消除周围的噪声了。

主动降噪耳机

主动降噪耳机会在耳机内部进行如下操作，依靠电能来消除各种噪声。

耳机内置的麦克风可以侦测到周围的噪声。

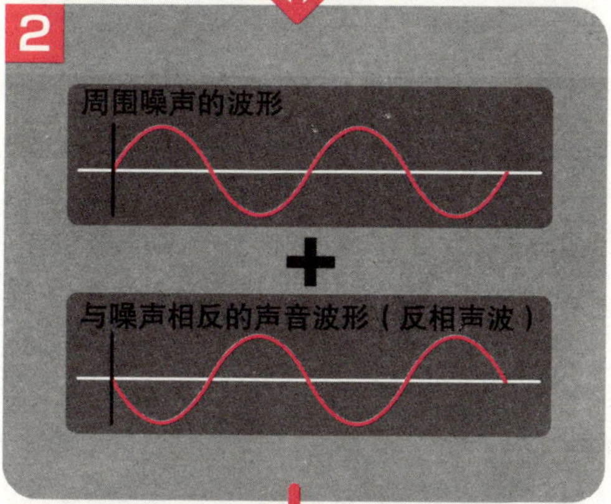

耳机的LSI（大规模集成电路）产生与噪声相反的声音波形。

耳边的噪声被消除。

为了抵消噪声，需要制造出与噪声波形相反的反相声波。因此耳机内安装有进行该操作的 LSI（大规模集成电路），并配备电池等电源。

被动式降噪耳机是通过隔音材料来阻挡外界噪声，最主流的方式是用耳塞将声音阻隔在外耳。被动降噪耳机利用了耳塞的原理，用耳机将耳朵紧紧包裹以此来降低噪声。被动降噪耳机无须电池等电源，缺点是会对耳朵造成压迫，产生闷热感。

耳机所采用的反相声波技术也被应用到了很多领域。例如，高速公路和高铁沿线有些地方的墙壁上安装的隔音设备，在道路和轨道旁安装扩音器，发出噪声的反相声波以消除噪声。

日本还有一种名为“分叉式隔声屏障”的隔音设备。它设计了一种诱导声音的环境，使共振能够产生原本噪声的反相声波，无须电源，非常适合作为道路或铁路设施的隔音设备。

被动降噪耳机

被动式降噪耳机通过耳机将耳朵紧紧包裹住来屏蔽外界的杂音。

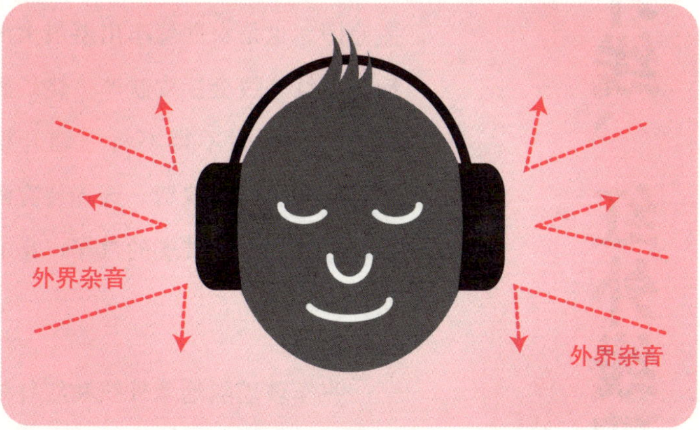

分叉式隔声屏障

利用噪声的共振，精心研制了一种中空的造型，使共振可以产生原本噪声的反相声波。构造简单、无须电源，是非常优秀的设计。

Technology 011

防紫外线、红外线玻璃

开车出游时，最让人不悦的就是从车窗射入的紫外线和使人酷热的红外线，防紫外线、红外线玻璃可以有效地隔绝这些光线。

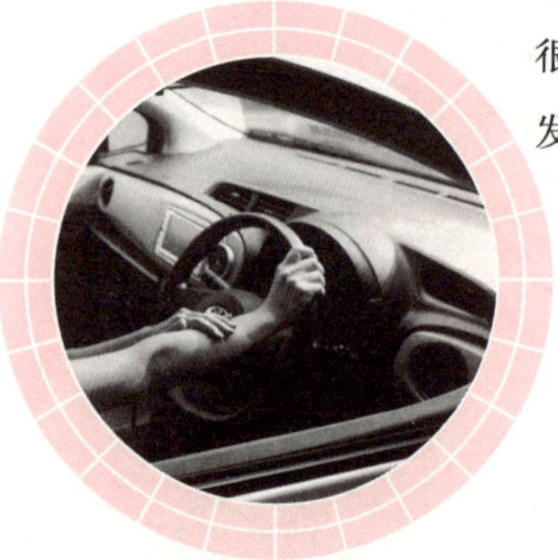

现在有一种车非常热销，它配备了可以隔绝紫外线（UV）和红外线（IR）的强化玻璃，尤其受女性欢迎。紫外线是导致晒黑和日晒斑的主要原因，也是女性驾车出游最大的烦恼。而红外线会让皮肤产生烧灼感，因此，出行时不得不将空调开得很大，造成了能源浪费。选择装有隔绝紫外线和红外线玻璃的汽车，是非常明智的。

汽车玻璃隔绝紫外线和红外线主要有三种方式。有将紫外线或红外线吸收剂混入玻璃的**混合型**，还有在车内侧贴上含有吸收剂薄膜的**贴膜型**，以及将含有吸收剂的薄膜夹在两片玻璃中间的**夹层型**。汽车玻璃必须确保透明度，日本法律规定可见光透射率不得小于70%。为了达到这一指标，很多玻璃制造厂都正在绞尽脑汁研发中。

太阳光的组成

太阳光是由紫外线（UV）、可见光、红外线（IR）组成，它们的能量占比依次为5%、45%、50%。

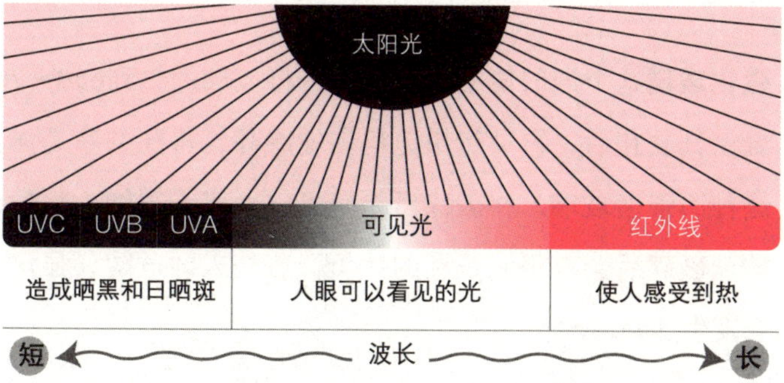

防UV／IR玻璃

防UV／IR玻璃按照吸收剂所在的位置，可以分成混合型、贴膜型、夹层型三个类型。

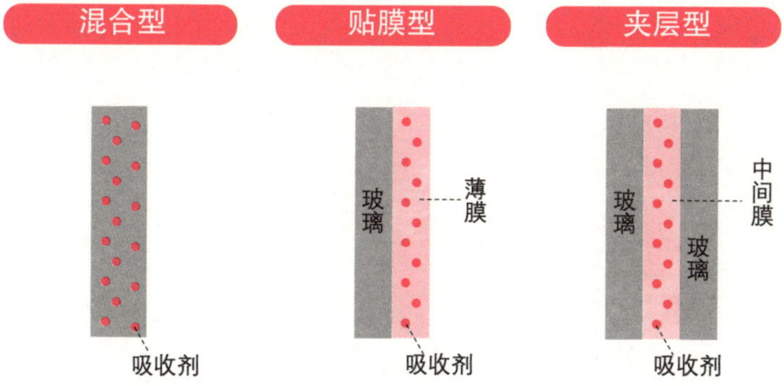

下面作为示例，特别介绍一下日本AGC集团旭硝子玻璃股份有限公司研发的“UV Verre Premium Coolon”玻璃。它在混合了紫外线吸收剂的强化玻璃内侧，贴上了可以同时隔绝紫外线和红外线的薄膜，可以隔绝99%以上的紫外线，还能够大幅降低红外线的影响。

强化玻璃这个词的使用频率很高，将玻璃加热到650～700℃的高温使其软化后，再进行快速均匀地冷却，得到的就是强化玻璃。这种高强度玻璃，在破碎后瞬间可以变成无数细小的颗粒。普通玻璃破碎后会有很多锐利的棱角，有伤人的危险，强化玻璃则不会发生这种情况。

不过这种特性却不能用在挡风玻璃上，挡风玻璃使用的是**夹层玻璃**，在破碎后可以依靠树脂薄膜的黏性阻止碎片飞散，确保视野不受影响以及人员安全。

UV Verre Premium Coolon

AGC集团旭硝子玻璃股份有限公司制造的“UV Verre Premium Coolon”玻璃可以隔绝99%以上的紫外线，还能够大幅降低红外线的影响。

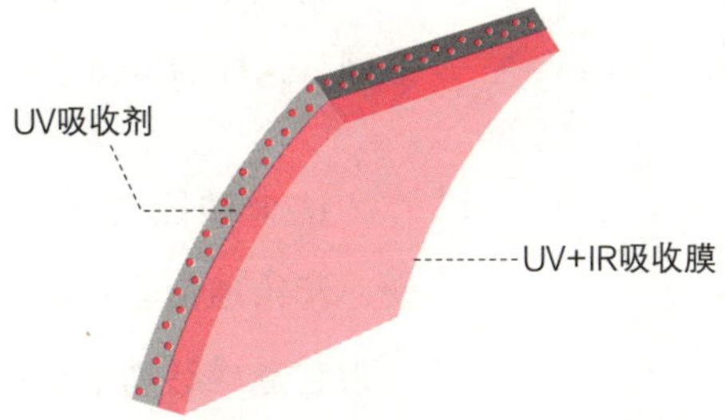

不同玻璃的碎裂方式

强化玻璃在受到冲击破碎后瞬间可以变成无数细小的颗粒，所以可以用于汽车车门玻璃。挡风玻璃使用的是夹层玻璃。

普通玻璃

普通玻璃破碎后从受力点开始裂痕向四周蔓延，形成大块锐利的碎片。

强化玻璃

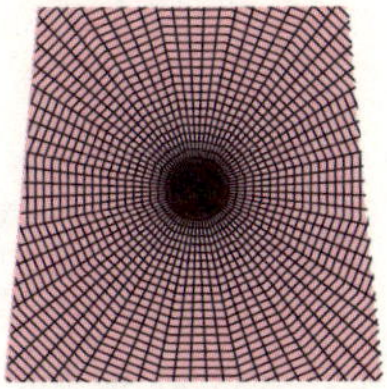

因强度较高，内部破裂后玻璃整体会破碎成无数细小的颗粒。

夹层玻璃

通过树脂薄膜将两片玻璃黏合起来，玻璃破裂后薄膜的黏性可以阻止碎片飞散。

Technology 012

移动网络共享

移动网络共享（tethering）是在最近的新闻报道中出现频率很高的一个通信功能。你了解它的意思和原理吗？

移动网络共享就是使手机具有连接网络的移动路由器的功能，也就是将手机变身为便携式路由器（**移动路由器**）。这样就不会再发生类似“千辛万苦把笔记本电脑带来了，却连不上网”这样的事情了。

这个功能对于用户而言非常方便，却给通信公司带来了很多麻烦，因为它造成移动数据用量激增。有时可以听到类似“智能手机的普及本来就让通信线路的负荷捉襟见肘，再加上移动网络共享就更加严重了……”之类的抱怨。

基于智能手机的移动网络共享

将电脑、游戏机、汽车导航系统与手机连接，让这些设备可以联网的功能叫作移动网络共享功能。手机可以依靠USB、Wi-Fi、Bluetooth等功能与这些设备连接在一起。总之，这让手机变身为移动路由器。

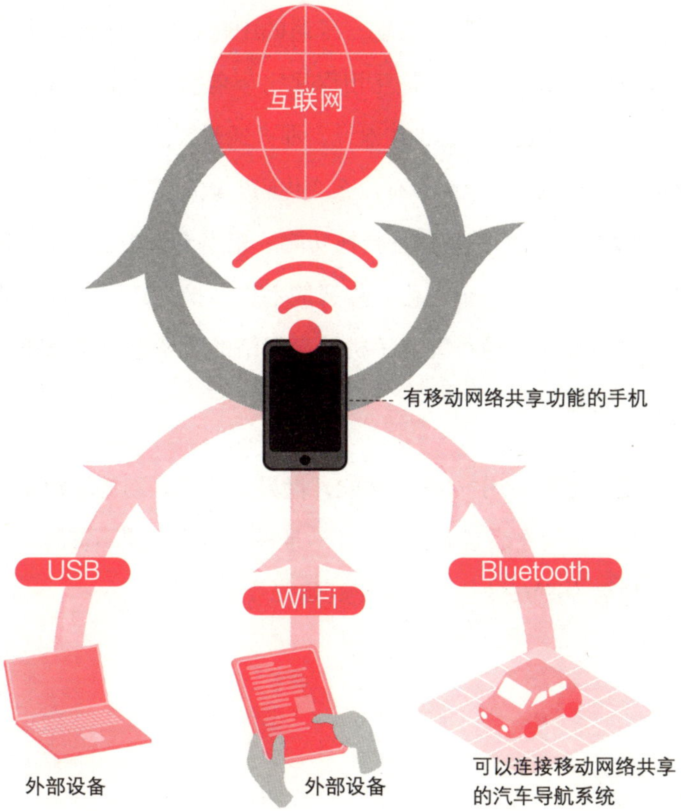

因此，通信公司会对收发移动数据量超过一定范围的用户以及短时间内大量使用移动数据的用户实行限制。此外，设置自动开启移动**数据关闭**功能，如果附近有Wi-Fi接入点即可自动转换。还有就是配置全新LTE标准的高速移动通信系统，从本质上拓宽通信线路的容量。

接着我们来探索一下专业一些的原理。众所周知，在互联网上收发信息时需要使用**IP地址**，所谓的IP地址类似于连接在互联网上设备的正式名字。设备互相称呼这个名字，才能进行信息交换。当然，手机也有自己的IP地址，那么通过智能手机共享网络的电脑或是游戏机的IP地址会有什么变化吗？这时需要使用的就是一种名为**NAPT**的网络端口地址转换功能。相当于为通过智能手机共享网络的设备另取一个昵称，将智能手机转换为正式地址，收发网络信息。这样，通过智能手机共享网络的设备也能够以正当的理由连接到服务器上。

但是，即使使用了NAPT功能，世界上的互联网终端设备还是层出不穷，为每个设备添加一个IP地址后，也已经快不够用了。因此，一种名为**IPV6**的全新标准正开始普及。

NAPT的原理

在互联网上，数据就像快递包裹（数据包）一样被发送和接收。包裹上的地址就相当于IP地址。下面以电脑和游戏机通过智能手机共享网络时的状况为例，看一下游戏机与服务器交换数据的原理。

包裹的流向依次从❶→❹。以IP地址“世界唯一”为前提。因此，利用端口号的信息，将手机的IP地址与其他设备共享。也就是说，通过智能手机共享网络的电脑或是游戏机被授予的是临时的IP地址，从网络上收发信息时需要转换为正式的地址。

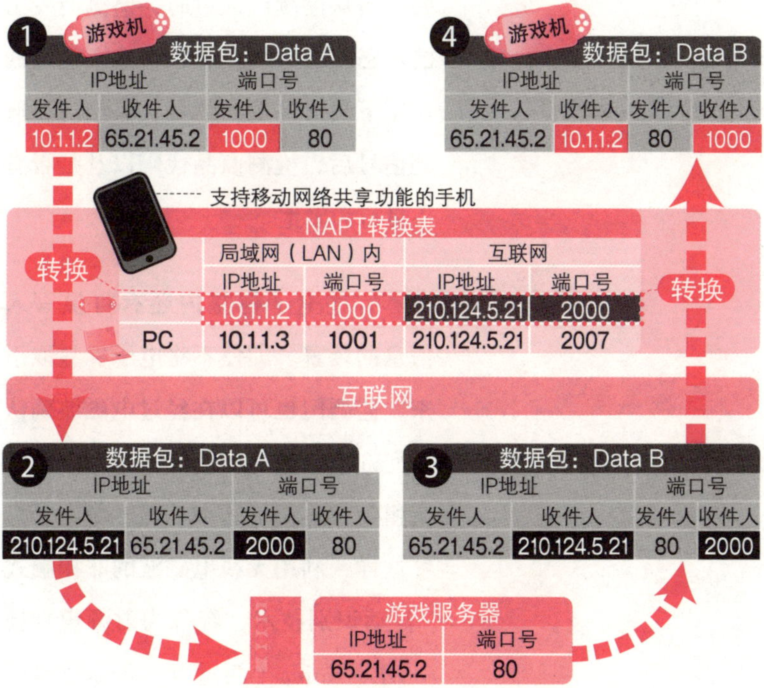

Technology 013

电子标签

商场、超市的很多商品上都贴有电子标签（IC tag），这个小小芯片曾是日本的『流通革命之星』。

家电卖场、大型超市和书店的出入口都立着一个监测门，如果没到柜台结账就想把商品带出去，警报就会响起，因此，顺手牵羊的现象大为减少。监测门充当了守门人的角色，它可以侦测到贴在商品上的**电子标签**。

电子标签是由IC芯片和天线组成的。当从监测门通过时，监测门发出的电磁波被天线接收，在这个能量的作用下激活并发出信号，监测门读取到信号后，检测商品代码以及是否有不良行为发生。

有些电子标签内还有可供写入信息的装置。即使不将电子标签取下来，监测门也可以在经过电磁波确认后允许商品通过。例如，图书馆的书籍租借就应用了这个功能。像电子标签这样，利用无线电磁波的非接触式自动识别技术，统称为射频识别技术。Suica（西瓜卡）等非接触式IC卡也属于射频识别技术中的一种。

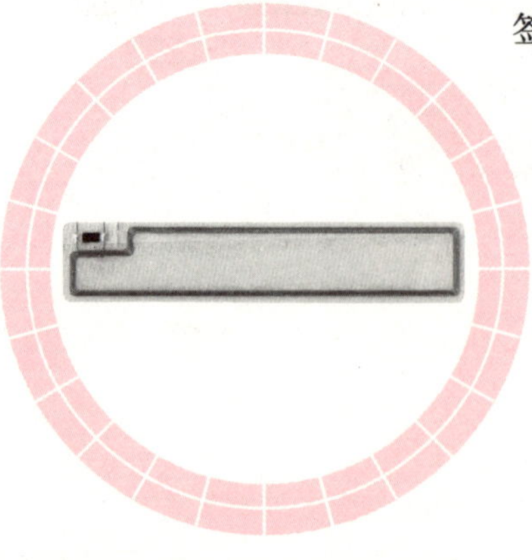

电子标签的构造

电子标签是由IC芯片和天线组成的，天线接收从读写器发射出的电磁波和信息，并将其传送给芯片。

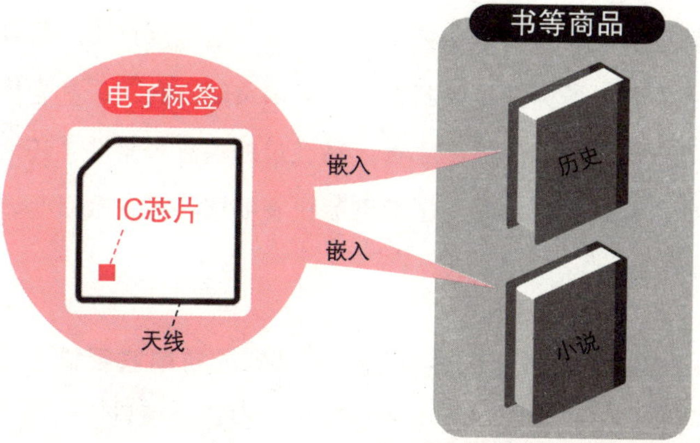

读写器读写电子标签的信息

读写器可以读写电子标签的信息，连接到电脑等数据处理装置上，与电子标签相互传送信息。

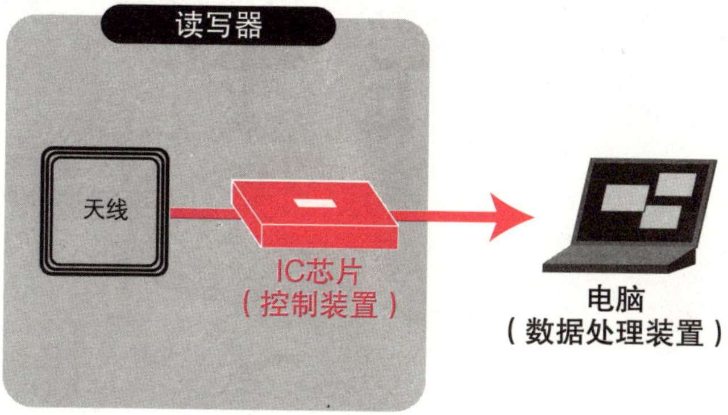

近年来，食品安全问题成为普遍关注的焦点，人们希望将有关食品是在何时、何地生产的信息公开，这种需求被称为**产品可追溯化**管理。电子标签在这项工作中发挥了主要作用，区别于条形码，电子标签可以存储大量的信息。

精益管理要求将库存数量降至最少，这是现代生产管理的基本要求，而电子标签也为其作出了突出贡献。在工厂和仓库安装监测门，将何时、何地、哪种产品经过的信息采集并上传到网络上共享，工人们可以马上了解到哪里有哪些产品，数量是多少等详细的信息。

最近，购物时让顾客可以自行结账的**自助收银机**也开始普及。科研人员正在尝试将电子标签应用在这个项目上。因为电子标签可以迅速读取数据，只要购物篮在收银机前通过，结算就能在一瞬间完成。也许在不久的将来，我们就看不到收银台前排队的场景了。

电子标签的主要作用

电子标签有着各种各样的作用，其中以防止偷窃和管理生产流通的作用为代表。近年来，也应用在产品可追溯化管理以及自助收银机等项目上。

防止偷窃

商品通过监测门时，检测IC卡发出电磁波信号，确认是否有不良行为。

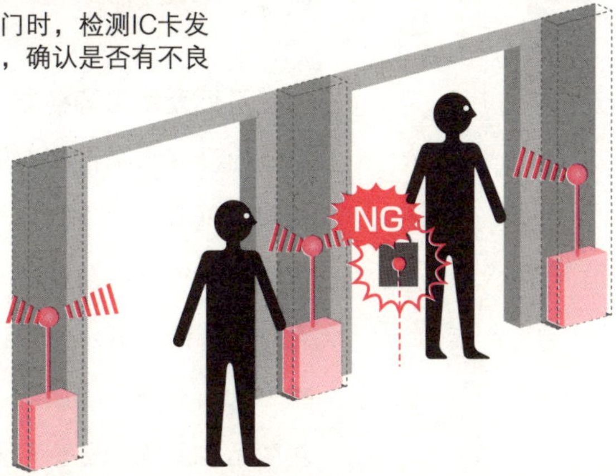

依靠电子标签进行的生产流通管理

在工厂和仓库设置监测门，使商品管理更简单。

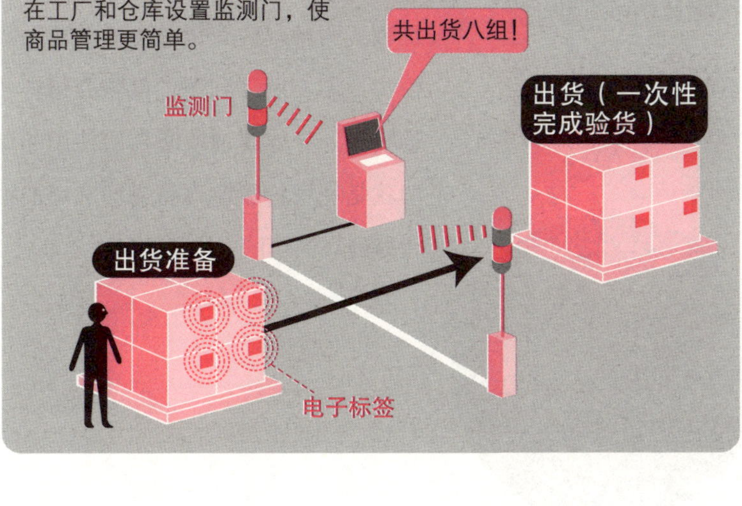

无水箱马桶

Technology 014

马桶的英语『toilet』还有『化妆室』的意思，现在的马桶越来越干净漂亮，越来越接近化妆室的标准。无水箱马桶就是代表之一。

据说日本有些幼儿园和小学的孩子没办法使用传统的和式马桶，因此西式马桶在日本的普及率很高。最开始日本普遍使用的西式马桶冲洗一次需要20升水，现在仅需4升。可以说取得了莫大进步。

最近**无水箱马桶**非常受欢迎。大家认为没有水箱占用空间后，卫生间看起来更清爽，空间也更大。其实无水箱马桶很早以前就有了，不过很多人提出了诸如低水压地区无法使用、冲力太大有噪声等质疑。最近上市的新型无水箱马桶改进了这些不足。

马桶的主要冲洗方式有冲落式和虹吸式两种。前者依靠水流的冲力将污物冲走，后者利用了**虹吸原理**将污物吸走。日式煤油取暖器所使用的煤油就是利用虹吸原理将煤油从煤油桶转移到煤油箱的。

虹吸原理

马桶的冲洗方式，主要有冲落式和虹吸式两种。虹吸式马桶利用虹吸原理将污物吸走。

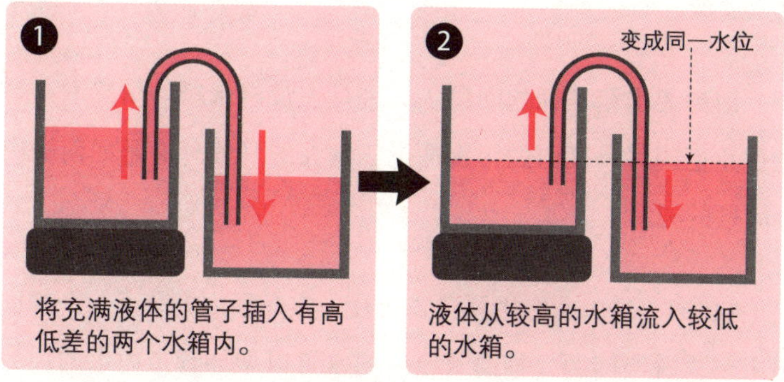

马桶内的止逆阀

虹吸式马桶为了利用虹吸原理，需要在马桶内设置一个水闸。这个水闸就是止逆阀。它还可使马桶内保持存水状态，隔绝来自排水管的臭气，因此冲落式马桶也同样有安装止逆阀。

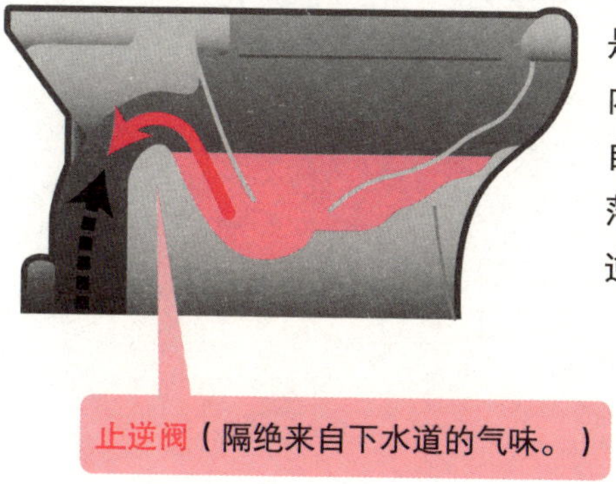

此外，无论是采用哪种抽水方式的马桶都会用到一种叫作**止逆阀**的装置将管道分隔开来。虹吸式马桶的止逆阀有辅助虹吸原理的作用，因此它是必不可少的装置。冲落式马桶同样必须安装止逆阀，因为止逆阀可使马桶内保持存水状态，防止排水管内的臭气逆流。

回到无水箱马桶的问题。关键是在没有水箱的情况下，怎么越过止逆阀将马桶内的污物冲走。现在的马桶厂商是如何解决这个问题的呢？

TOTO（日本东陶机器株式会社）在马桶内安装了一个辅助水箱来解决这个问题，辅助水箱内的水可以增加管道内水的冲力。LIXIL（日本骊住集团株式会社）旗下的INAX利用了空气驱动原理。在冲洗污物时，降低止逆阀内侧的气压，强化了虹吸。松下电器（日本松下电器产业株式会社）则采用了旋转止逆阀式。在冲洗马桶时让止逆阀翻转，人为地让止逆阀暂时消失，也就不需要水压了，不过这种方式需要用电，所以需要注意停电时是没办法使用的。

空气驱动式无水箱马桶

INAX（LIXIL）研发的空气驱动式无水箱马桶，利用空气泵辅助虹吸。

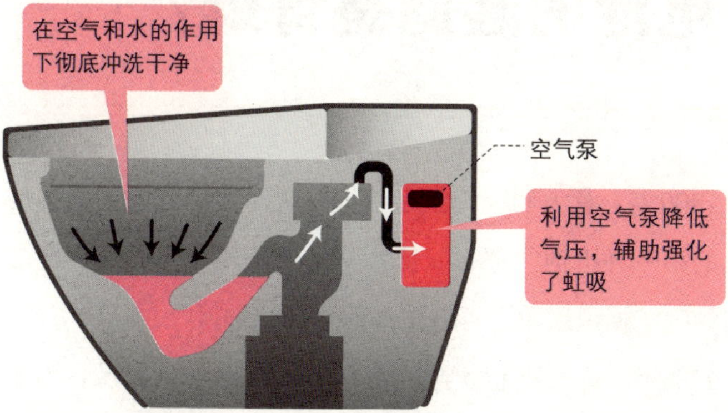

旋转止逆阀式无水箱马桶

松下电器的旋转止逆阀式无水箱马桶的止逆阀可以在马达的作用下翻转，用很少的水量就可以将马桶冲洗干净。

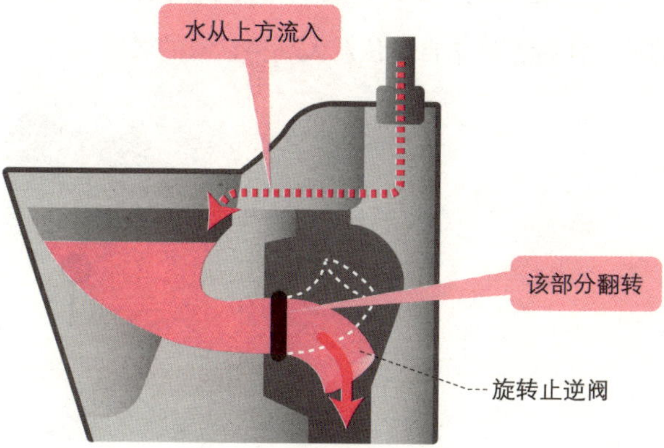

column

电池的起源是青蛙？！

1800年，意大利物理学家伏特发明了伏特电堆，也就是人类的第一种电池。那么，伏特是如何发现并完成这一神奇发明的呢？据说这始于青蛙腿部的一次“抽搐”。

1786年，意大利生物学家伽伐尼在解剖青蛙时发现，当他用铜丝和铁丝触碰青蛙腿时，青蛙腿部抽搐了一下。于是伽伐尼认为青蛙体内存在电，他将这种电称之为“生物电”，并于五年后发表了研究论文。但伏特对伽伐尼的观点持怀疑态度，他认为是“两种不同的金属接触产生了电”，并根据这一理论进行了大量实验，最终发明了伏特电池。

一想到电池的起源竟然是青蛙腿，就能够感受到科学的玄妙。电压的单位伏特，就来自这位意大利科学家的名字。

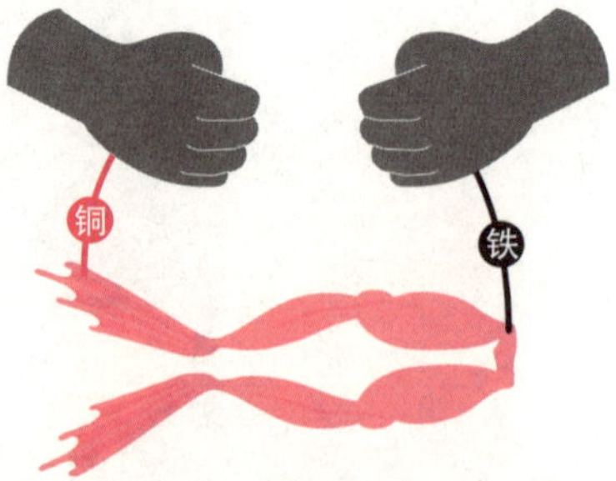

第2章

随处可见的室外科技

我们去逛街或去郊外时，如果用心留意就会发现，塔式起重机、自动扶梯等科技产物随处可见。本章我们就带着大家了解一下有趣的室外科技吧。

Technology 015

塔式起重机

我们经常会看到塔式起重机矗立在施工现场的高层建筑的顶端。那么，这些起重机又是由谁如何搬运上去的呢？

塔式起重机经常活跃在高层建筑的施工现场，因为它在所有建筑机械中最为引人注目，所以逐渐成为最受参观工地的游客们欢迎的“景致”。

塔式起重机在高层建筑施工中不可或缺。依靠吊车可以将建筑材料搬运到低层建筑的最高层，但修建高层建筑时，吊车就力不能及了，当需要将建筑材料搬运到最高处时，塔式起重机就有了用武之地。

不过，每次观察塔式起重机时，都会发生不可思议的一幕——随着楼层的不断升高，塔式起重机也随之爬升。

塔式起重机本身的使用流程包括**组装→爬升→拆卸**几大步骤。

塔式起重机的爬升

在地面上组装完毕的起重机，能够像尺蠖一样通过爬升不断升高。也就是说，重复步骤2～步骤4，就能让起重机不断爬升。

1

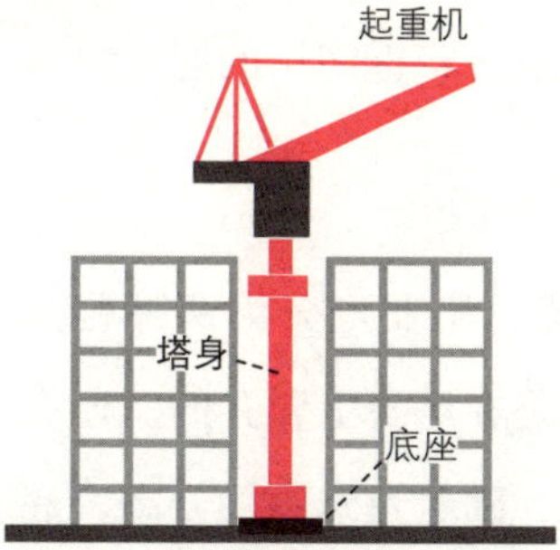

固定好脚手架，将起重机组装起来，一边建造楼宇，一边将起重机抬升至塔身的最高点。

2

将塔身上部固定在楼板上。

3

底座随着塔身一同爬升，固定在楼板上。

4

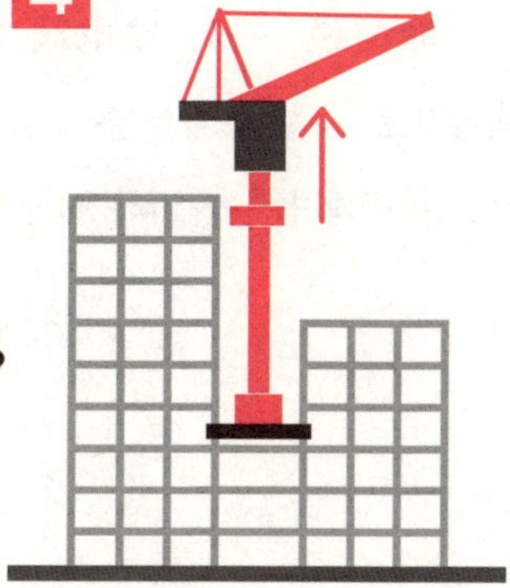

再次将起重机抬升至塔身的最高点。

组装就是固定好脚手架。接着是让起重机随着楼层的升高，像尺蠖一样不断爬升。拆卸则是用母龟、子龟、孙龟的方式，将塔式起重机从楼顶上拆卸下来。也就是在大型塔式起重机的旁边安装一台小一些的小型塔式起重机，用它将大型塔式起重机拆卸下来。接着在小型塔式起重机的旁边安装一台更小一些的微型塔式起重机，用它将小型塔式起重机拆卸下来。重复此操作，将使用完毕的塔式起重机搬运到地面上，最后将拆卸用的起重机人工拆卸下来利用电梯搬到楼下。

塔式起重机的爬升状态类似尺蠖，主要可分为两种爬升方式。一种是**自升式**，它的起重机部分是在塔身上爬升的。还有一种是**爬行式**，它利用了施工中的钢架，随着建筑物的升高，底座部分也在不断升高。前者多用于高层公寓建设，后者则多用于高层商业住宅建设。p73中的示意图就是爬行式塔式起重机的爬升原理。

顺便说一下，输电线路铁塔也是利用起重机的爬升原理搭建起来的，如果看到矗立在深山中高高的铁塔，不要觉得不可思议，利用本书中告诉你的原理就能将它搭建起来。

塔式起重机的拆卸

用小型塔式起重机拆卸大型塔式起重机，再用微型塔式起重机拆卸小型塔式起重机。也就是说，重复下图步骤1～步骤3的操作，到步骤4即拆卸完毕。

在大型塔式起重机旁边安装小型塔式起重机。

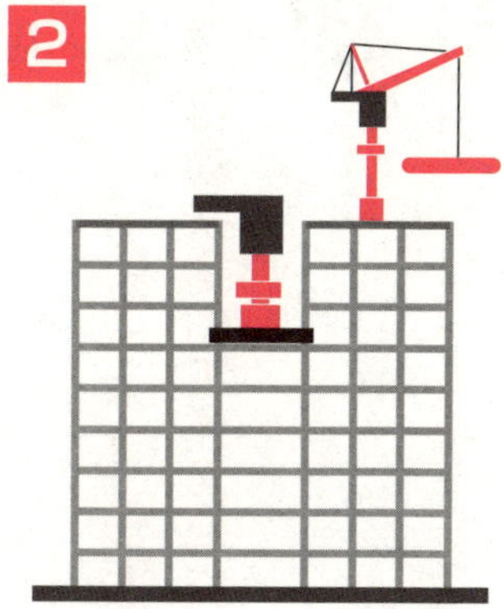

小型塔式起重机拆卸大型塔式起重机。

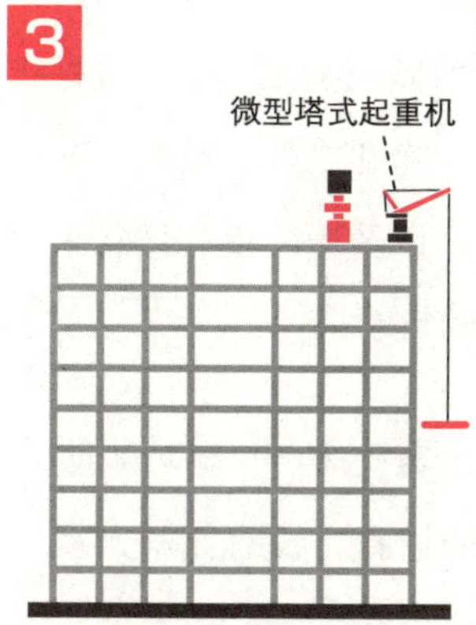

同上，再用微型塔式起重机拆卸小型塔式起重机。

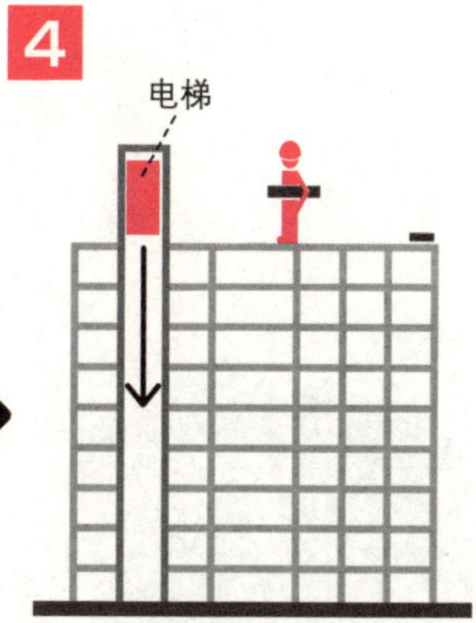

随后人工拆卸微型塔式起重机，利用电梯搬回地面。

Technology 016

自动扶梯

自动扶梯是现代化的高楼大厦中不可或缺的一种设备，但很少有人观察过它的构造。自动扶梯的工作原理究竟是怎样的呢？

1895年，自动扶梯的发明人查理斯·西伯格（Charles Seeberger）将拉丁语中的“scala（台阶）”与英语中的“elevator（升降电梯）”组合起来新创了一个词，将他的发明命名为“escalator”。顾名思义，自动扶梯就是一种阶梯状的升降设施。自动扶梯的搬运功能十分出色，比升降电梯的效率更高。

自动扶梯是通过环形的牵引链将梯级连接起来，在发动机的驱动下运行的。另外，扶手以相同或稍快一些的速度与梯级一同运行。

我们在公共场所经常看到的自动扶梯大多为倾斜角度为30°的直线型自动扶梯，除此之外，还有一些倾斜角度更大，以及中间带有休息平台等特殊造型的自动扶梯。

还有一种叫作“自动人行道”的设备，没有倾斜角度，工作原理和自动扶梯相同。

自动扶梯的工作原理

通过环形的链条将梯级连接起来，在发动机的作用下一圈一圈地循环运转。而扶手也以相同或稍快一些的速度循环转动。

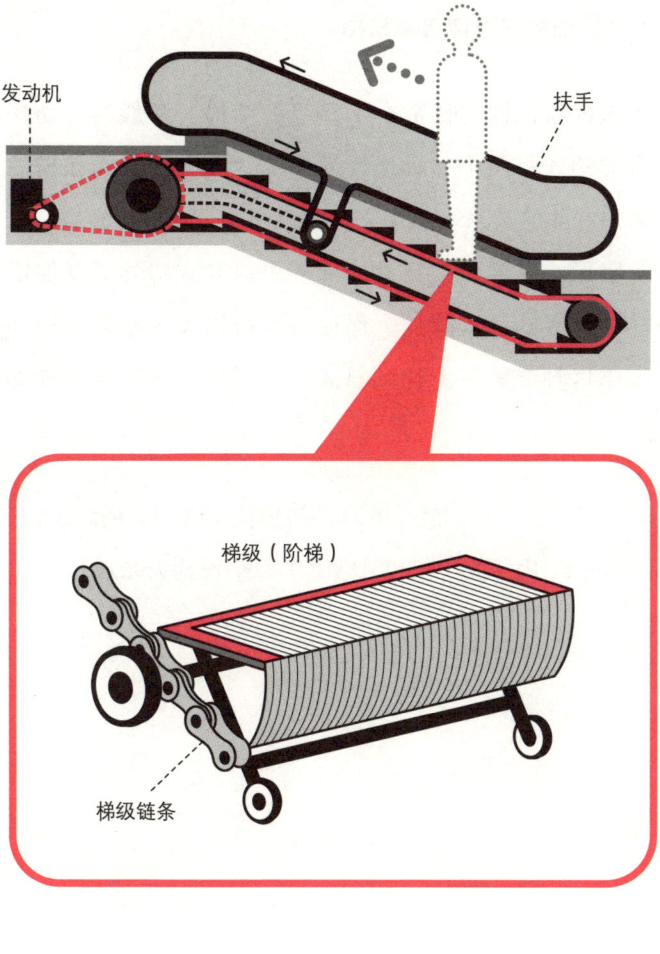

自动扶梯的运行速度大多为30米/分（1.8千米/小时）。不过，这个速度可能让一些性子急的人因为等不及而在电梯上跑上跑下，这是非常危险的行为。当然，也可以适当提高运行速度，但这样上下电梯时就很危险。最近，一款新上市的电梯完美地解决了这两个问题，这就是三菱电梯本着实用的原则发明的**变速自动扶梯**，又称**倾斜部高速自动扶梯**。

变速自动扶梯的秘密在于梯级的结构。一般的自动扶梯是由笔直的链条将两个梯级连接起来的，而变速自动扶梯的连接部分却是弯曲的。水平状态下，连接部分呈Y形，倾斜时变成了“亻”字形。这样，在自动扶梯的出口和入口处，就像纸张变皱一样，梯级的速度降低，保证乘客可以安全地乘坐扶梯。据说，应用这种装置，能让倾斜部分的运行速度达到乘降部分的1.5倍。

顺便说一下，日本最长的自动扶梯位于香川县的游乐场“New Reoma World”内（2017年12月数据），全长约为96米。

变速自动扶梯的工作原理

就像纸张变皱一样，连接梯级的零件在自动扶梯的出口和入口处被折叠起来，使乘降口附近梯级的运行速度降低。

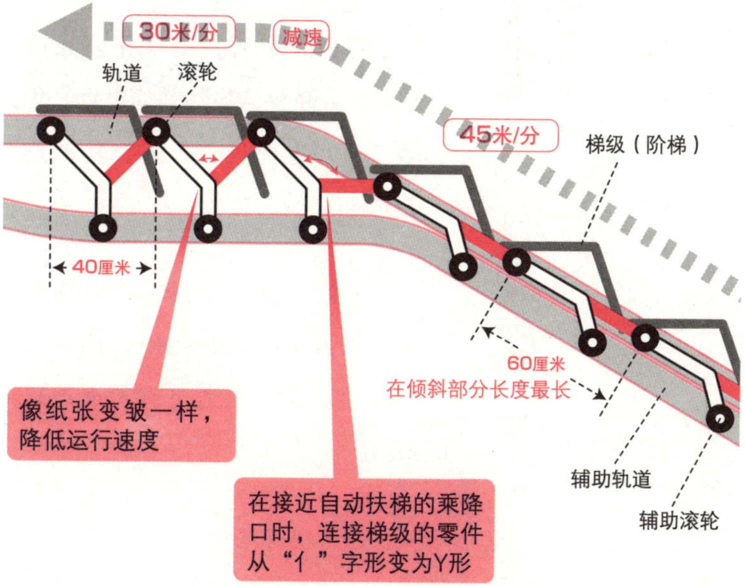

水平移动时

连接零件呈Y形。运行速度为30米/分。

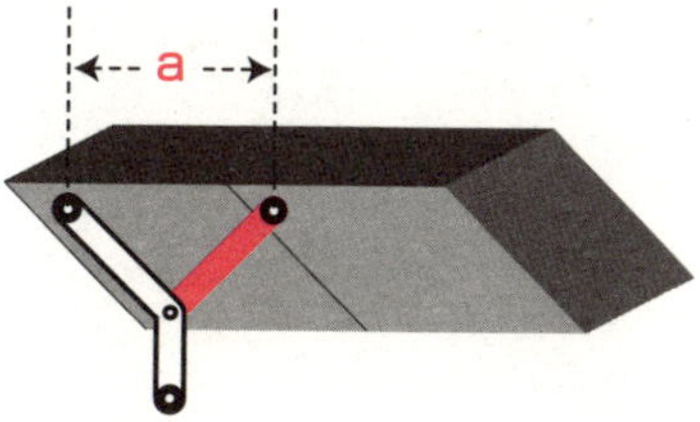

倾斜移动时

连接零件呈“亻”字形。运行速度可达水平状态的1.5倍，为45米/分。

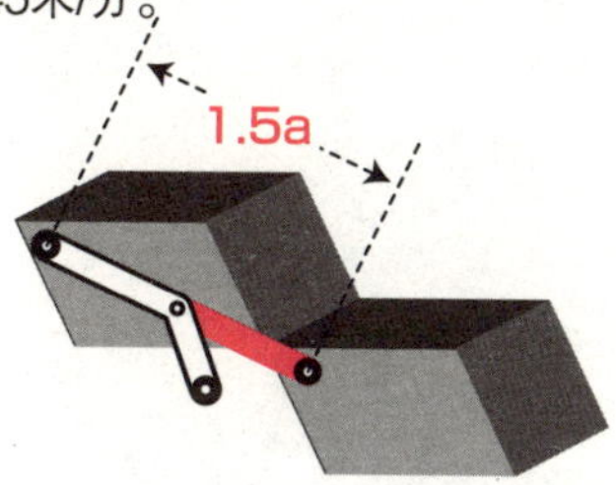

Technology 017

电梯

电梯是高层建筑中必不可少的一种设施，要想窥见它的运行原理，势必要花费一番工夫。

1890年的11月10日，日本首个安装电动式升降梯的建筑——东京浅草凌云阁正式营业，为了纪念这一伟大时刻，日本将11月10日定为电梯日。

有记录表明，罗马在公元前就使用过升降梯，当然并非电动，但这足以证明电梯具有出人意料的悠久历史。

现代电梯的运行方式多为**曳引式**，供人乘坐的轿厢以及用来保持平衡的对重，是通过钢丝绳连接起来的。

这种电梯的特征是，因为轿厢与对重能够保持相对平衡，所以曳引机的负荷减半，因此曳引机的电机容量无须太大。

电梯的基本运行方式

电梯可以根据高度、用途、空间等多种方式进行分类。

曳引式电梯

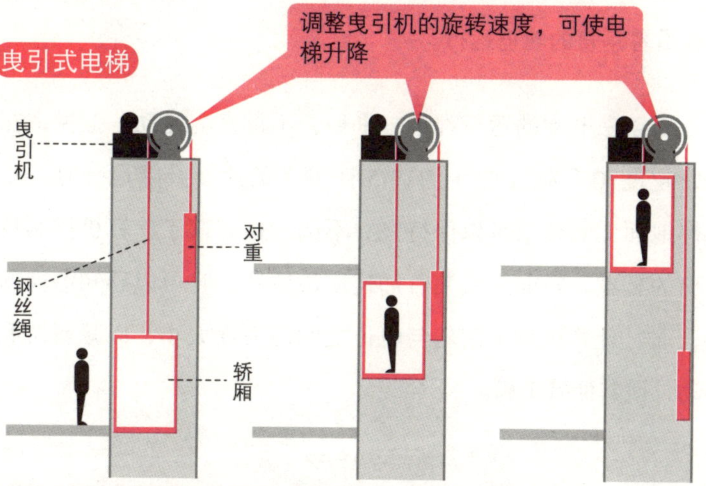

日本的电梯大多为曳引式。因为轿厢可以与对重保持平衡，所以能耗较低，选用小功率发动机即可。

液压式电梯

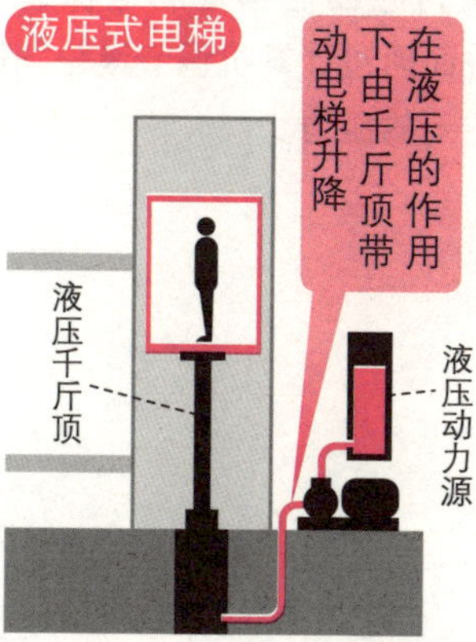

常用于低楼层的货物搬运。

卷筒式电梯

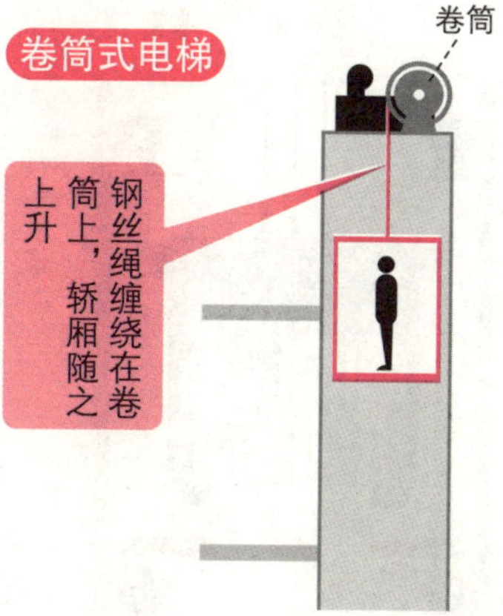

因其构造简单，适用于低楼层小型建筑。

根据电梯的驱动方式，除了曳引式电梯外，还有卷筒式电梯、液压式电梯等种类。另外，电梯还可以根据高度、用途、空间等多种方式进行分类。电梯轿厢的升降与缆车垂直运行的感觉非常相似，轿厢上装有滚轮，在滚轮的引导下，轿厢被钢丝绳牵引着沿着垂直的轨道运行。

近年来电梯的运行都十分平稳，不再发生晃动。据说，在电梯以超过70千米/小时（约19.5米/秒）的速度升降运行时，立在电梯地面上的硬币可以保持竖立不倒，这有赖于计算机控制技术作出的贡献。轿厢上安装有加速度传感器，它可以感知电梯的晃动，通过计算机调节滚轮与轨道之间的力度大小，以减弱轿厢的震动，使其保持平稳。

电梯不摇晃的秘密

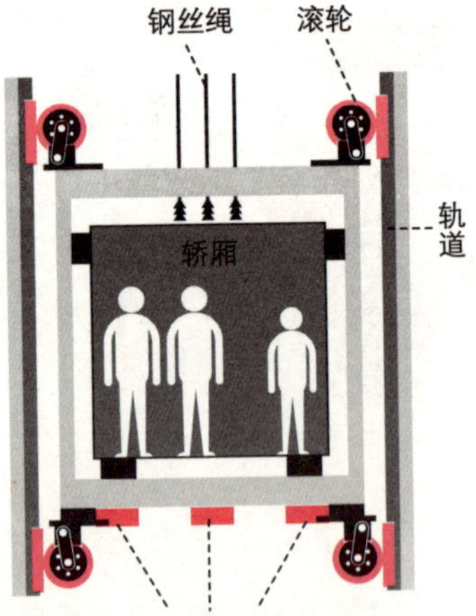

加速度传感器能够检测电梯的晃动，进而通过计算机调节滚轮施加在轨道上的压力。

计算机控制技术还大幅缩短了电梯的等待时间。想必大部分人都有过这样的经历吧，明明有很多台电梯，但是等电梯的时间依旧十分漫长。现在很多新建大楼已经解决了这个问题，在计算机控制技术的帮助下，人们无须焦急等待，一分钟之内就能乘上电梯。

另外，电梯对建筑物的结构也产生了一定影响，**空中大堂**（Sky Lobby）结构就是其中最具代表性的案例。

空中大堂（Sky Lobby）结构是什么

据说一幢100层以上的高楼，需要配备70台以上的电梯，这些电梯被分成了直达电梯和可达各个楼层的普通电梯。为了有效地利用和管理，人们可以在某些中间楼层换乘这两种电梯，这种供人们换乘的楼层就叫作“空中大堂”。这和铁路的运行原理十分类似。

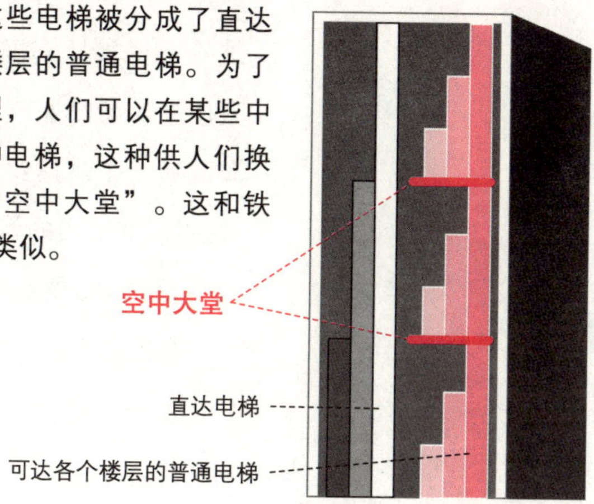

Technology 018

抗震、减震、隔震结构

日本作为一个地震多发的岛国，增强建筑物的抗震性至关重要。近年来，日本逐渐从抗震向减震、隔震等更高层次迈进。

日本地震多发，但在东京中心地带，超高层建筑林立，很多人不禁对此心存疑虑，请您放心，它们都做好了充分的防震准备。这些建筑物采用的是被称为**抗震、减震、隔震**的防震技术。1963年之前，日本法律明令禁止建设高度超过31米的高层建筑，后来在技术革新的推动下，法案进行了修改，很多超过100米的建筑物拔地而起，随之产生了日本第一幢高层建筑——霞关大厦，这栋大楼引领了日本高层建筑建设的潮流。

在霞关大厦诞生之前，日本采用**抗震结构**来应对地震，用钢筋混凝土强化墙体和支柱，也就是所谓的用钢结构来抵御地震震动。不过对于100米以上的超高层建筑来说，仅凭钢筋和混凝土很难达到理想的防震效果。这时需要采用的就是**减震结构**了，随着地震的震动建筑物也会发生适当的震动，用以分散和吸收震动能量，这是一种弹性结构。

吸收“震动”的三种结构

“抗震”“减震”“隔震”三个词汇听起来十分相似，但其实它们的工作原理大相径庭。

A. 抗震结构　成本低

建筑物本身可以吸收震动能量。

B. 减震结构　成本中等

由一种名为减震器的柱子先吸收地震能量。

C. 隔震结构　成本高

将隔震装置安装在地基上，吸收震动能量。

A

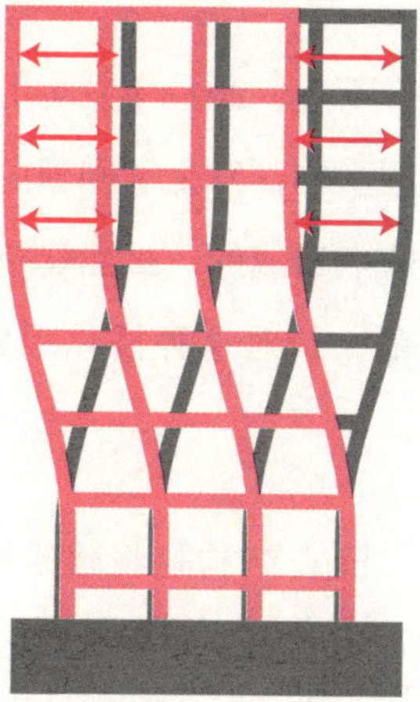

B

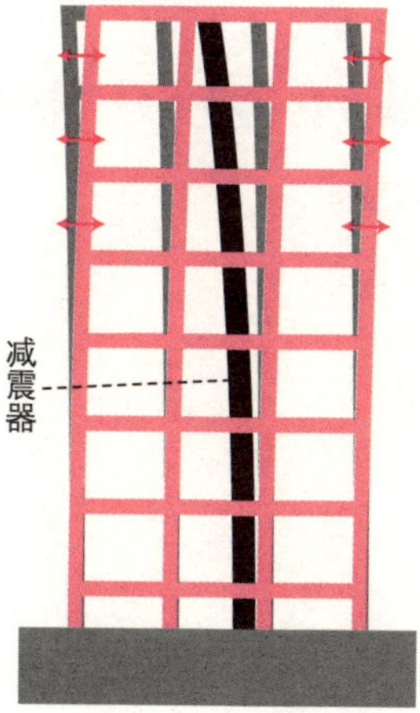

C

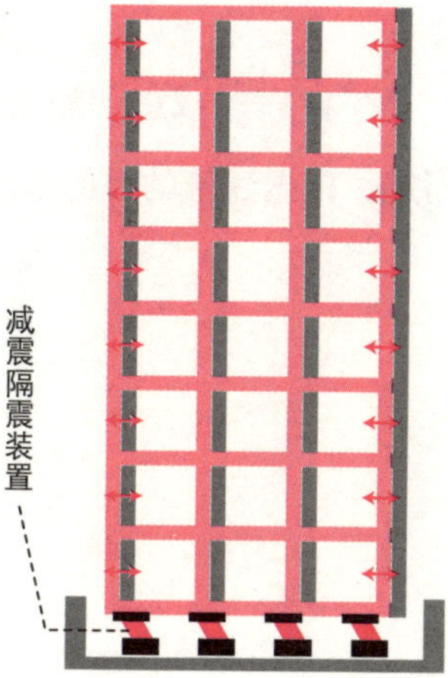

弹性结构的理论基础来源于古代寺院中的五重塔。关东大地震中很多建筑物都被摧毁了，只有上野宽永寺的五重塔依旧屹立不倒，建筑学家看到后，仔细研究了五重塔的结构，并将其应用到了现代建筑之中。这种结构名为**心柱减震**，2012年竣工的东京天空树（Sky Tree）就采用了这种结构。

不过，2011年发生的东日本大地震中，高层建筑受长周期震动的影响，发生了剧烈的摇晃并造成了人员伤亡。这是弹性结构的缺点造成的，虽然建筑不会发生损害，但会造成剧烈的摇晃。目前，针对这种摇晃现象，日本正在研发的技术，就是**隔震结构**。

隔震结构是将建筑物建设在由橡胶等容易变形的材料组成的设施上面，阻碍地震的震动能量传递到建筑物中的一种建筑方法。将隔震结构与减震结构相结合，能够大幅降低地震中建筑物的震动幅度。

至于抗震、减震、隔震三种结构究竟哪种更好，要视具体情况而定，根据建筑的目的采用合适的技术。

模仿五重塔建设的东京天空树结构

五重塔应用的心柱减震技术，被广泛应用到现代建筑中，突出代表就是2012年竣工的东京天空树。

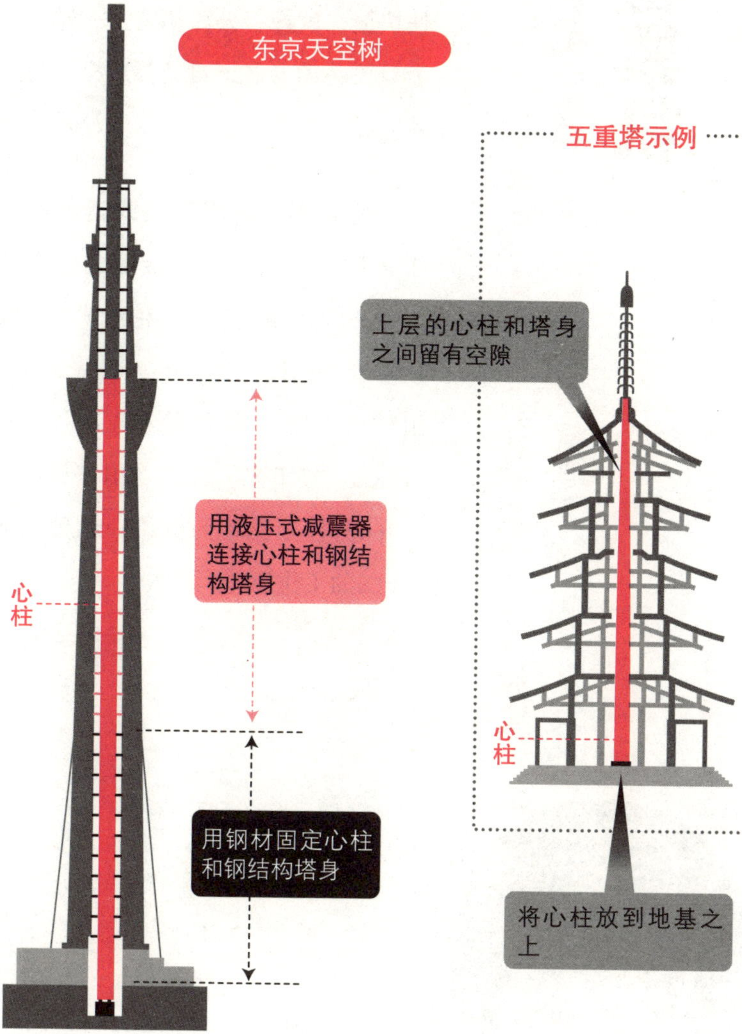

Technology 019

自动检票机

自动检票机和IC卡的完美结合，让我们乘坐交通工具出行更加便捷。下面我们就来一起看一下它们的工作原理吧。

很久之前，人们乘车时必须先到售票机前排队买票，再到检票口检票乘车。不过，今天人们拿着PASMO和Suica*等公交卡就能乘坐交通工具，方便快捷，就像将公路拓宽了一样。因为只要将IC卡靠近自动检票机，检票就完成了。

这套便捷的系统正式运行有赖于索尼公司研发的非接触式IC卡技术——**FeliCa**，它是一种由IC卡以及读取卡片的读写器（Reader/Writer）组成的系统，索尼公司将其命名为FeliCa。接下来，我们以JR东日本的Suica的检票流程为例，一起看一下FeliCa的工作原理。

*PASMO和Suica均为日本的储值交通卡，具有乘车和购物功能。

为了进入车站，我们需要将卡片在自动检票机上划一下，接下来，自动检票机会执行以下一系列操作：确认卡片是否正确，读取账户余额，将入站时间和站名等信息写入卡片等。Suica最突出的一点是它完成这些操作仅需短短的0.1秒。在检票口浪费大量的时间完全没有必要，但身份确认和信息读写又不可或缺，Suica将这两方面的需求完美地满足了。

IC卡由内部的感应天线和IC芯片组成，从自动验票机中发出的电磁波可以转换为电能，使IC芯片正常运转，这是非接触式IC卡的重要特征。这种技术一般被称作**RFID**（射频识别技术），不过FeliCa以其高速处理复杂信息的技术而著称。

Suica的工作流程

Suica是FeliCa系统的一个范例，FeliCa系统的信息确认和读写仅需0.1秒，这一点非常为人称道。

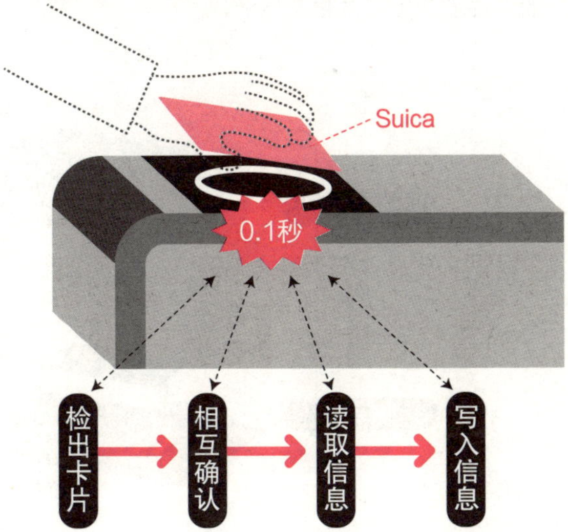

FeliCa准确的身份认证能力被充分认可并广泛应用到了多个领域，如Edy、nanaco、WAON等电子货币，公司以及大学的证件卡，甚至包括进出公寓和房间的电子钥匙等。

2016年美国苹果公司iphone开始兼容FeliCa感应支付技术，对于开展电子货币服务的日本来说，这可能会成为一个巨大的商机。

Felica的结构

读写器产生的电磁波为IC芯片供应电源。

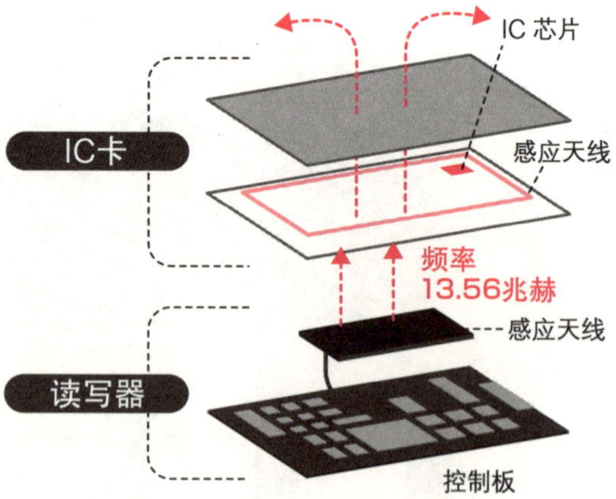

Technology 020

灭火器

我们经常会在购物场所或办公场所看到灭火器，上面大多印有『ABC』字样，这究竟是什么意思呢？

近年来，虽然日本规定了民用住宅内也必须安装火灾报警器，但恶性火灾事故依然不断发生，日常生活中我们务必要谨慎用火。不过，无论怎么小心，也无法完全避免灾害的发生，一旦发生火灾，灭火器就会成为我们强有力的帮手。那么，灭火器为什么可以灭火呢？

物质燃烧需要具备可燃物、空气、高温以及使燃烧持续下去的连锁化学反应，只要去除其中任何一个条件就可以达到灭火的目的。家庭和办公场所一般会采用**冷却灭火法**和**窒息灭火法**两种方式灭火，冷却灭火法是降低燃烧物体的温度，窒息灭火法则是切断空气的供应。

洒水是冷却灭火法的突出代表，因为洒水可使温度降低。家庭和办公场所常备的**ABC灭火器**一般采用的是窒息灭火法，在二氧化碳或者氮气的推动下将灭火剂喷射出来，这些不支持燃烧的气体和灭火剂都可以隔绝氧气。

那么，ABC灭火器中的“ABC”究竟指的是什么呢？它们指的是发生火灾时燃烧对象的分类，A是普通火灾（木材、纸张等引起的火灾），B是液体火灾（石油及其他油脂类物质引起的火灾），C是电火灾（电器设备引起的火灾）。发生火灾时，最重要的就是判断出火灾类型，再使用装有对应灭火剂的灭火器扑灭火焰。但是，在普通家庭中，我们无法苛求大家做出这样专业的判断，因此，就需要一种全能灭火器，它装入的灭火剂可以有效应对任何类型的火灾，这就是ABC灭火器。

家庭和办公场所使用的ABC灭火器大多为干粉灭火器，灭火剂呈粉末状，需要时可以强力喷射出来。那么，粉末状的灭火剂为什么会喷射出来呢？它的原理分为贮压式与加压式两种。

加压式灭火器，握紧压把会破坏内部装有加压气体的容器，使高压气体（二氧化碳、氮气）与灭火剂同时喷射出来。而**贮压式灭火器**则是将灭火剂与高压气体（二氧化碳、氮气）一同封存到灭火器内。

加压式灭火器与贮压式灭火器

家庭和办公场所常备的灭火器多为干粉灭火器，需要时可喷射出粉末状的灭火剂，工作原理分为加压式和贮压式两种。

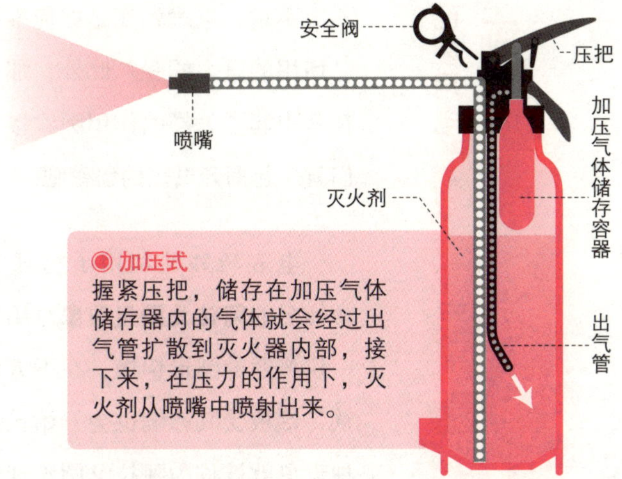

◉ 加压式
握紧压把，储存在加压气体储存器内的气体就会经过出气管扩散到灭火器内部，接下来，在压力的作用下，灭火剂从喷嘴中喷射出来。

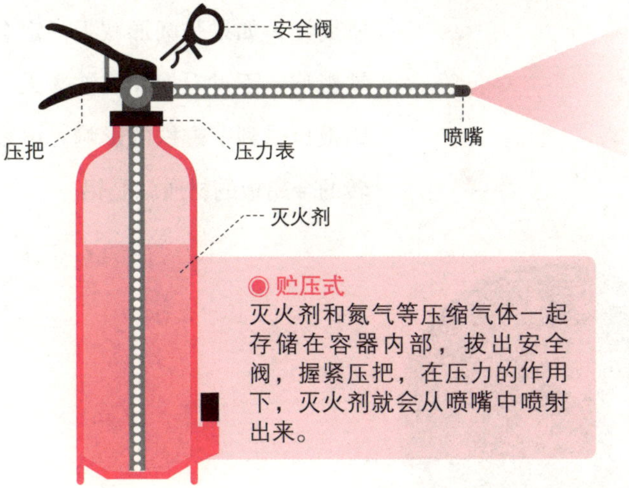

◉ 贮压式
灭火剂和氮气等压缩气体一起存储在容器内部，拔出安全阀，握紧压把，在压力的作用下，灭火剂就会从喷嘴中喷射出来。

Technology 021

电表

电表是用来测量已使用电量的工具，电表利用『阿拉戈圆盘现象』来测量肉眼不可见的电力。

家庭用电一般是用**电度表**（简称**电表**）测量，电表安装在房间内侧或外侧的墙壁上。在有些电表中，我们可以看到有个圆盘在一圈一圈地转动。

不过，电表到底是如何准确测量已使用的电力的呢？此外，那个圆盘在其中起了怎样的作用呢？接下来我们就一起揭开电表的秘密吧。

电表巧妙地利用了物理学上非常知名的**阿拉戈圆盘现象**。用线吊起一块普通的圆形铝板，在下方转动磁铁，铝板受其影响也会开始转动，这种现象就被称为阿拉戈圆盘现象。众所周知，如果是圆形铁板一定会受磁铁影响，不过看似和磁铁毫无关联的铝板也受到了磁铁的影响。电表上旋转的金属板的材质就是铝。

阿拉戈圆盘是什么

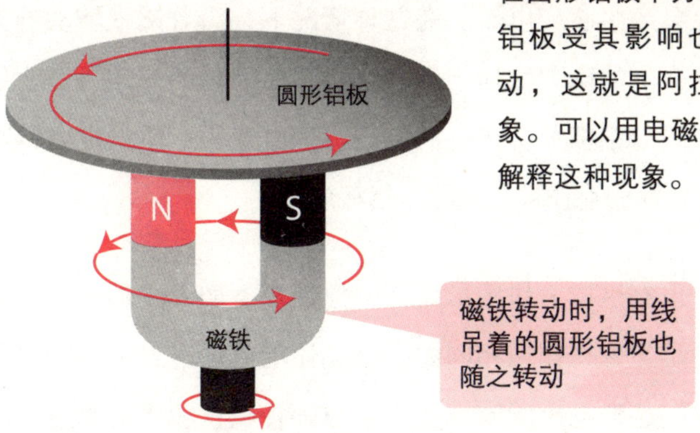

在圆形铝板下方转动磁铁，铝板受其影响也会随之转动，这就是阿拉戈圆盘现象。可以用电磁感应原理来解释这种现象。

圆形铝板转动的原因

我们先设想在磁铁的N极转动的方向上有一个名为C1的圆，在转动的N极的作用下会增加一些方向向上的磁力线。然后在电磁感应原理的作用下，会产生一些方向向下的磁力线抵消方向向上的磁力线。因此在圆C1处产生了上方为S极，下方为N极的电磁铁，这个电磁铁的N极与铝板下方磁铁的N极相互排斥，推动圆形铝板沿着磁铁转动的方向旋转。以此类推，下图中圆C2也在此动力的作用下旋转。

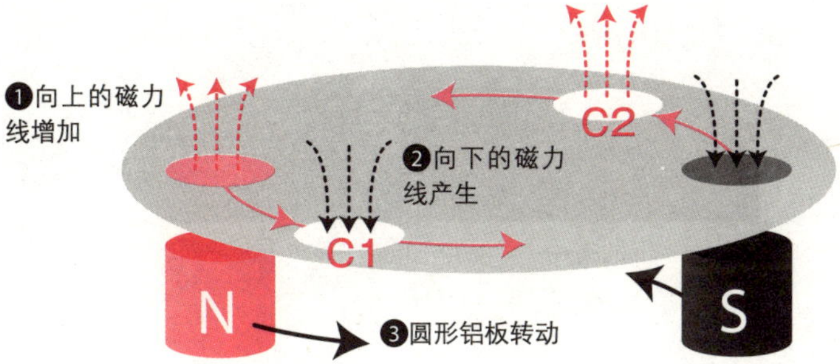

阿拉戈圆盘现象可以用**电磁感应原理**来解释，这个原理也出现在了本书的其他条目中，它的一个重要表现为在磁通变化减弱的方向上会产生感应电流。在这种情况下，沿着磁铁转动的方向，圆形铝板上的磁力增加，但在电磁感应原理的作用下，为了抵消磁力在圆形铝板上会产生涡电流。因电流而产生的电磁铁与下方旋转的磁铁相互作用，使圆形铝板旋转。

电表中也有这样一块圆形铝板，但铝板下面安装的不是旋转的磁铁，而是与磁铁作用相同的线圈。让电流通过上下两个线圈的时间错开，这样电磁线圈就会产生与旋转磁铁相当的磁力。同时线圈也与室内的线路连通，当用电量增加时，通过线圈的电流增大，使之成为磁性较强的电磁铁，圆形铝板的转速也会加快。因此，统计铝板的转数就可以知道消耗的电量。

电表中还有一个地方用到了阿拉戈圆盘现象。电表中有一块**制动磁铁**，它不同于刚刚提到的线圈形成的电磁铁，是一块永久性磁铁，它包裹着圆形铝板，能够阻止铝板空转，它的工作原理与阿拉戈圆盘相同。

电表的工作原理

在电源一侧装有电压线圈，房间内线路一侧并排的位置串联着电流线圈，电压线圈和电流线圈中电流通过的时间相差大约1/4圈，因此使之成为电磁铁，能够起到与阿拉戈圆盘中旋转的磁铁相同的作用。另外为了防止空转，还安装了一块制动磁铁，它被称为电磁抱闸，它的工作原理也是阿拉戈圆盘现象（参考下图中的C）。

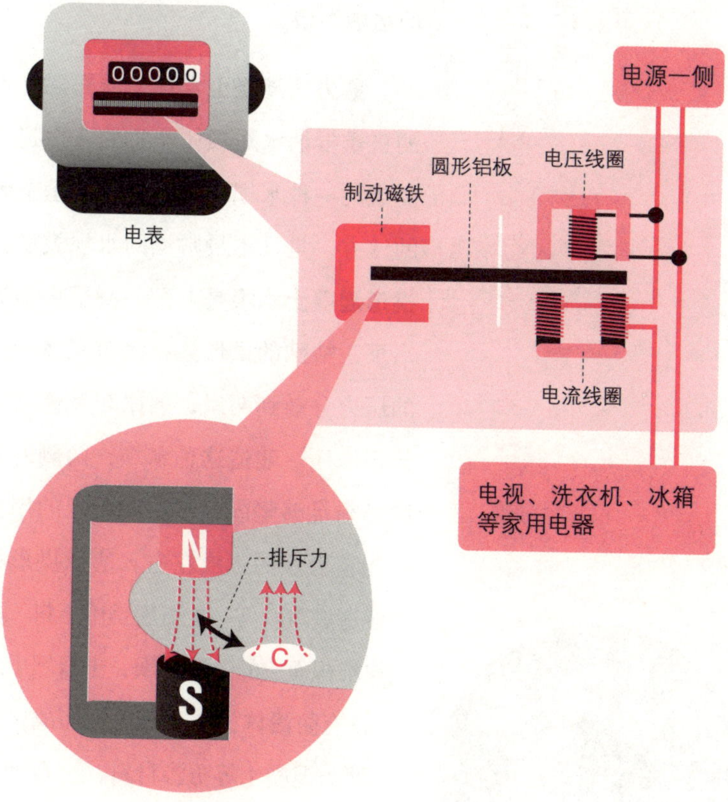

水坝

巨大的水坝同时也是引人入胜的景观，比如日本富山县的黑部水坝。水坝究竟肩负着什么重任呢？

水坝无一例外均为大型建筑物，它们有一种引人入胜的魅力，绿荫环绕的湖泊与混凝土结构的人造设施形成鲜明对比，共同组成了震撼人心的景观。

水坝有多种类型，如美丽的拱形水坝、仅用岩石堆积而成的水坝等，接下来我们一起来看一下具有代表性的水坝类型。

重力式混凝土水坝是依靠混凝土的自重抵消水对坝体产生的压力建造而成的一种水坝，一般建于岩基坚硬的地方，是日本最常见的水坝类型。**拱形混凝土水坝**是上游一侧呈拱形的水坝，特殊的拱形会将水对坝体产生的压力分散到两岸，两岸与坝体共同分担水压。建造这种水坝，两侧的岩层必须足够坚固，不过混凝土的用量仅为重力坝的三成左右，所以拱形坝的建造成本较低。**土石坝**是用土料、石块堆积而成的一种水坝，土石坝中间设有防渗体，由土料填充而成，表面为混凝土等防渗材料，土石坝可建造在地基不太坚固的地方。

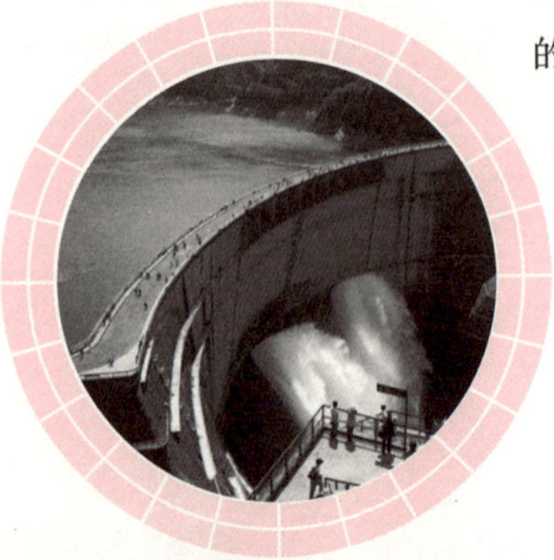

具有代表性的水坝类型

水坝有重力式混凝土水坝、拱形混凝土水坝、土石坝等多种类型，下面我们依次研究一下它们的特征。

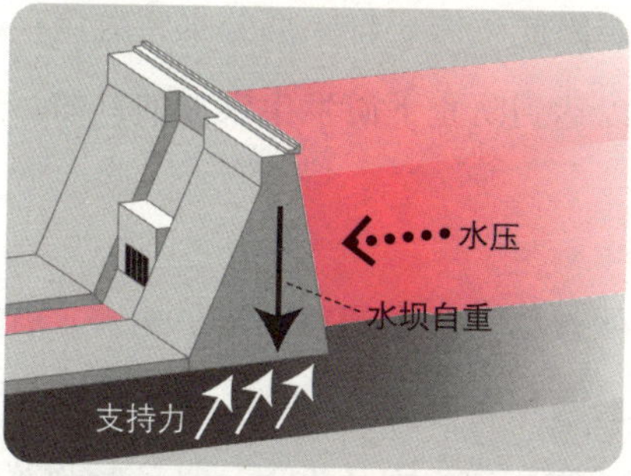

◉ 重力式混凝土水坝
依靠混凝土的自重来抵消水对坝体产生的压力建造而成的一种水坝。

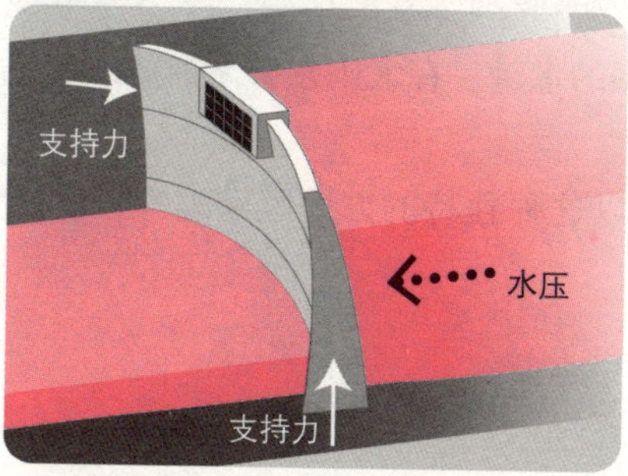

◉ 拱形混凝土水坝
拱形能将水对坝体产生的压力分散到两岸，两岸与坝体共同分担水压。

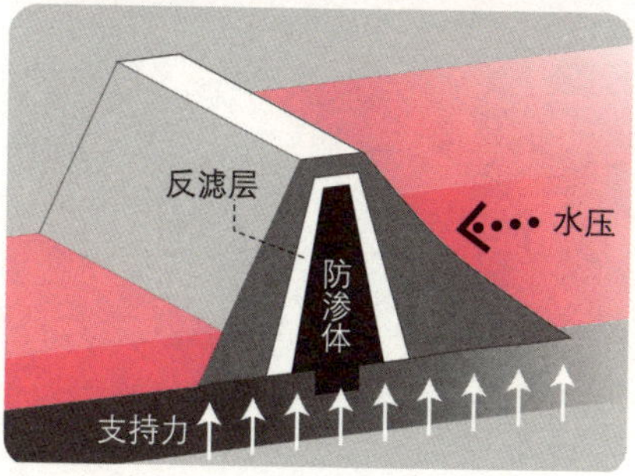

◉ 土石坝
用土料、石块堆积而成的一种水坝，其中堆石坝比较知名。

建造水坝主要有三个目的，**整治水利**、**疏通水路**和**发电**。有为了一个目的而建造的水坝，也有为了多个目的而建造的水坝，下面我们把关注的焦点放到治水用水坝上。

有些河流水流湍急，如果上游大量降雨，就会造成下游水量激增，可能引发洪涝灾害。因此，需要将一部分水暂时储存起来，减少流入下游的水量，以达到防止下游发生洪灾的目的。这就是治水用水坝的作用。

水坝这个调节水量的功能被称为**洪水调节**。简单地讲，就是当发生暴雨导致水量激增时，水坝暂时将其拦截，再将安全的水量释放到下游。为了使这个功能起到应有的作用，必须时刻关注周围的动态，如监测流入水坝的水量、在大雨预警之前放水等。

水坝的管理者们，正在以这种独特的方式默默地守护着我们的家园。

水坝的洪水调节功能

水坝具有防止庞大的水量肆虐而下，调节流向下游水量的功能。

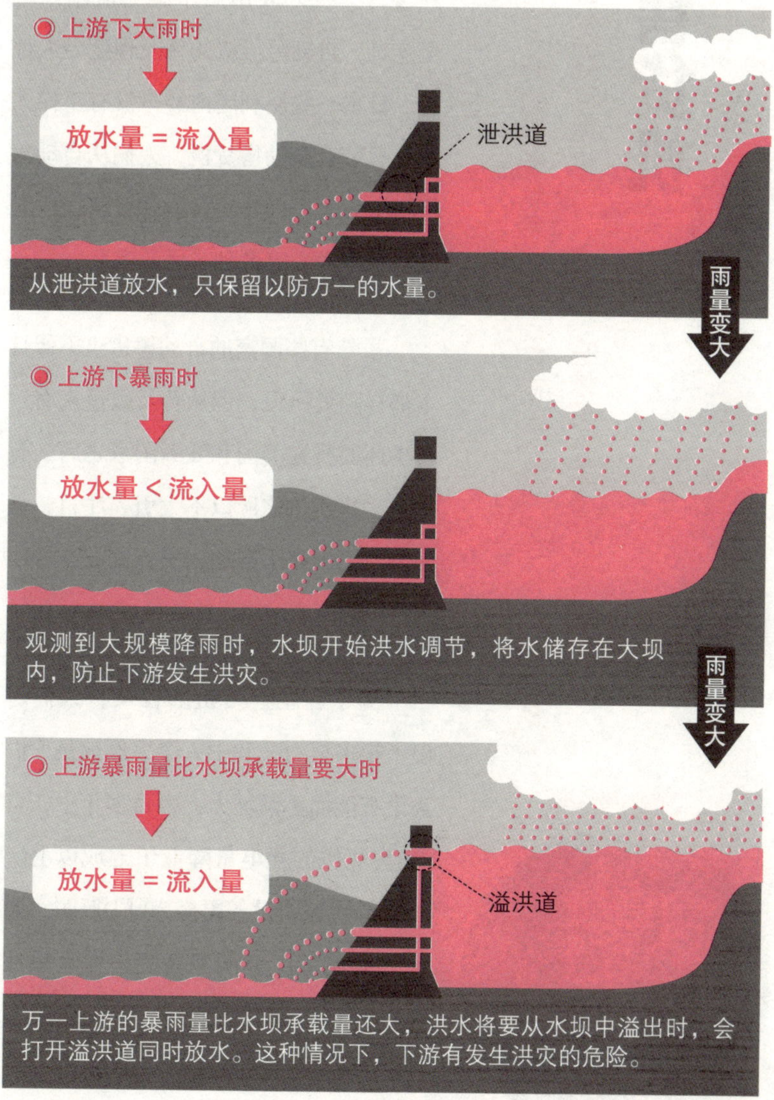

Technology 023

自动售货机

自动售货机与人们的生活息息相关，在商场、地铁站等公共场所，自动售货机已随处可见。时至今日，它依旧在不停地更新换代。

自动售货机的历史十分悠久，据说自动售货机的历史最早甚至可以追溯到两千年前，那时埃及的寺院里放有一种装置，投入硬币后水就会流出。时至今日，自动售货机的普及程度令人惊讶，日本一些便利店内甚至没有工作人员，只装有自动售货机。人们从自动售货机上不仅可以购买食物和饮料，还能购买花、内衣等各种各样的商品。

虽然有些国家的自动售货机不像日本那样随处可见，但从普及数量来看，日本还要排在美国和欧洲国家之后。有些自动售货机之所以不太引人注目，是因为它们大多隐藏起来了，安放在如建筑物内部等有防盗设施的区域内。

为了自动售货机的普及，人们付出了很多努力，其中一个事例就是人们为了节能而不懈努力：四百多年中，自动售货机的耗电量降低了七成以上。人们将照明设备更换为LED照明，通过传感器智能调节亮度，并且只在取货口附近安装制冷、制热装置，只对即将出售的商品加热或冷却。

世界上第一台自动售货机出售的是神殿的圣水

据说世界上最古老的自动售货机是公元前三世纪放在埃及寺庙中的“圣水自动售货机”。从顶部的投币口投入硬币后，接硬币的盘子受力倾斜，随后硬币渐渐从盘子上滑落，盘子又回到原位。在此期间，出水口的阀门开启，水从中流出。

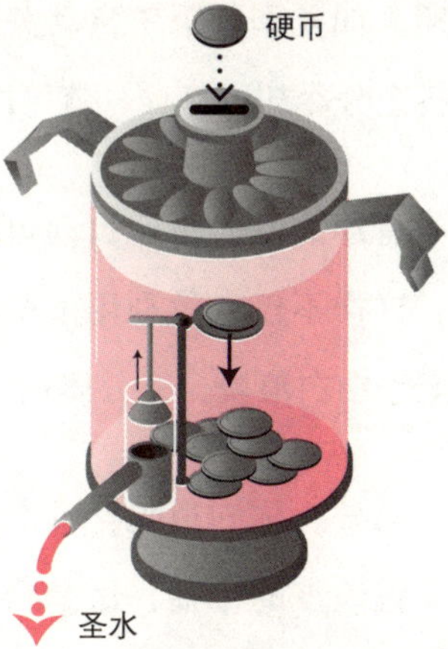

罐装饮料自动售货机的基本构造

此为剖面示意图。制冷制热装置安装在取货口附近，只对即将出售的商品加热或冷却。取货口内部有两个抓手，可以将商品一个一个地取出来。

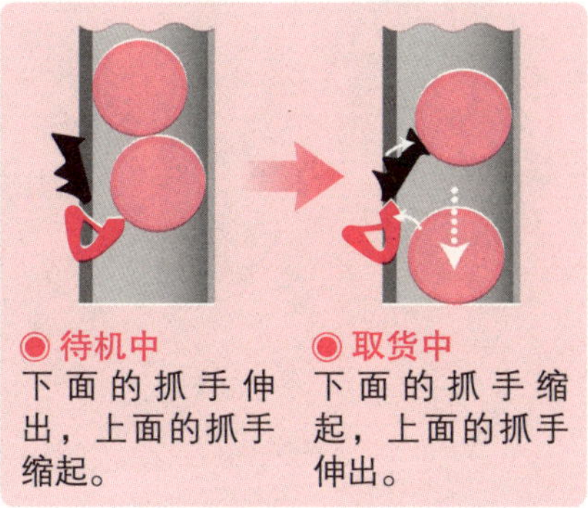

最近，一种名为**Eco vendor**的自动售货机逐渐进入了人们的视野。这种自动售货机上配置了峰值漂移功能，它可以在用电高峰期，如夏季的下午自动关闭制冷系统，在那之前提前将食品和饮料充分冷却。这样，就可以减轻用电负荷。

有趣的是，一台自动售货机上同时出售热食和冷饮是日本首创，这样不仅有效利用了狭小的空间，同时使制冷时释放的热量不至于白白浪费，充分体现了日本人珍惜资源的特点。

另外，你知道吗？日本自动售货机的正面都会贴上印有该机器安置地点的标签，这是始于2005年的一项服务。因为发生灾害时，人们都特别想知道自己所在的位置，这个标签能迅速给以提示。此外，一些自动售货机还具有在发生自然灾害时免费供应商品的功能。自动售货机渐渐成为一种便民的基础设施。

同时出售热食和冷饮的自动售货机

将空调系统配置在了自动售货机内，通过室内机制冷，室外机制热。这种类型为热泵型。

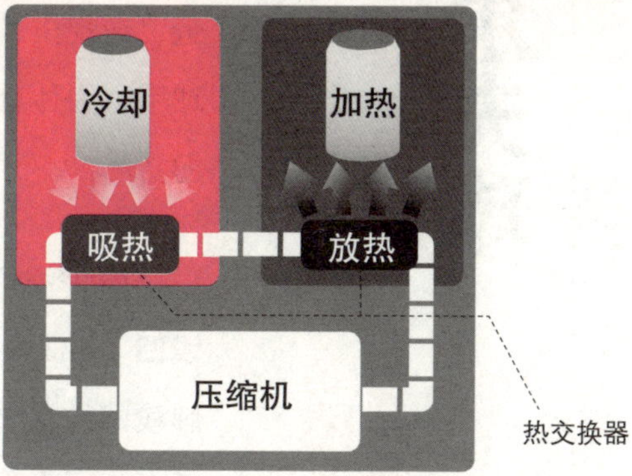

硬币的识别方式

通常，自动售货机可以通过检测硬币的形状、重量来判断硬币的面值，再通过传感器瞬间识别硬币的花纹。另外，释放磁力后不同材质会产生不同的磁场变化，据此也可以对硬币进行识别。

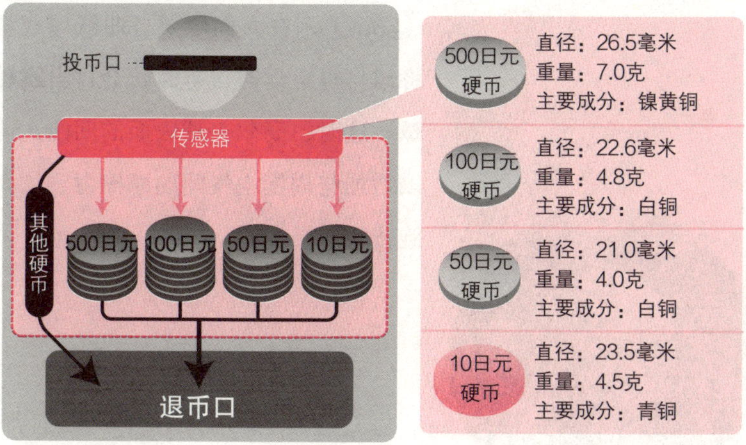

Technology 024

高尔夫球

观察高尔夫球，会发现它的表面有很多浅凹，品牌不同浅凹的形状略有差异。你知道吗，这些浅凹还与多项专利有关呢。

高尔夫运动没有年龄限制，可以说是一项体育界十分推崇的运动。最近，涌现出了很多年轻的职业高尔夫球手，为体育新闻版面增添了很多话题。

如果我们观察高尔夫球表面的**浅凹**（dimple）就能发现，不同的品牌浅凹的花纹和深浅也不相同。我们千万不要小瞧这些看似简单的浅凹，微小的差异中包含着深奥的道理。

这些浅凹的作用大体可分为两种——增加升力和减少空气阻力。我们先看一下增加升力，即使球技一般，打高尔夫时也很容易打出旋转球（spin），在人们想要打曲线球或者将球打得更远时，有时就会打出**旋转球**。这时，高尔夫球表面的凹凸，可以增加与周围空气间的摩擦力，加大旋转的效果。

旋转效果能产生升力

在打后旋球时，高尔夫球上方的气流速度快，下方的气流速度慢，气流速度快时气压变低，速度慢时气压升高（伯努利原理）。因此，在高尔夫球上，升力（推动向上的力量）开始起作用。

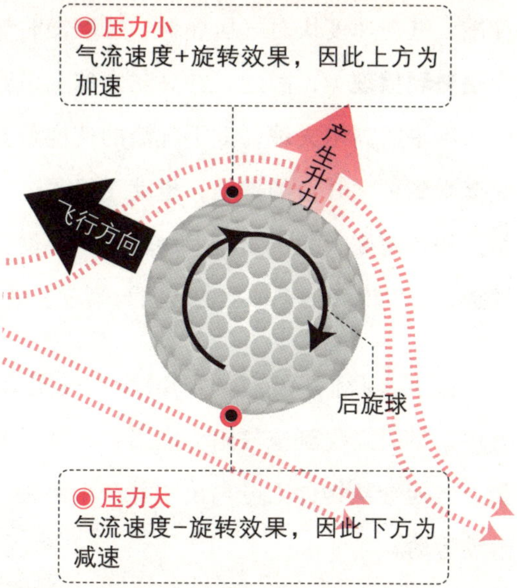

吸收能量的卡门涡街

因为高尔夫球高速飞行，所以球体后方空气量减少，气压变小，并因此产生一种名为卡门涡街的现象，这种涡旋会吸收球体向前运动的能量，将球体向后拉拽。

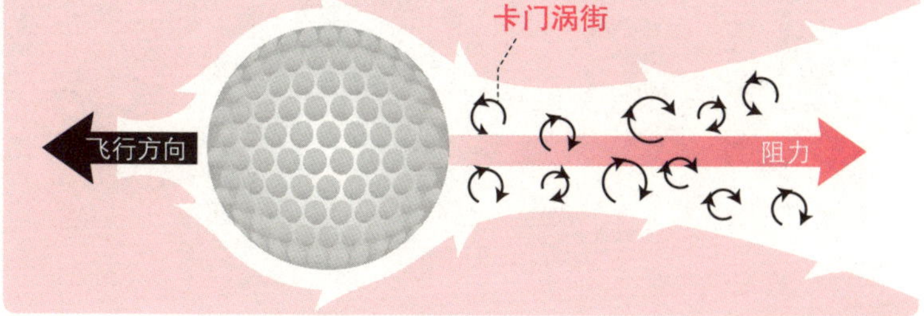

那么，让我们思考一下，为什么打旋转球能够得到升力。在我们在打后旋球时，高尔夫球上方的气流速度快，下方的气流速度慢，气流速度快时气压变低，速度慢时气压升高（这种现象称为**伯努利原理**），因此，在高尔夫球上，升力开始起作用。表面凹凸不平的高尔夫球，上下气流的速度差要比平滑的球更大，因此会受到更大升力的推动，也就飞得更远。高尔夫球的飞行轨迹是由初始速度、起飞角度、旋转三个要素决定的，被称为**起飞三要素**，可以说高尔夫球上的浅凹与第三点紧密相关。

接下来我们一起看一下减少空气阻力的效果。当物体在空气中运动时会受到空气阻力的影响，其最大的形成原因为**卡门涡街**。气流会从物体上分离出来并产生涡旋，这些涡旋会阻止物体继续运动。

如果球体表面有浅凹，就能防止气流从球体表面分离，减少卡门涡街现象的发生，让高尔夫球飞得更远。

综上所述，浅凹的大小和深浅会对高尔夫球的飞行产生很大影响，因此高尔夫球厂家会进行各种各样的研究来调整高尔夫球的纹路及形状。

在浅凹的作用下提升飞行距离

如果高尔夫球表面有浅凹，就能抑制气流从球体表面分离，很大程度上减小卡门涡街的影响。因此有浅凹的高尔夫球要比光滑的高尔夫球飞得更远。

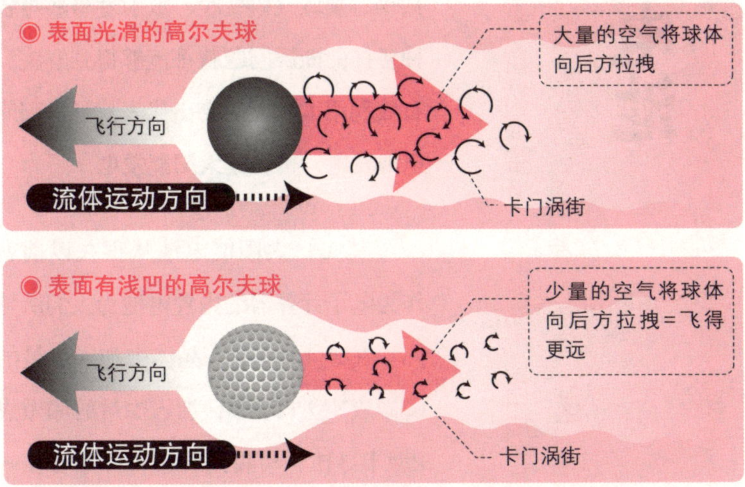

浅凹与飞行距离的关系

如果高尔夫球的表面没有浅凹，它一定飞不高也飞不远，但是，也不意味着只要高尔夫球表面有浅凹就一定是好事。只有不太深也不太浅，深度合适的浅凹，才能让高尔夫球达到最佳飞行距离。

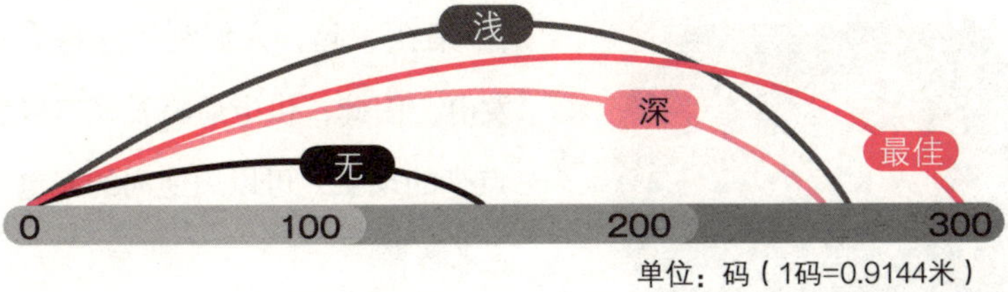

Technology 025

太阳能电池

太阳能电池是依靠自然能量发电的希望，目前已经研发出了各种各样的太阳能电池，那么，它们之间有什么区别呢？

照射在地球上的太阳能非常丰富，一个小时的太阳能就相当于整个地球一年需求的能量。如果能够有效地利用太阳能，因传统发电方式造成的资源枯竭、全球气候变暖、放射性事故等各种各样的能源问题就都能够得到解决。有效利用太阳能的突出代表就是太阳能电池发电，也就是**太阳能发电**。

其实，太阳能电池从很久以前就作为电子计算器的内置电池为人们所熟知。在硅（silicon）晶体中加入少量的磷做成N型半导体，加入少量的硼做成P型半导体，再将两种半导体贴合在一起就做成了太阳能电池。当太阳光照在半导体上时，在光能的作用下交界面上（P-N结）产生电子和阳离子。电子流向N型半导体，阳离子流向P型半导体，因此产生电压。简单地讲，就是在太阳能的作用下分离的电子和空穴会分别聚集在一起，人们利用这种力量发电。因此，供电后将发光二极管点亮的现象，可以用逆向的光电效应来解释。

太阳能发电的原理

在硅晶体中加入少量磷做成N型半导体，加入少量硼做成P型半导体，再将这两种半导体贴合在一起就做成了太阳能电池。当太阳光照在半导体上时，在交界面上就会产生电子和阳离子，使电极上产生电压。

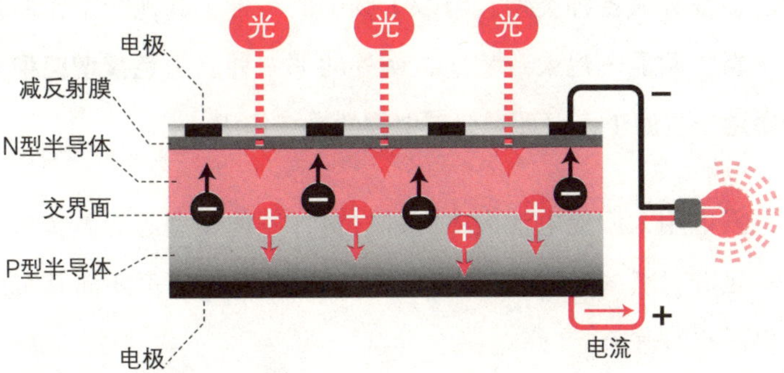

主流太阳能电池的材料分类

如下图所示，太阳能电池可以按照材料进行分类。上图讲解的是硅材料太阳能电池的发电原理。

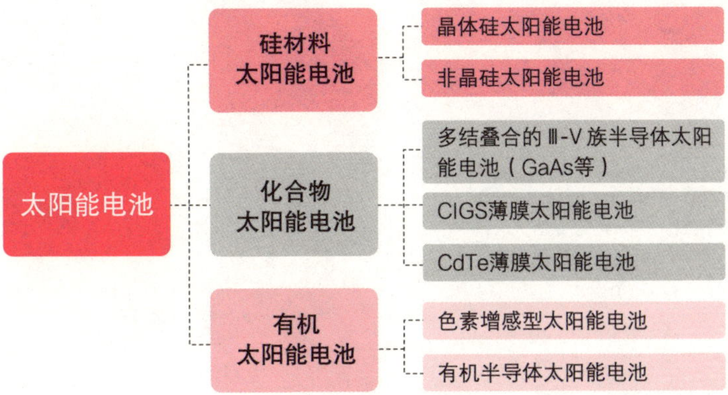

上文提到的太阳能电池因其主体材料为硅，被称为**硅材料太阳能电池**，这种太阳能电池的能源转换率较高，现在已经研发出转换率接近25%的硅材料太阳能电池。但因其生产成本较高，所以目前也研发出了很多其他种类的太阳能电池取代硅材料太阳能电池，如**化合物太阳能电池**、**有机太阳能电池**。这些太阳能电池还可以被细分成各种类型，但除了其中的一种，其他的工作原理与硅材料太阳能电池大致相同，例外的那一种名为**色素增感型太阳能电池**，它的工作原理类似于植物的光合作用。

发电用太阳能电池大多为硅材料，其他类型的能源转换率大多不足硅材料的一成，虽然将来有望有所突破，但距离其全面普及仍任重而道远。

目前在日本，居民家中安装太阳能电池，当地政府会予以一定的资金补助，统一回收多余的电力。安装在各家各户房顶上的太阳能电池是智能化社会，也就是能源自给型社会一个重要的组成部分。

色素增感型太阳能电池的工作原理

二氧化钛具有吸附特殊色素的功能，涂满二氧化钛粉末的电极以及溶有碘的电解质溶液共同组成了色素增感型太阳能电池。光照射到色素时电子会飞出，由二氧化钛吸收。吸收的电子变成电流再流到另一极，传递给电解液中的碘离子。接着碘离子会将吸收的电子返还给原来的色素。循环往复就能达到发电的目的。

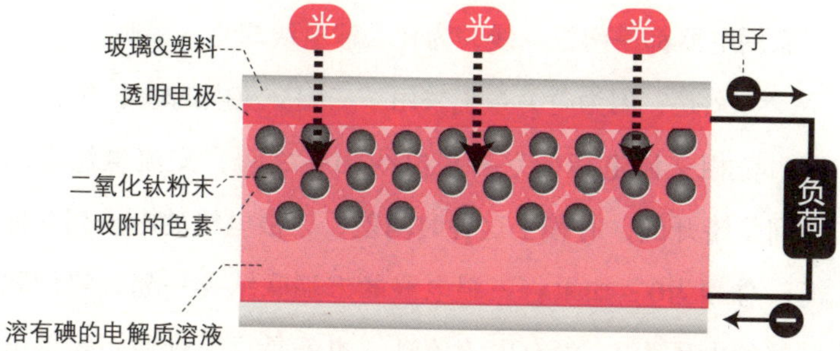

晴天时太阳能发电量和消耗量的变化

在晴朗的白天，太阳能电池的发电量要远远超过电能的消耗量。多余的电力还能卖给电力公司。

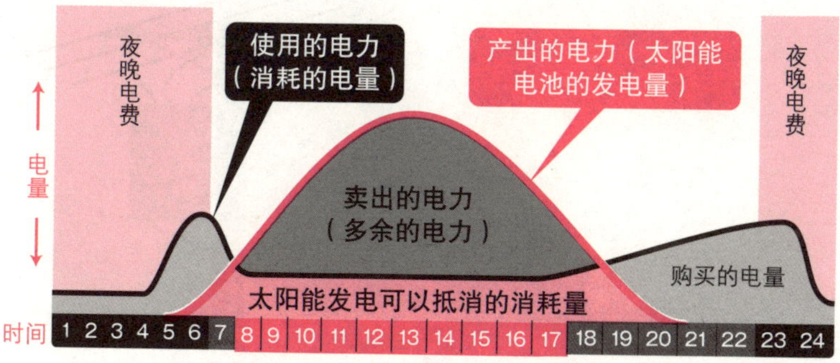

column

为什么输电线三根为一组?

我们观察电线杆时可以发现，一般一组为三根线，但明明家用电器都是两根电线，为什么输电线却是三根呢?

答案是：因为电力系统采用了三相交流电的输电方式。

三相交流电指的是三根电线相互之间，交流电流动的时间是错开的，有赖于这种时间差，三根电线的电压相互抵消，总和为0。如果将三根电线的末端联结在一起，它们联结处的电压为0，没有电流流动。也就是说，这是不需要电流回流的线路，非常便捷。为达到这种效果，一般的交流电（单相交流）要走三个来回，需要共计六根电线，而三相交流电仅需三根电线。用三相交流电输送电力，电线用量减半，大幅减少了输电设备成本。

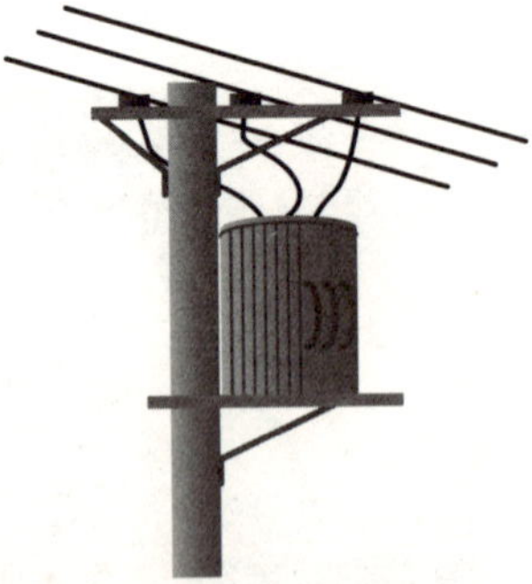

第3章

日用家电中的科技

在冰箱、洗衣机等家家户户都在使用的家用电器中，隐藏着怎样的科技知识呢？本章我们就带着大家了解一下它们的工作原理吧！

Technology 026

冰箱

以前冰箱被视为日本的『三大件』*之一，现在，冰箱作为日用家电的代表，在我们的日常生活中占据着重要的位置。

1930年，日本生产的第一台冰箱正式发售，定价高达720日元。这在当时可以建造一座小房子了，只有公司业务需要或者富人阶层才能买得起。但现在冰箱的普及率已达100%，回望历史，让人不禁有一种恍如隔世之感。

其实冰箱的制冷原理非常简单。我们将水涂抹在皮肤上，吹一口气就能感觉到清凉，这是因为水从液体转化为气体时会吸收**汽化热**使周围降温，冰箱也是利用了这个原理。在冰箱中，**制冷剂**发挥了示例中水的作用。

那么，我们接着看一下冰箱的真实构造。冰箱是由压缩机以及两种热交换器（**蒸发器**和**冷凝器**）组成的。安装在冰箱内的蒸发器将制冷剂蒸发吸收汽化热，降低冰箱内的温度，汽化的制冷剂在压缩机的动力下液化并被输送到冷凝器，把从冰箱内吸收的热量释放出去。循环往复就是冰箱制冷的原理。

*结婚“三大件”是二十世纪的时代印记。在中国，七十年代的“三大件”为手表、自行车、缝纫机，八十年代的为电视机、洗衣机、冰箱。——译者注

冰箱的工作原理

当液体转化为气体时，会吸收周围的热量，这就是所谓的汽化热，冰箱内部制冷就是利用了这个原理。

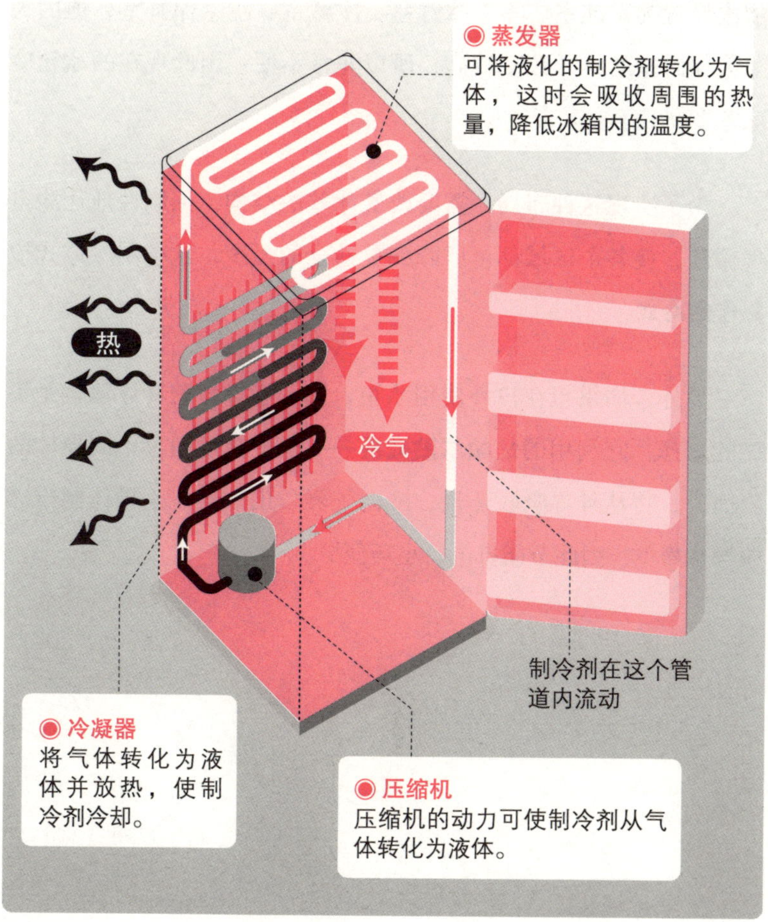

家用冰箱一般分为冷冻室、微冻室、零度冰鲜室、冷藏室、蔬菜保鲜室等区域，温度分别为-15～-20℃、-1～-3℃、0～-2℃、2～5℃、3～8℃，按照存放食品各自的特性设定了适合的温度。

按照冷气下沉的原理，以前冰箱的冷冻室放在最上层，往下依次设置为微冻室、零度冰鲜室、冷藏室、蔬菜保鲜室，但因为蔬菜保鲜室的打开频率较高，所以非常不便，因此现在的冰箱冷冻室多在最下层。

为了实现这种布局，需要改变冰箱的结构，强制性地让冷空气循环，使各个区域都可以降到最适合的温度，这种制冷方式被称作**间冷式**。

另外，如果想在户外使用冰箱，那么**半导体制冷冰箱**就是不二的选择。它利用的是**帕尔贴效应**——电流流过两种不同导体的界面时，将从外界吸收热量，或向外界放出热量。半导体制冷冰箱构造简单，因此节能省电、小巧便捷。

直冷式和间冷式

传统冰箱几乎都是直冷式，但为了让冷冻室、冷藏室、蔬菜保鲜室的布局更加合理，现在多改为间冷式。间冷式的冰箱不容易结霜。

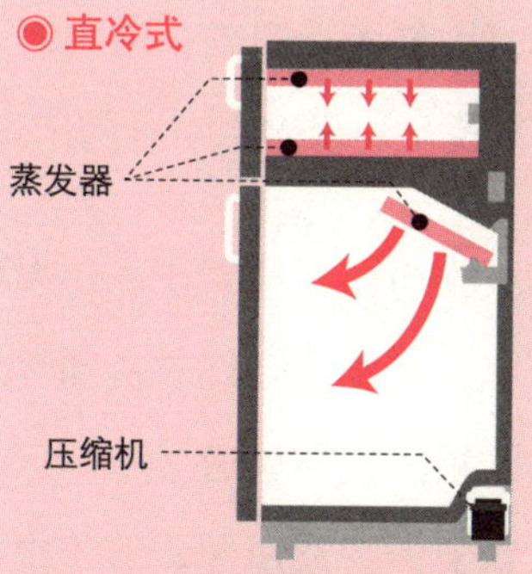

直冷式是在冰箱内安装蒸发器，直接制冷的方式。一般采用自然对流的方式制冷，冷冻室和冷藏室内各安装了专用的蒸发器。

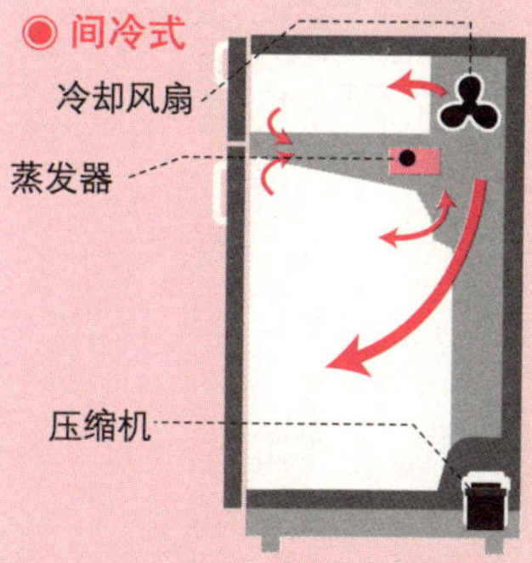

蒸发器安装在冷藏室内部，通过冷却风扇将其产生的冷气输送到冷冻室和冷藏室。

半导体致冷冰箱的结构

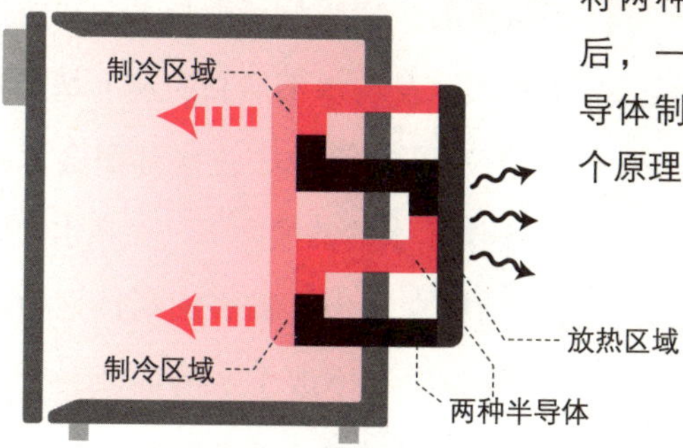

将两种半导体贴在一起通电后，一侧的温度会降低，半导体制冷冰箱利用的就是这个原理。

Technology 027

洗衣机

二十世纪中期，洗衣机、冰箱、黑白电视机并称为日本『三大件』，人人渴望拥有。时至今日，洗衣机依旧在不断地更新换代中。

1953年，日本产的首台喷流式洗衣机正式发售。当时，新入职的大学学历国家公务员薪水不到8000日元，而一台洗衣机的价格竟高达30000日元，但是即使价格高昂却仍然大受欢迎。那时人们才意识到，洗衣对于家庭主妇来说是一份多么辛苦的工作。

那么，为什么洗衣机能将衣物清洗干净呢？其实这是洗衣机和洗涤剂协作的结果。洗衣机通过水的运动，可将衣物上的污渍甩掉，溶于水的污渍会被顺势冲走。问题是还有一些不溶于水的油渍，这时就需要借助洗涤剂了。

洗涤剂的主要成分为表面活性剂，而表面活性剂是由一些细长的分子组成的，这些分子由与水亲和的亲水基团以及与水不亲和的疏水基团构成。在洗衣筒中，疏水基团会深入不溶于水的油渍内部，而亲水基团则处在水中。被表面活性剂包裹后，原本不溶于水的油渍会变成溶于水的球状，被水冲走。

洗衣机去污的原理

将衣物放到洗衣机内，倒入水和洗涤剂，洗涤剂的分子开始和油渍纠缠在一起。

洗涤剂的主要成分为表面活性剂，表面活性剂能够将油渍包裹住，使其被水流带走（详见 p198）。

水流搅动的过程中，洗涤剂分子将油渍包裹住。

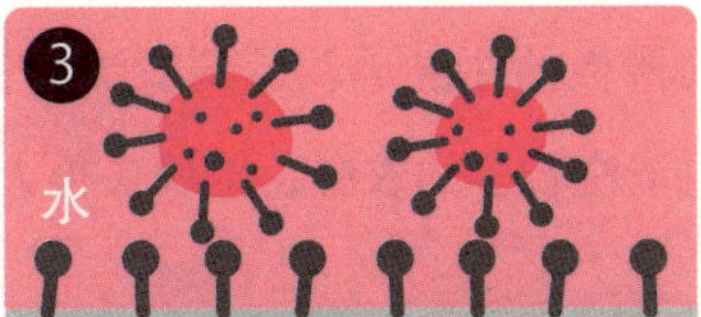

最后，油渍溶在水中被水流带走。

三种洗涤方式

洗衣机大致可分成喷流式、搅拌式、滚筒式三大类。日本普遍使用的是喷流式洗衣机。

◉ **喷流式**
主要使用的国家：日本
特征：搓洗

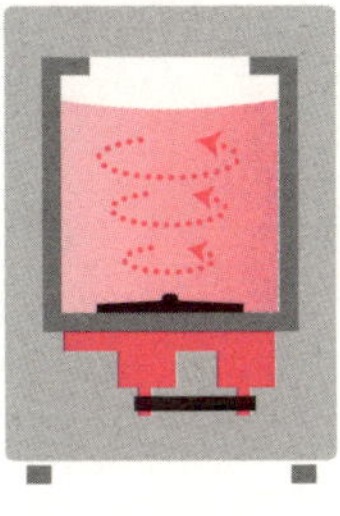

◉ **搅拌式**
主要使用的国家：美国
特征：拌洗

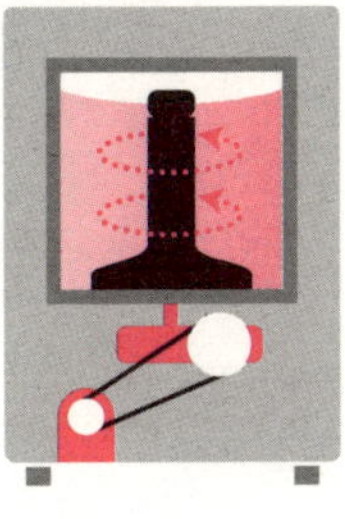

◉ **滚筒式**
主要使用的国家：欧洲
特征：捶打洗涤

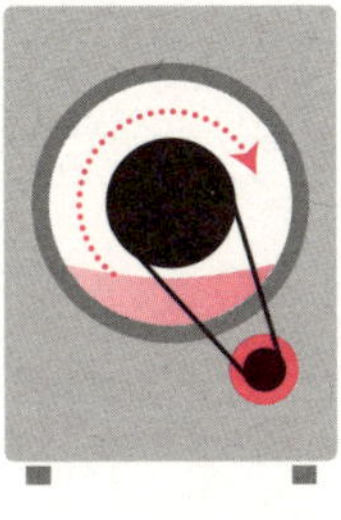

目前洗衣机大致可分成以下三种。

喷流式洗衣机（又称**水流式**或**波轮式洗衣机**）在水资源丰富的日本最为普及，采用的是一种模拟搓洗的方式，用水流的力量清洗衣物。小巧轻便的喷流式洗衣机非常适合放在洗手间，不过也很容易造成衣物缠在一起或过度拉伸衣料，造成衣物损伤。

搅拌式洗衣机是北美最为普及的类型，通过一种名为搅拌翼的薄板的往复运动达到清洁的目的。类似于用棒子搅拌，一次可以清洗较多的衣服，但块头很大、较为笨重。

欧洲普遍使用的是**滚筒式洗衣机**。通过横向旋转的滚筒模拟棒槌击打的方式洗涤衣物。拥有不易损伤衣物，用水量少等优点，但清洗时间较长。另外，为了让横向的洗衣机更加稳定，所以大多较为笨重。近年来，因为洗烘一体的滚筒式洗衣机畅销，所以滚筒式洗衣机在日本也非常受欢迎，和传统的烘干机一样，滚筒式洗衣机也采用暖风的形式烘干衣物。现在，洗衣机生产厂商正在进行技术改良，不断攻克各类型的缺点，生产出更实用的洗衣机。

全自动洗衣机（喷流式）的基本构造

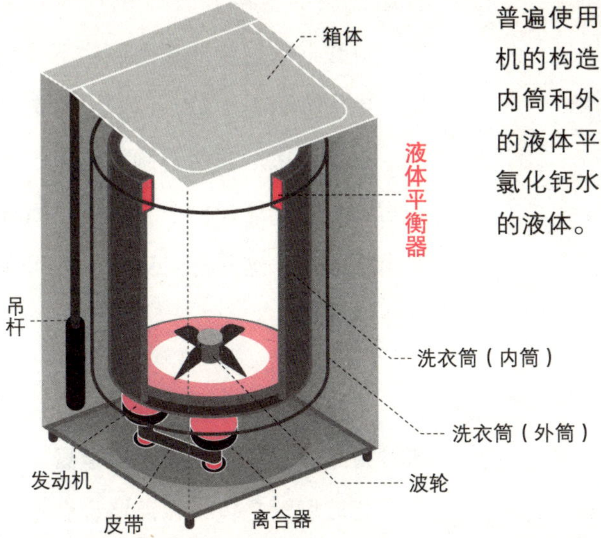

接下来我们看一下日本普遍使用的全自动洗衣机的构造。洗衣筒分为内筒和外筒，内筒上部的液体平衡器内装入了氯化钙水溶液等有分量的液体。

依靠液体平衡器保持平衡

液体平衡器内部中空，将较重的液体放在里面，洗涤时能够让洗衣筒保持平衡。

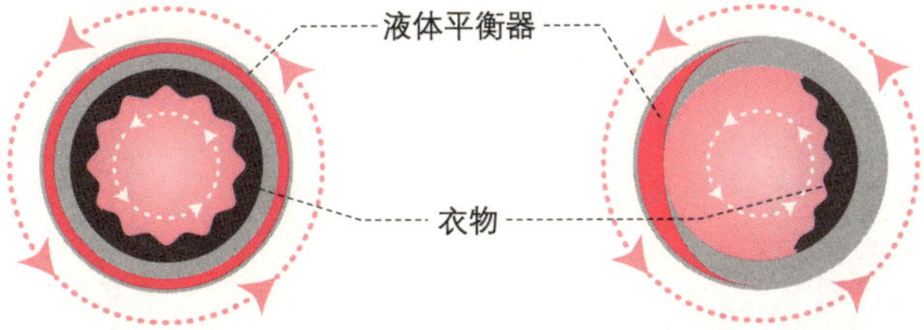

在平衡状态时，液体平衡器中的液体在离心力的作用下均衡地贴合在平衡器侧壁。

当衣物偏向一侧时，液体流向对面，缓解振动。

电暖器

Technology 028

天冷的时候去逛家电商场，可以看到柜台上陈列着各式各样的电暖器，相信很多人都会犹豫不决——到底买哪个好呢？

一般供暖设备主要分为**传导型**、**对流型**、**辐射型**三种。近年来，家庭普遍使用的空调和暖风机均为对流型。电暖器的受欢迎程度虽然不及空调，也不太引人注目，但同样非常畅销。它不仅搬运方便，制热迅速，还不污染空气，能让狭小封闭的空间迅速温暖起来，这些特点让它受到很多家庭的青睐。

一直以来，电暖器都是以石英加热管为热源，名为**石英管电暖器**，其实石英玻璃管是包裹在镍铬合金电热丝外面的。现在，这种加热原理被广泛应用在烤面包机等加热设备上。这种传统型的电暖器虽然制热效果不错但非常耗时，而且寿命较短，因此针对石英电暖器的各种改良正在不断研发中。

供暖设备的种类

按照供暖设备的特性，可分为传导型、对流型、辐射型三种，下面介绍一下它们各自的特征和代表性产品。

◉ 传导型

热从物体内部传递出来，从温度较高的部分传到温度较低的部分。

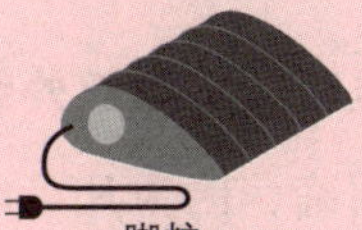

脚炉

电热毯

◉ 对流型

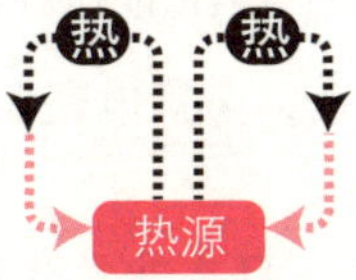

加热后的气体或液体向上流动，流入周围低温的流体内，通过循环流动传递热量。

空调

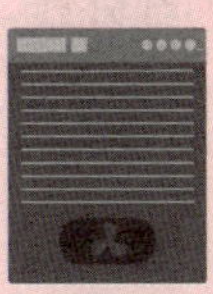

暖风机

电热地毯

◉ 辐射型

不通过直接接触或暖风的形式，而是通过辐射传递热量。

被炉

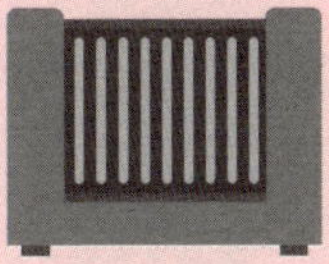

电暖器

针对石英管电暖器寿命较短的缺点，研发了**护套式电暖器**，同时它也被应用在电水壶等电器上，寿命可达十年以上，但缺点是价格昂贵。

针对石英管电暖器加热时间长的缺点，研发了**卤素电暖器**，将卤素气体填充到石英管内，以钨为电热丝，按下开关后马上发出红光，开始制热。但由于存在部分劣质产品引发火灾的隐患以及后来碳纤维电暖器的面市，卤素电暖器的人气逐渐下滑。

碳纤维电暖器近年来在日本非常受欢迎。它是一种将碳纤维发热体与惰性气体一同充入石英管内作为热源的电暖器。能够快速制热，还能释放大量给人温暖感的远红外线。**石墨电暖器**也是同样的工作原理。

有些厂家大力宣传碳纤维电暖器和石墨电暖器等**远红外线电暖器**的功用，但远红外线电暖器的定义并不明确，因为凡是电暖器或多或少都会释放出一些远红外线。

石英加热管的构造

石英加热管是电暖器最常用的热源，它是一种包裹着镍铬合金电热丝的石英玻璃，是年代久远的一种加热设备。

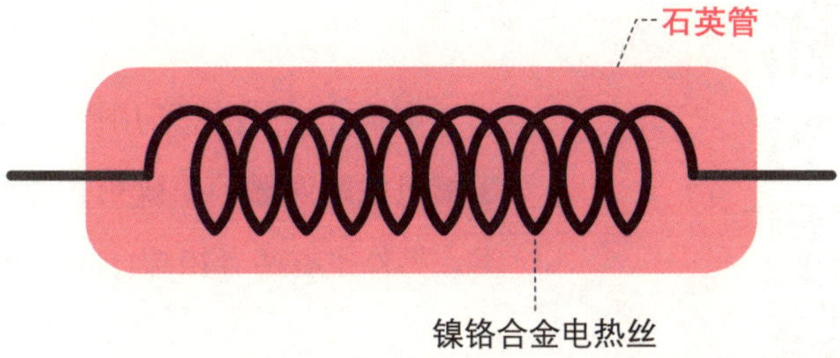

红外线的分类

红外线中的远红外线能让人感觉温暖。人们根据这种特性，将能够释放大量远红外线的设备制成了取暖器，命名为“远红外线取暖器”。

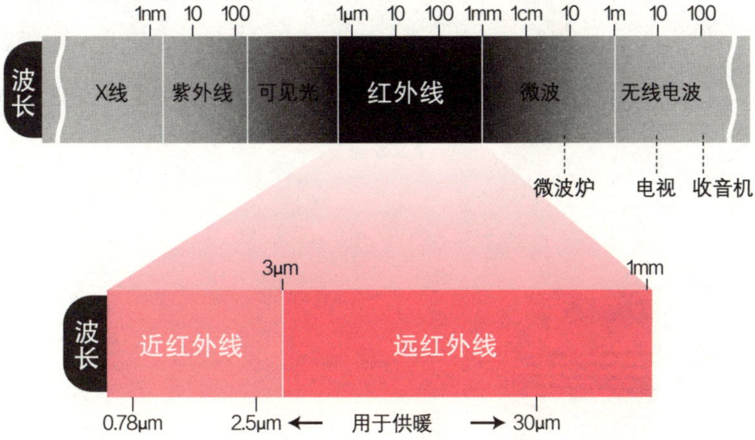

*米（m），厘米（cm），毫米（mm），微米（μm），纳米（nm）。——编者注

Technology 029

除湿器和加湿器

在室内晾衣服或房间潮湿时，就需要除湿器大显身手了。还有一种家用电器，它的功用恰好与除湿器相反，这就是加湿器。

在封闭性较高的居住环境中，除湿器发挥着重要的作用。启动之后可以清楚地看到内部蓄积了很多水分，不过它究竟是怎么从空气中吸收水分的呢？

市面上出售的家用除湿器分为**压缩机式除湿器**和**干燥剂式除湿器**两类。另外也有两者相结合的类型。

压缩机式除湿器的工作原理与空调的制冷功能类似，除湿器的结构就是将空调室内机和室外机整合后缩小的样子。空气冷却后会凝成小水滴，将这些小水滴收集起来再排放出去就能达到除湿的目的。实际上，众所周知，空调在制冷的同时也可以很好地除湿。

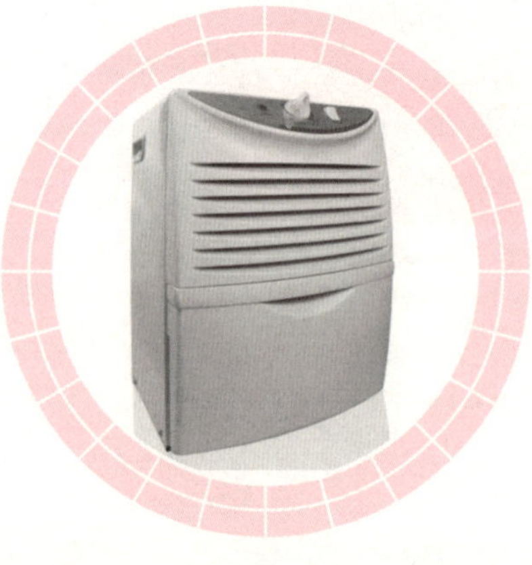

压缩机式除湿器和干燥剂式除湿器

目前，市面上出售的家用除湿器分为压缩机式除湿器和干燥剂式除湿器两种（也有两者相结合的类型）。接下来，我们就来一起看一下它们各自的工作原理。

◉ 压缩机式除湿器

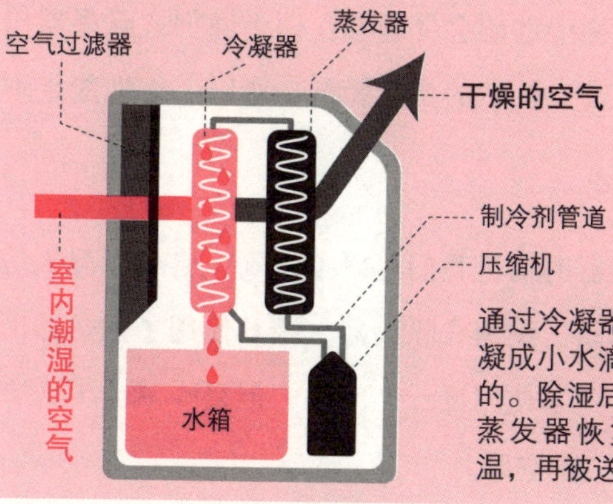

通过冷凝器将空气冷却，凝成小水滴达到除湿的目的。除湿后的空气，通过蒸发器恢复至原来的室温，再被送入室内。

◉ 干燥剂式除湿器

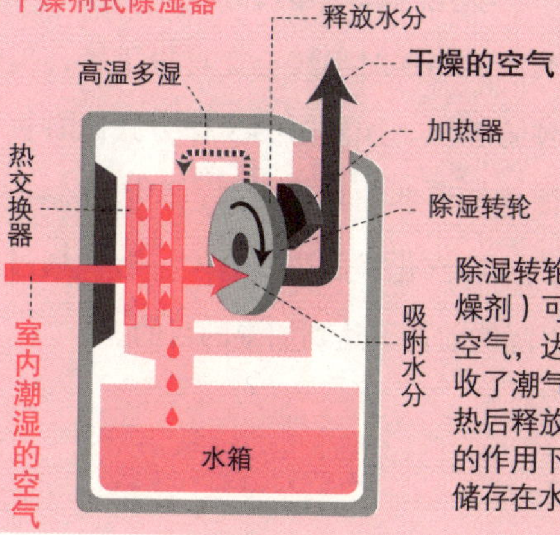

除湿转轮中含有吸湿剂（干燥剂）可以吸附室内潮湿的空气，达到除湿的目的。吸收了潮气的转轮经加热器加热后释放水分，在室内空气的作用下冷却后变成小水滴储存在水箱内。

干燥剂式除湿器是利用干燥剂除湿。通过干燥剂吸收空气中的水分，再经加热器加热后与干燥剂分离，接着在热交换器的作用下冷却至室温，凝成小水滴排放出去。

两种类型的除湿器各有利弊。压缩机式除湿器的除湿性能优越，可在面积较大的房间内使用，但因其应用了冷却的基本原理，所以在低温环境中性能会受影响。而干燥剂式除湿器构造简单、轻便，而且静音，使用的是干燥剂，所以冬季性能也不受影响，但非常耗电。

从这两种除湿器的构造我们可以了解到，启动除湿机后会导致室温升高。特别是干燥剂式除湿器，因其使用了加热器所以会使房间温度更高。冬季使用没什么问题，但夏季就会不太方便。夏季除湿最好的方式是空调。

另一方面，还有一种功用与除湿器恰好相反的家用电器——加湿器。冬季使用空调制热功能时空气会变得很干燥，提前准备好加湿器可以很好地预防感冒。加湿器的工作方式以右页中的三种为代表。以前超音波式加湿器非常受欢迎，但因其制造的水雾颗粒较大，近年来蒸汽式和汽化式的更受欢迎一些。通过加湿器的工作，能在室温不下降的前提下达到加湿的目的。

加湿器的分类

加湿器的加湿方式大体可分为超音波式、蒸汽式、汽化式三种，接下来我们一起来看一下它们各自的特征。

加湿方式	原理示意图	简介
超音波式	 喷出细小的水珠（雾状）。	 在超声波振子的作用下释放出细小的水雾。
蒸汽式	 将热水烧开，蒸气喷发出来。	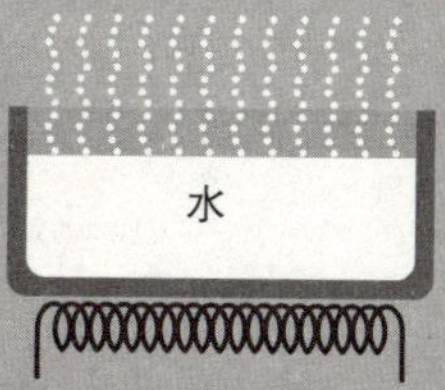 通过加热器加热，使水变成蒸气后喷出。
汽化式	 强风吹干T恤。	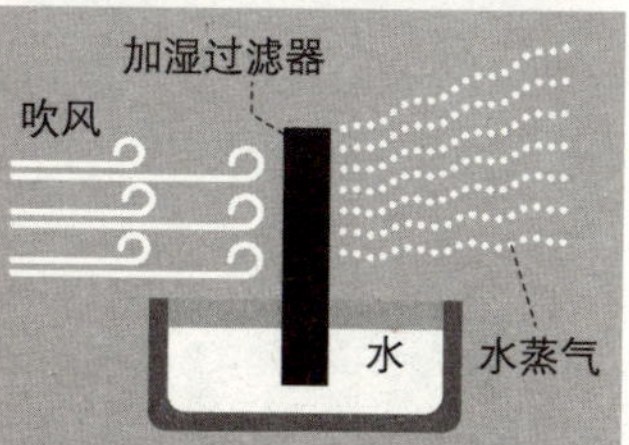 对着潮湿的过滤器吹风，使水分蒸发（汽化）。

Technology 030

FM和AM广播

无线电广播分为AM广播和FM广播，不过FM的音质更好一些，这究竟是为什么呢？

现代社会，数字广播逐渐统治了广播世界，不过，依然有成员顽强坚守在广播的阵营，它就是无线电广播。在发生自然灾害时它的功能十分强大，同时也备受喜欢熬夜的年轻人的青睐。

无线电广播分为AM广播和FM广播，它们有什么区别呢？最大的区别有以下三个。

第一个不同就是**调制方式**。声音在物理上表现为声音的波浪（声波），不过声波并不能直接转换为无线电波，因为声波的频率要远远低于电波的频率，因此声波并非转换为电波，而是像冲浪一样乘坐（加载）在电波上播放出来，这就是所谓的**调制**，可供乘坐（加载）的电波名为**载波**。AM和FM就是它们各自调制方式的名称。

FM和AM调制方式

FM和AM之间的区别之一就是载波，也就是说声波加载在电波上的形式不同。FM为调频，AM则为调幅。

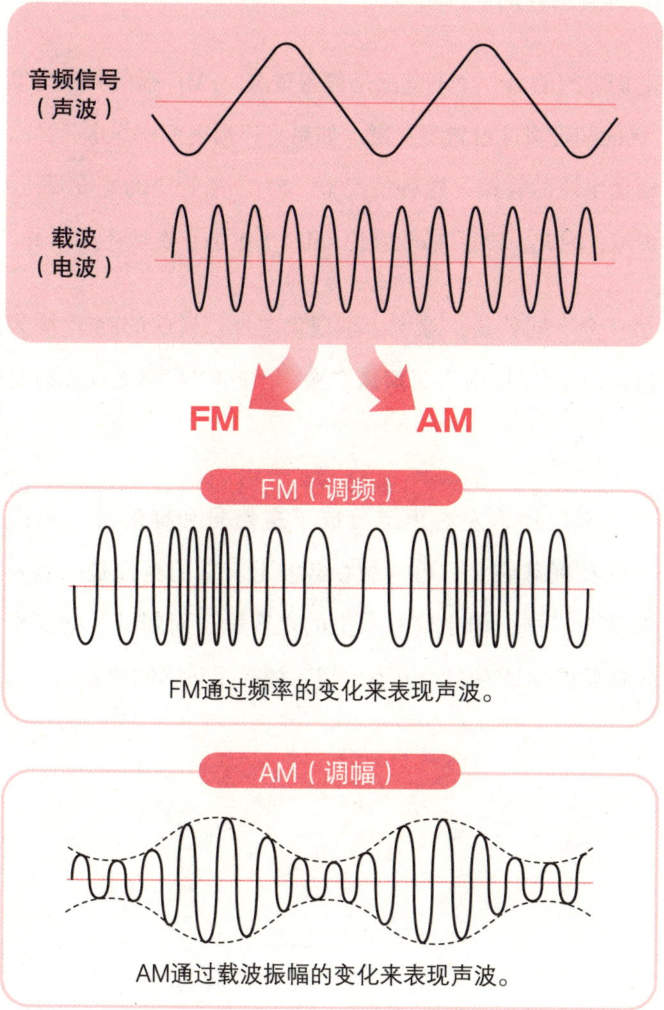

FM通过频率的变化来表现声波。

AM通过载波振幅的变化来表现声波。

AM为**调幅**（amplitude modulation），FM为**调频**（frequency modulation）的缩写。正如它们的名字，AM通过载波振幅的变化来表现声波，FM则通过载波频率的变化来表现声波。干扰电波的因素主要是电波的振幅，因此AM电波要直接面对各种干扰源。这就是FM广播音质好的原因之一。

它们之间的另一个不同就是**频带宽度**。FM广播的频带宽度要比AM广播的频带宽度设置得更宽。如果将广播内容比作水，那么频带就是输送水流的管道，这种情况下，FM广播管道的宽度要比AM广播得更宽，因此，FM广播能够比AM广播更加真实地还原原音。

第三个不同就是，除了个别现象之外，目前的FM广播为**立体声广播**，而AM广播则为**单声道广播**，因此FM广播更让人有身临其境之感。

立体声广播将左右声道分成了**主信号**和**副信号**，副信号需要先加载在**副载波**上，再加载在载波上。它们就像是一起乘坐渡船（载波）一样，但主信号乘坐的是客舱，而副信号则要坐在车中。这样就能保证左右声道不串线，播放出正确的声音。

载波的作用

声波比电波的频率低，可以加载在更容易传播的高频率电波上，这种电波就被称为载波。如果把声音比喻成人，那么载波就是运送人的渡船。

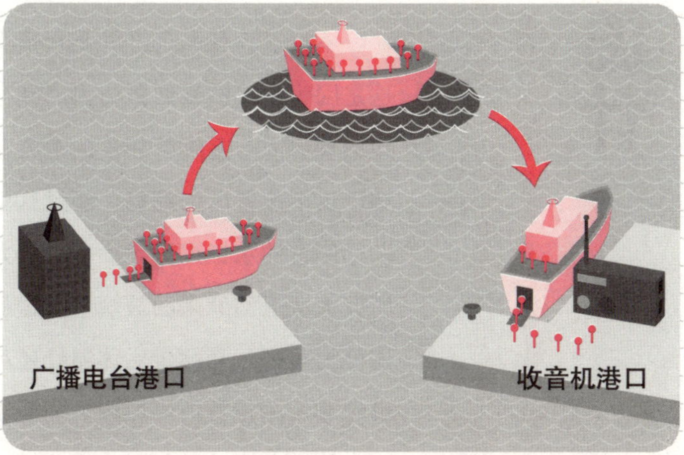

FM广播的工作原理

广播电台将左右声道的声音合在一起得到一个信号（主信号），相减得到另一个信号（副信号），接着让副信号戴上“帽子”，防止与主信号混在一起。这样区分开的两种信号就可以加载到同一个电波上了。

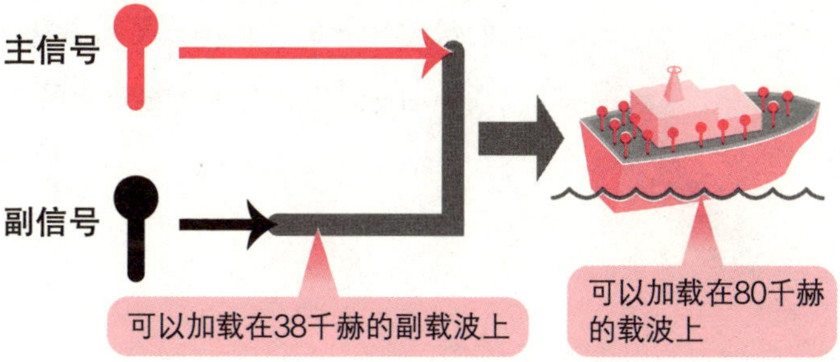

Technology 031

电子体温计

电子体温计使用安全，测温速度快，是现代家庭和医院常用的体温计。近年来，耳式体温计也正在逐步普及中。

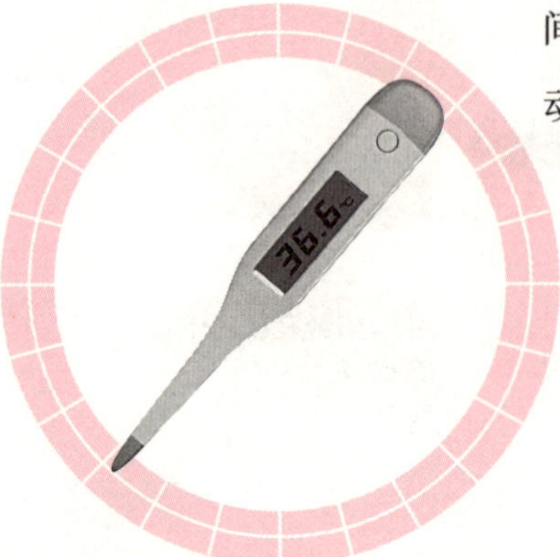

一直以来，人们使用的都是**水银体温计**，但最近不太常见了。水银体温计是一种利用热胀冷缩原理测量体温的温度计。

不过，为什么选择的是水银呢？这是因为水银的表面张力大。储存水银的玻璃泡与毛细管相连的地方非常细，这个位置名为**缩口**，经过这里流向毛细管的水银因为表面张力较大，所以无法退回原来的玻璃泡。这种构造极为关键，是测量后体温计还可以继续显示测定数值的原因。顺便说一下，使用完毕后必须用力甩一甩，才能让显示温度的水银柱回到下方的玻璃泡中。

水银体温计有很多缺点，如使用的是有毒的水银，容易打碎；测温时间长达10分钟，让小孩子或者病人一动不动地等上10分钟是很难受的。

水银温度计的工作原理

储存水银的玻璃泡与毛细管的连接处被称为“缩口”，水银一旦从缩口流到毛细管内就无法退回玻璃泡，因此水银温度计才能持续显示温度。为了让水银回到玻璃泡，需要多次大力甩动。

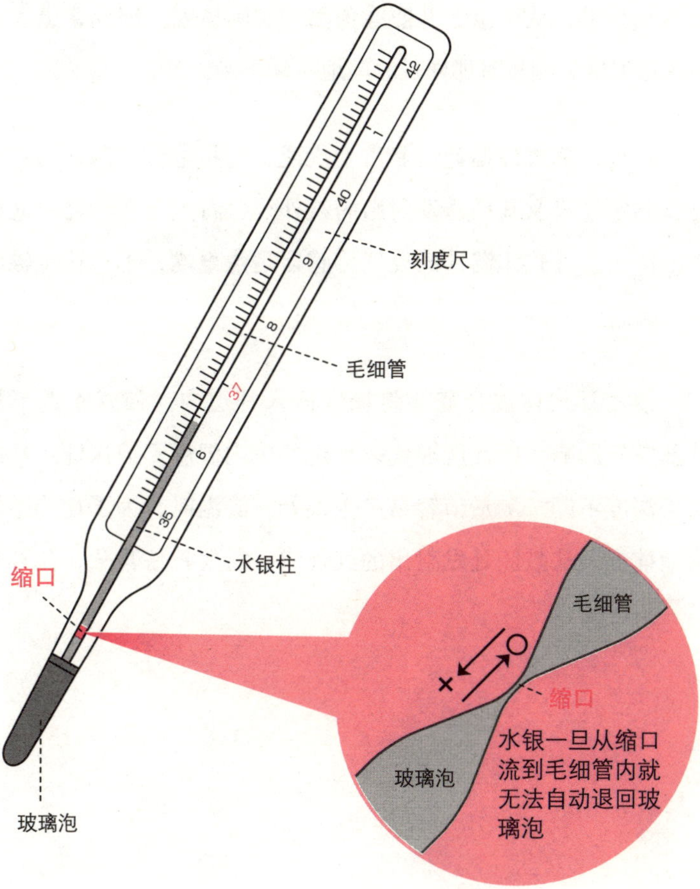

因此，**电子体温计**应运而生了，电子体温计是利用了电阻随温度变化而变化的特征，将**热敏电阻**作为温度传感器制成的。测定了电阻阻值的变化，就能将温度测量出来。而且万一体温计摔坏了，热敏电阻也没有任何毒害。

很多电子体温计都具有预测功能，测量15～20秒就可以通过微型计算机，从体温上升曲线预测到实际体温。因此，患者不用像水银温度计测量时那样长时间地一动不动。

最近，**耳式体温计**也非常受欢迎，它是电子体温计的一种，可以测定鼓膜及其周边发射出的红外线，特点是数秒之内就可以测出体温。耳式体温计的温度传感器是**热电堆**，不直接接触就能迅速测温。

使用耳式体温计需要将探针插入耳道内。鼓膜附近不易受外部空气影响，因此能够代表稳定的体内温度。但探针入耳的方向、深度不同，测量值容易产生误差。测温时，为了让传感器准确地捕捉到从鼓膜处发射出的红外线，需要拉住耳朵，让外耳道呈一条直线。

电子体温计的工作原理

电子温度计将热敏电阻作为温度传感器，通过测定电阻阻值的变化测量温度。

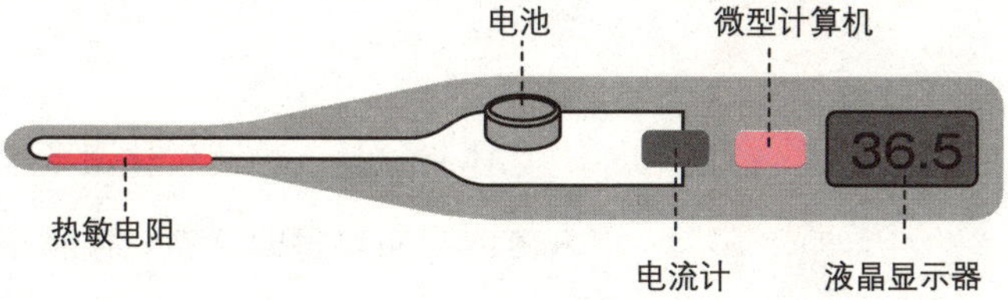

通过预测功能大幅缩减测温时间

电子体温计15～20秒就能测出体温。这是因为它能够预测出10分钟后的体温（平衡温）。

腋下温度变化模型

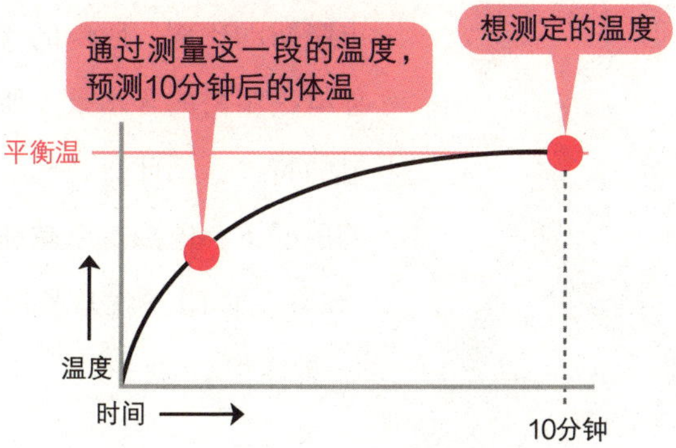

Technology 032

体脂秤

随着人们对健康的重视，越来越多的家庭开始使用体脂秤。那么，它究竟是如何测定出体内脂肪含量的呢？

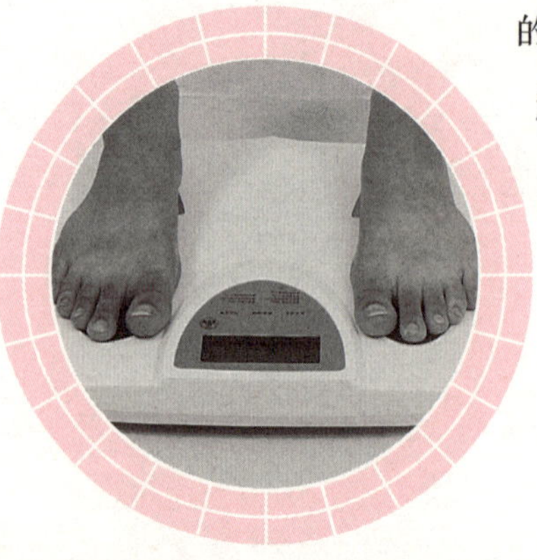

我们经常在报纸或杂志的广告中看到体脂、新陈代谢等字眼，在健身热潮的影响下，这样的标题能刺激人们的购买欲。因此，能够测量体脂的仪器——**体脂秤**开始受到人们的追捧。

体脂秤是一种通过**体脂率**来测量人体内脂肪含量的仪器。体脂率是指人体内脂肪重量在人体总体重中所占的百分比。

一般使用一种名为BIA法（生物电阻抗测量法）的方式来测量体脂率。这种方法需要让微弱的电流通过身体，观测电阻抗的变化，从而推导出脂肪的比例。肌肉的含水量大容易导电，脂肪的含水量少所以具有不导电的特性。因此，在性别和体型相同的情况下，电阻抗值越高体脂率也就越高。体脂秤就是利用这一特性测量体脂率的。

体脂秤的测量方式

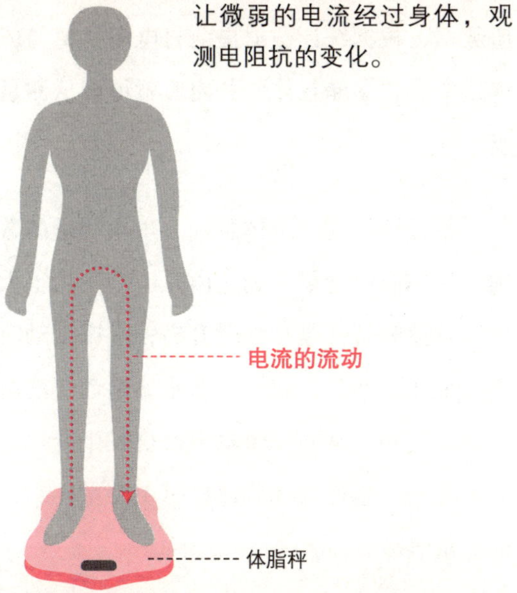

体脂秤的工作原理

脂肪细胞多的地方电阻抗值就高，肌肉细胞多的地方电阻抗值就低。因此，同样的条件下，电阻抗值越高就表示体内的脂肪含量越高。

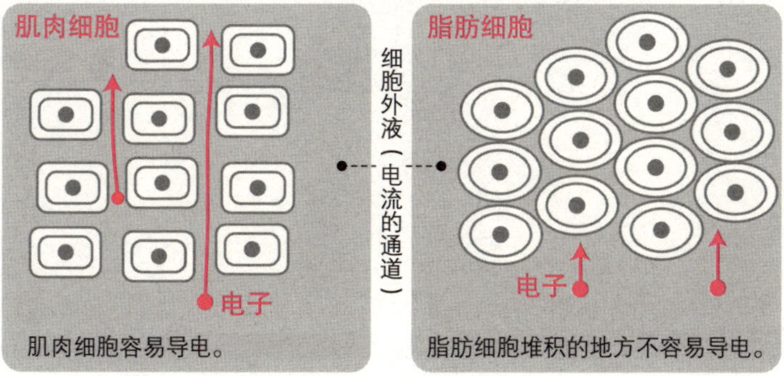

那么，具体是如何将体脂率推导出来的呢？这时，需要从各种各样年龄、身高、体重的人身上获取真实的体脂率以及电阻抗值数据，根据统计数据提前将电阻抗值与体脂率的关系公式化。将这个公式存储在体脂秤内，就可以从测量的电阻抗值推导出体脂率。

不过即使同一台体脂秤，每次测量的数值也不尽相同，但原则上人体脂肪含量一天之内是不会发生很大变化的。由于生命体电阻抗值的特征是睡眠时升高，起床活动时降低，测量数值也会随之变化。而且，就餐、饮水、运动、洗澡都会引起人体内水分含量的变化，从而导致电阻抗值发生变化。因此，最好在固定的时间段内（最好为休闲放松时）测量体脂，否则很容易被不准确的测量值影响，造成心情起落。

众所周知，体内脂肪积聚过多是生活习惯病和老年病的重要诱因，不过适当的体脂有维持体温以及调节激素平衡等重要作用，因此需要特别关注。

体脂率的日变化

实际上体脂率早晚几乎是没有变化的。不过因为电阻抗值会在睡眠时升高，起床活动时降低，加之饮水、运动、洗澡等综合因素的影响，测量值会发生一系列变化。

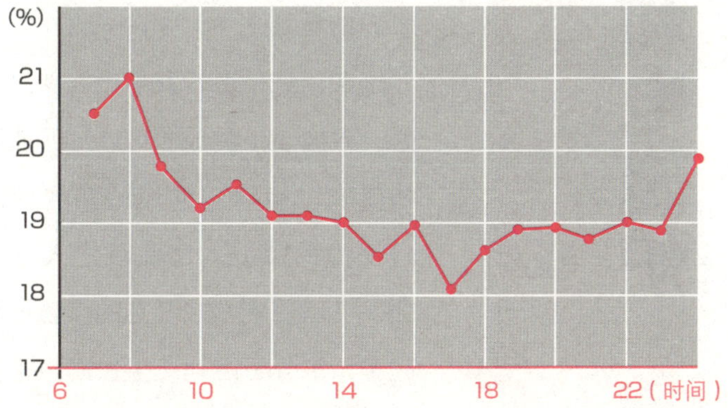

体脂率的计算方法

根据统计数据先计算出体脂率和电阻抗值的关联公式。再根据这个公式计算体脂率。

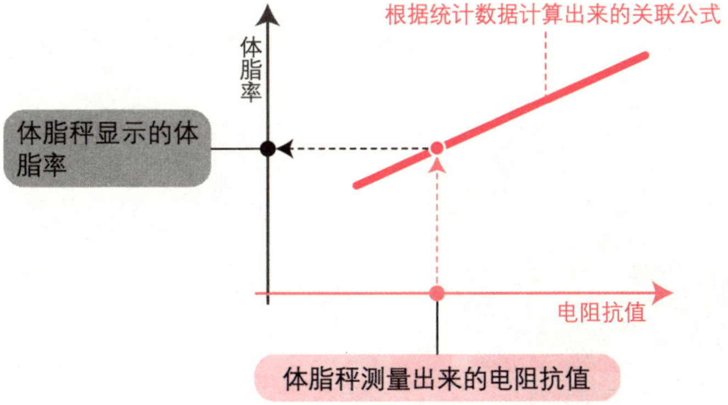

Technology 033

微波炉和电磁炉

没有水就无法使用微波炉，没有铁就无法使用电磁炉。下面我们就一起来研究一下为什么会这样。

微波炉和电磁炉的相似之处是它们都利用电力烹饪食物，不过从工作原理上来看它们却有着天壤之别。

首先我们来看一下微波炉。微波炉的英语名为“microwave”，顾名思义，它是通过发射微波加热食物的。微波是一种波长0.1～100厘米的电磁波，微波炉使用的是波长约为12厘米的微波。电磁波进入食物内部，可以使食物中含有的水分子旋转起来，水分子运动产生振动，摩擦生热。在这种摩擦热的作用下，食物迅速升温。

微波炉的构造

磁控管以及为磁控管供应电能的高压变压器是微波炉的主要组成部分，由磁控管发出微波将食物中的水分子加热。

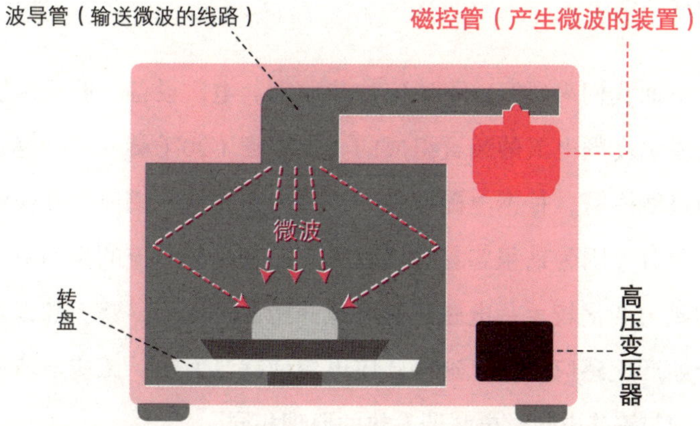

微波加热食物的原理

微波炉产生的微波与食物中的水分子共振，使水分子旋转起来。旋转的水分子之间互相作用，摩擦生热。这就是微波炉加热的原理。

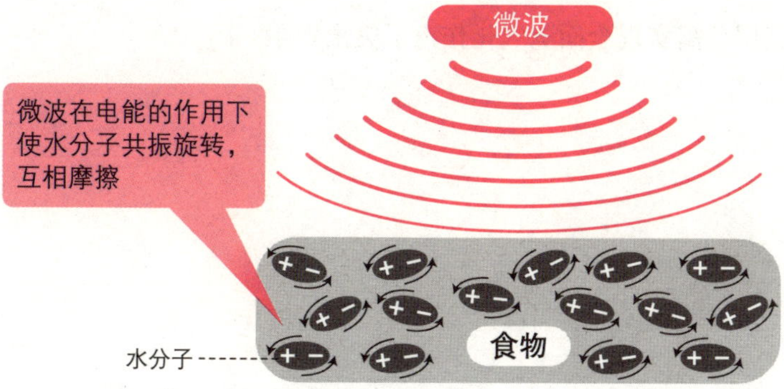

接下来我们再看一下电磁烹饪设备。电磁烹饪设备包括电磁电饭煲、电磁炉等，种类繁多。电磁烹饪设备利用的是感应加热原理，简称为**IH**（induction heating），所谓的“感应”源自知名的电磁感应现象。**电磁感应**指的是当磁力发生变化时会产生电力的一种自然规律。

下面我们来研究一下感应加热原理。电磁设备一般是由线圈以及发出高频电流的装置组成的。当高频（20千赫～30千赫）电流通过线圈时，根据电磁原理产生磁力，并被铁锅或者其他铁制炊具吸收（因为铁很容易吸收磁力）。在高频电流的作用下，产生的磁力变化较大，电磁感应原理开始发挥作用，锅底部以及侧壁开始产生感应电流，这些感应电流使锅具发热。感应电流发热的原理与镍铬电热丝电暖器发热的原理相同。

综上所述，微波炉和电磁炉是一种产生或者吸收了电磁波或磁力，并从内向外加热食物的烹饪设备。因此，与其他从外向内加热食物的烹饪方法相比，微波炉和电磁炉的烹饪时间更短，更加节能省电。这些设备因不使用明火所以无安全隐患，为日本的超高层公寓实现全面电气化作出了突出贡献。

电磁烹饪设备的工作原理

由线圈产生的高频磁力被锅底吸收，因而产生涡电流。涡电流与锅的分子相互作用产生较高的热量。因为锅自身发热所以不会造成能源浪费，是高效节能的烹饪设备的代表。

内部构造

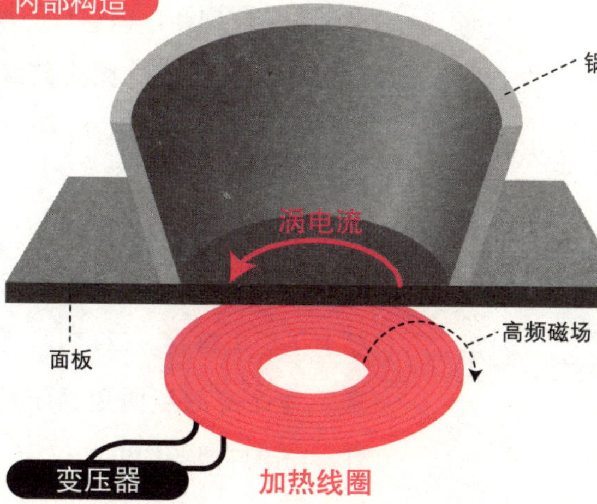

加热原理

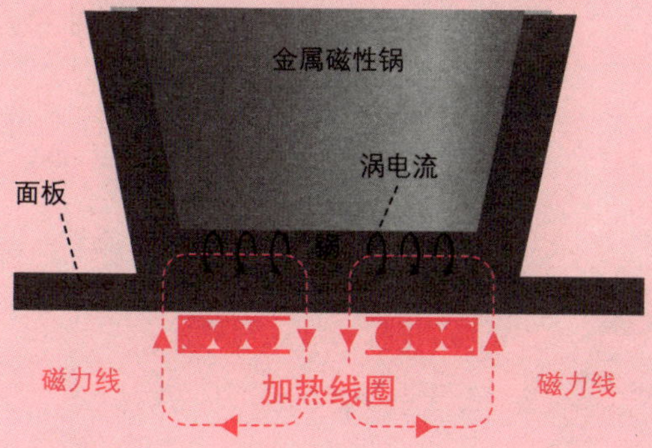

Technology 034

LED照明

为了节约能源，最近兴起一股用LED照明取代白炽灯和荧光灯的潮流，因为LED照明的寿命更长且节能省电。

电为我们的日常生活提供了许多便利，其中最为重要的就是光明。

很长一段时间，白炽灯都是电灯的代名词。而且，爱迪生发明的白炽灯也是第一个普及开来的家用电器。不过，众所周知，白炽灯的耗电量非常大。取而代之，**荧光灯**又开始普及，它的耗电量虽不及白炽灯但也非常大。

因此，备受瞩目的**LED灯**开始登上了历史舞台。以LED（发光二极管）为光源的照明用品统称为LED灯。LED灯消耗的电能仅为一般白炽灯的一成，是荧光灯的三成左右。另外，LED灯经久耐用，寿命长达四万小时，是白炽灯的数十倍。

白炽灯的构造

白炽灯是将玻璃泡内的灯丝加热，利用热辐射发出的可见光作为光源的照明设备。不过，电能几乎都转化为热量，而非光能。

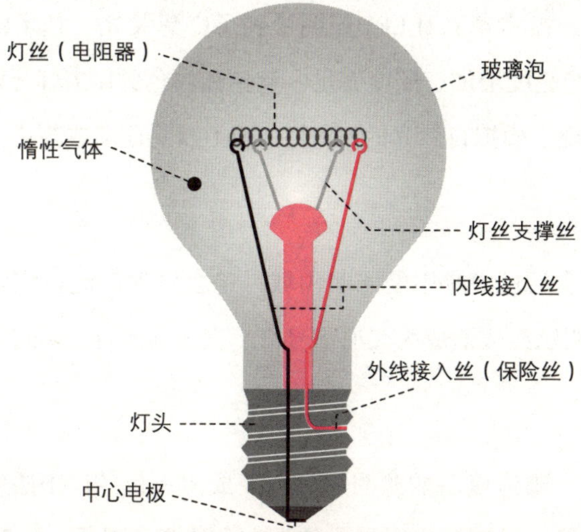

荧光灯的工作原理

左右两边的灯丝电极发射电子，电子加速运动与灯管中的水银（汞）原子相撞释放紫外线。在紫外线的作用下，涂在灯管上的荧光粉就能发出可见光。

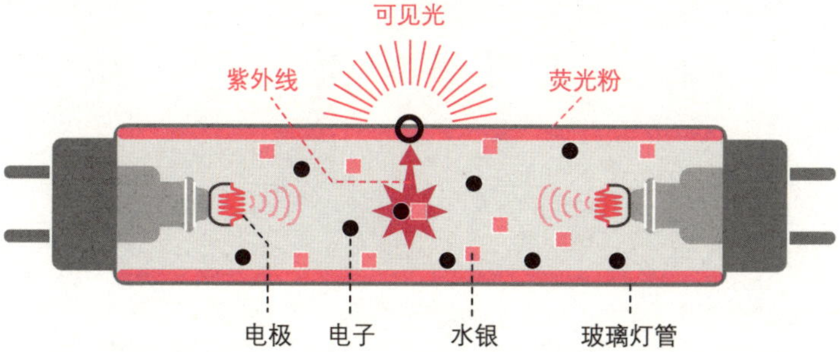

很久以前，LED就应用在各种各样的产品上，是它们的重要组成部分。CD、DVD、BD等产品的诞生也有赖于LED技术，该技术还被应用到汽车导航系统和液晶显示屏的背光源等方面。

现在，技术革新让LED照明受到了广泛关注。技术的发展让LED照明的亮度增加、照度充足。蓝色和白色的LED灯开始低价供应，还出现了模拟自然光的LED灯。LED照明逐渐成为主流的照明用品。

相信今后LED应用的照明领域一定会更加广泛。实际上，现在LED照明已经逐渐成为交通信号灯、汽车前照灯、台灯等的首选照明设备。

那么，难道以后的照明用品会变成清一色的LED照明吗？其实并不见得，最近又出现了一位强有力的竞争对手——**有机EL照明**。它是一种利用电来实现萤火虫发光原理的照明设备。LED照明是点光源的集合体，因此照明时很容易产生光斑，而有机EL照明是面发光，所以光线更加柔和。也许在不久的将来，整块天花板都能当作电灯使用。

LED照明的构造

近年来，用发光二极管制作的LED灯成为主流的照明用品，它比白炽灯和荧光灯更加节能，也更加耐用。因为LED灯不像白炽灯那样需要灯丝，所以，发生磕碰时更加坚固。

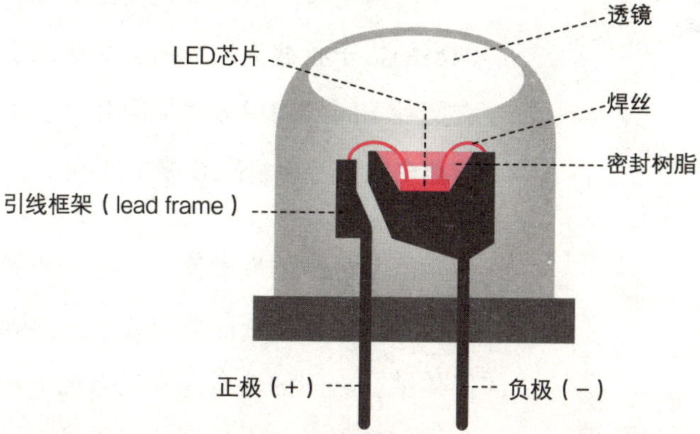

LED元件的工作原理

LED照明是由很多个LED元件组合在一起构成的。LED元件的主要组成部分是发光二极管，除此之外还由两种不同的半导体叠合在一起共同组成。一侧负责搬运正离子，一侧负责搬运负离子，正负离子在交界面上相互碰撞并消失的时候，可以将电能转换为光能。

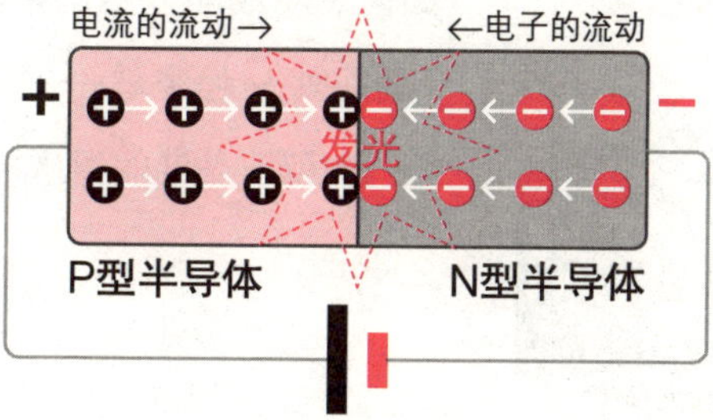

Technology 035

超薄电视

越来越普及的超薄电视外表几乎相同，但其实有两种不同构造，一种是『液晶』，另一种是『有机EL』。那么，它们之间有什么区别呢？

随着广播电视数字化时代的到来，超薄电视也逐渐普及。超薄电视轻薄、精巧、设计简洁，很容易与整个房间融为一体。

超薄电视的显示屏正面是由很多细小的格子状**像素**构成的，这些像素有两种不同的构成方式，因此才有了**液晶电视**以及**有机EL电视**的区别。

液晶电视的像素使用的是一种名为**液晶**的物质。液晶具有介于液体和固体结晶之间的性质，在显微镜下观察可以发现它是由细长的、不易弯曲的分子构成的。液晶发现于1888年，但在将近一个世纪之后的1963年，人们才发现用电刺激液晶时，其透光方式会发生改变，从此才开始了液晶技术的研发和应用。那么，图像到底是如何利用液晶显示出来的呢，接下来我们就一起来看一下最具代表性的**TN型**液晶屏的像素构成原理。

液晶分子的构造

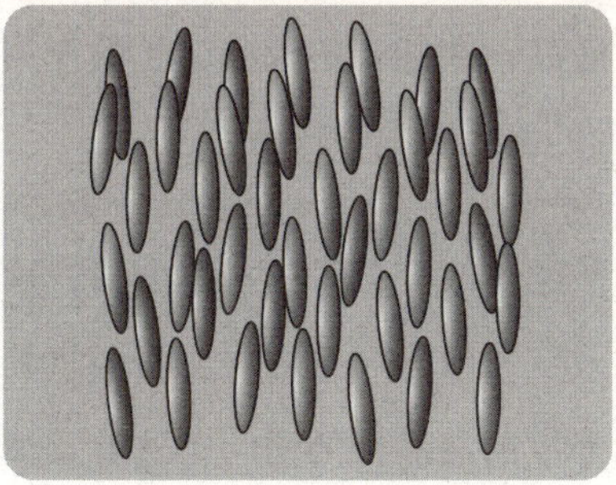

液晶是由细长的、不易弯曲的分子构成的，施加电压后液晶分子排列方向会发生改变。

液晶电视像素的构造

电视画面是由很多的格子状像素构成的。下面是TN型液晶显示屏的构造。内外两层偏光板的偏光方向呈直角。

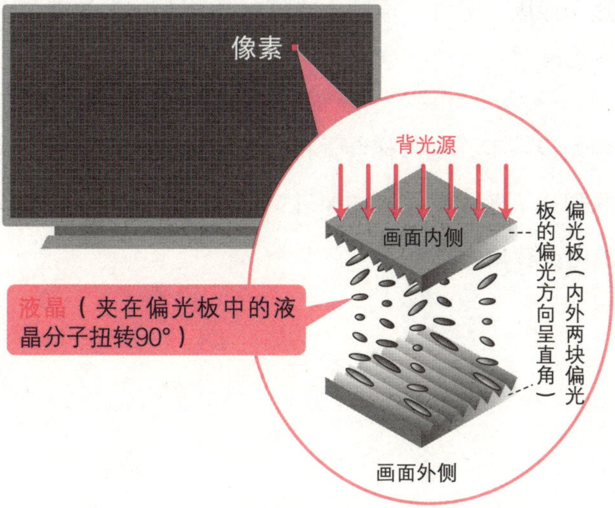

TN型液晶屏由两片偏光板和夹在中间的液晶构成，两片偏光板方向相同，但其中一片偏光板水平扭转了90°。由背光源射出的光从显示屏背面经偏光板进入液晶，在细长的液晶分子的作用下改变了偏光方向，从显示屏前面的偏光板中顺畅地通过。

在像素上施加电压后，液晶能够改变分子的排列方向，这时从内侧发射的光偏光方向并未改变，但另一侧的偏光板会将其遮挡住。因此可以通过开关电源来控制液晶屏的明暗，这就是液晶电视的工作原理。

下面，我们来看一下有机EL电视。有机EL电视是由一种通电后就能发光的有机物（**有机EL**）作为发光体制作出来的。因其像素本身发光，所以比经滤光片后发光的液晶电视的画面更加鲜艳，构造也更加简单。市面上销售的有机EL电视之所以较为轻薄就是这个原因。另外，原则上有机EL电视的能源浪费率更低，消耗的电力更少。

顺便说一下，也许你会觉得有机物发光这件事非常奇妙，但只要联想一下萤火虫发光的原理就会豁然开朗。萤火虫就可以将体内的电能转化为光能。

液晶电视控制像素的方式

光沿着细长的液晶分子的排列方向射出后被扭转了90°，因此，背光是可以透过去的（左下图）。不过施加电压后，就不会发生扭转了，也就是说背光是无法透过去的（右下图）。

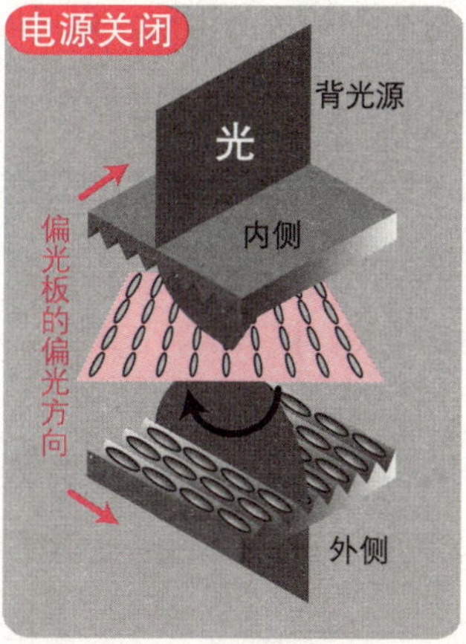

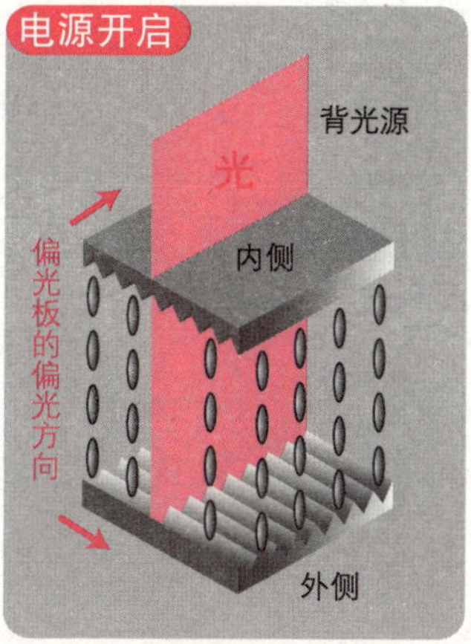

有机EL电视的像素

有机EL电视的像素是由红绿蓝（RGB）三种有机EL组成的，电流通过两极之间时就能发光。

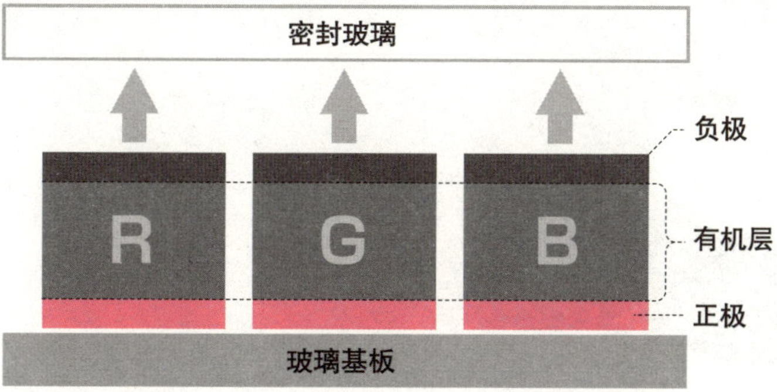

Technology 036

DVD和Blu-ray Disc

最近，能够存储高清影音的蓝光光碟（Blu-ray Disc）正在普及。你知道CD、DVD与Blu-ray Disc的区别吗？

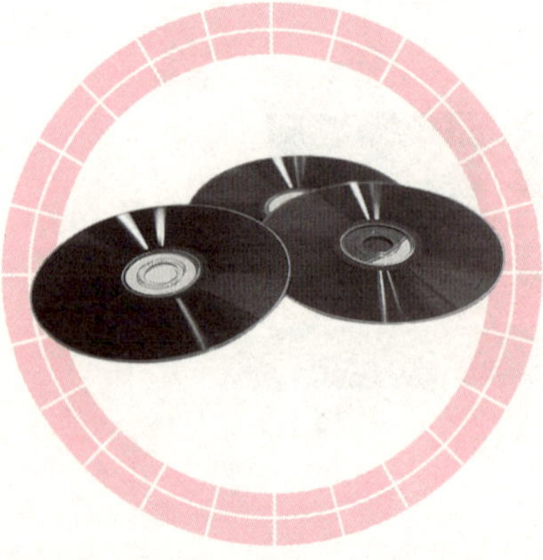

随着数字电视的普及，现在在家中也能够观看具备电影院画质效果的视频，同时我们希望在音像店购买的电影光碟和自己录制的家庭影像也是高清的。而Blu-ray Disc（下文略称BD）的出现让这一期待成为可能。BD和CD、DVD同为直径12厘米的光盘，单就存储量而言是DVD的五倍以上，一个单层蓝光光碟的一面能够录制长达三小时以上地面数字电视广播节目。

CD、DVD、BD统称为**光盘**，它们将录制的信息存储到圆盘形的**凹点**（PIT）内，这些信息都可以通过激光读取。

光盘的读取原理

CD、DVD、BD统称为光盘，它们的读取方式相同。激光照射时，不同凹点的反射率不同，因此就可以读取不同的信息。

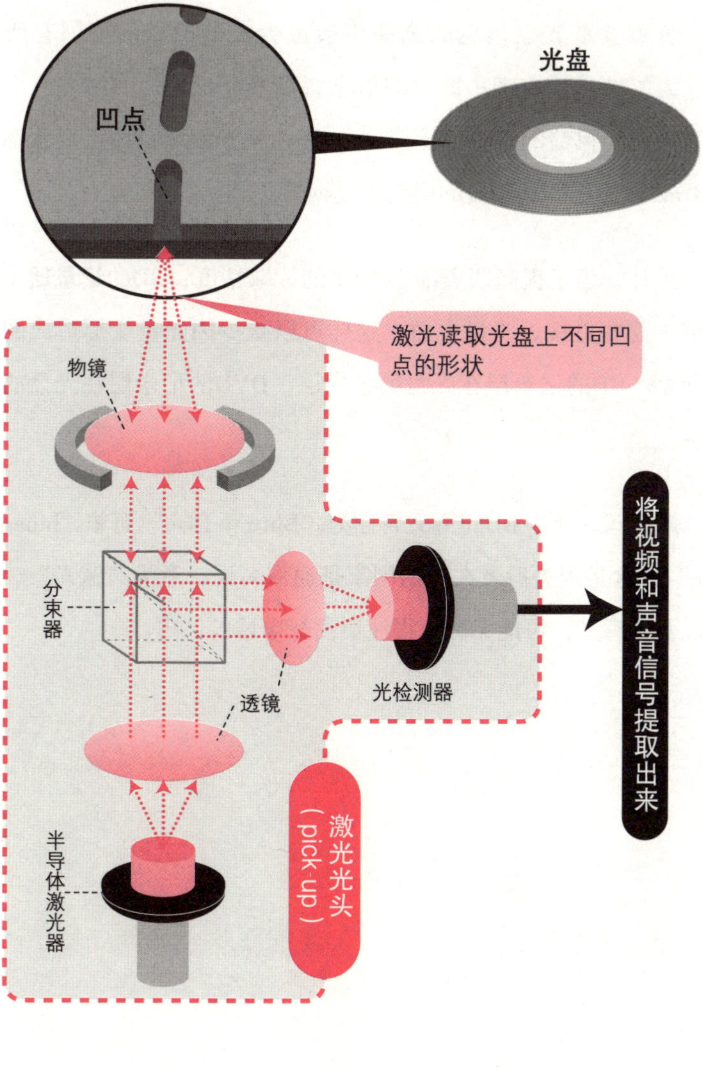

那么，既然CD、DVD、BD的信息读取原理都是一样的，它们之间究竟有什么不同呢？区别在于光盘上凹点的大小和密度。光盘的面积都是一样的，而BD能够存储的信息量更大，也就意味着它的刻录密度比CD和DVD要高，因此每个凹点也更小。

负责读取光盘信息的**光头**构造也会根据凹点的不同有所差异。为了准确读取细小凹点的信息就需要波长更短的激光。而凹点形状较为粗糙的CD用波长较长的红色激光读取，凹点形状细小的BD必须使用波长较短的蓝色激光读取。

另外，为了提高凹点细小的BD的读取精度，BD的**记录层**（读取层）需要更接近光盘表面。这样可以减少因光盘变形造成的读取误差。CD的记录层在光盘的最内层，DVD的记录层在光盘的中间层。

顺便说一下，BD的英文名称为“Blu-ray Disc”而非“blue-ray disc”，这是因为后者在英语国家是通俗名词，意为“蓝光”，具有说明性意义，可能无法获得注册商标申请的许可。

CD、DVD、BD的不同

CD、DVD、BD的信息读取原理都是一样的，不过光盘上凹点的大小、密度，激光的长度以及记录位置不同。

凹点密度

CD的凹点密度较低，而BD凹点小、密度高，所以存储的信息量更大。

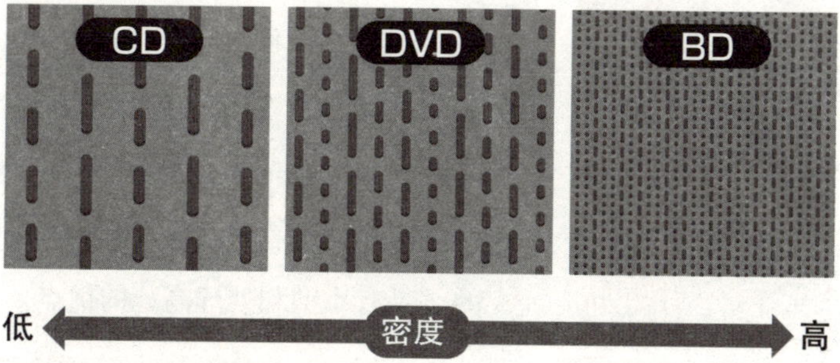

激光与记录位置

BD的记录密度高，使用的是波长较短的激光。另外，为了降低基板变形对数据的影响，BD的记录层位置更接近基板表面。

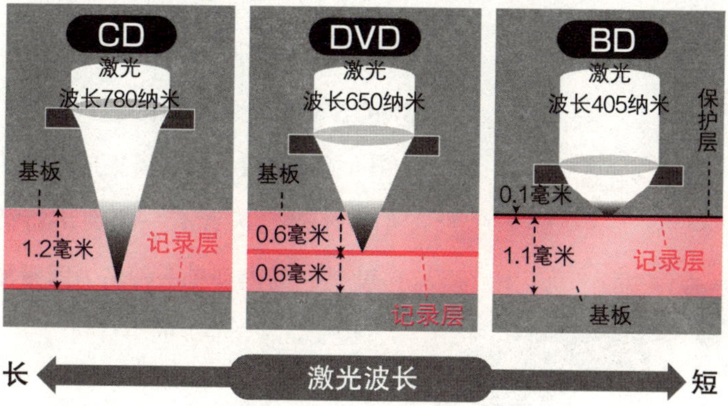

Technology 037

闪存

闪存是一种集小型、高速、大容量三大优点于一身的存储器。
基于闪存技术的固态硬盘正在逐步取代传统的电脑硬盘。

现在，**闪存**技术广泛应用于电脑上使用的U盘、数码相机和摄影机上用于存储图像或视频的SD存储卡、记忆棒（MS卡）等存储器。因为它具有小型、高速、大容量三大优点，所以非常方便快捷。

闪存是一种由半导体材料制作而成的存储器。不同于依靠磁性存储信息的硬盘以及依靠表面的凹凸存储信息的CD，闪存是由半导体材料制成的，具有小型和处理高速的优点。

接下来，我们来研究一下闪存的构造，闪存的1比特内拥有源极（Source）、漏极（Drain）、栅极（Gate）三种电极，1比特对应一个存储单元。这种存储单元构造被称为**CMOS**（互补金属氧化物半导体），与其他很多LSI（大规模集成电路）类似。不过，闪存有一个突出特征，就是它的内部有一种名为**浮置栅极**（Floating Gate）的小空间。

普通的存储器和闪存

在普通的存储器（DRAM）上增加一个独立的栅极就变成了闪存。因闪存的构造简单，制造非常方便。

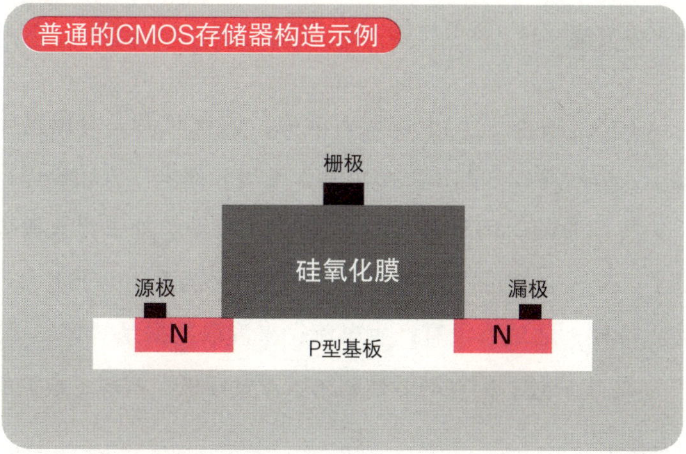

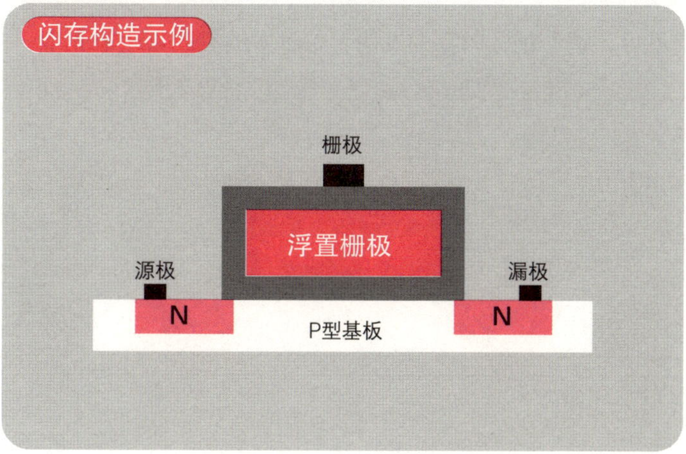

接下来我们研究一下闪存的读写原理。首先是写入的原理，比特“1”为初始状态，对应的是浮置栅极内没有电子的状态，在写入比特“0”时，需要在源极和漏极之间施加电压，再对栅极施加高电压，产生大量的电子流动。将这些电流中的一部分引导至浮置栅极并储存在那里，显示为“0”。如果施加反方向的电压，就会再恢复成“1”。

接着我们来研究一下数据的读取。读取时需要对栅极施加低电压，再向源极和漏极之间也施加电压。如果浮置栅极内没有电子，与普通的CMOS相同，电子会产生流动。如果浮置栅极内有电子，那么它就可以与栅极的低电压相互抵消，电子不会产生流动。这样，通过有没有产生电流，来读取数据是“1”，还是“0”。综上所述，闪存巧妙地利用了浮置栅极，实现了数据的写入和读取。

最后，请您记住闪存的发明者是日本的桀冈富士雄先生。

闪存的读写原理

闪存利用了一种名为浮置栅极的小空间，进行数据的写入和读取。

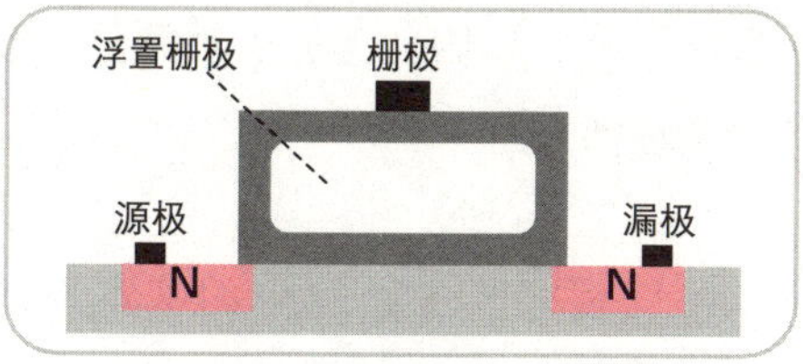

1 初始状态

浮置栅极内无电子。显示为比特“1”。这与普通的CMOS状态相同。

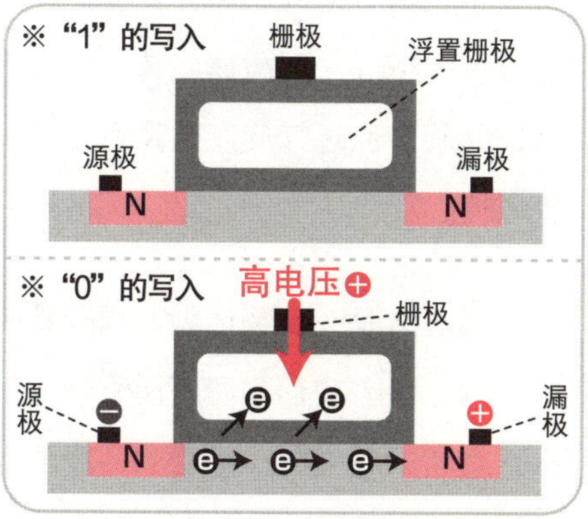

2 写入

写入比特“1”时什么也不做。写入比特“0”时，需要向栅极施加高电压，使源极和漏极之间的电子产生流动，引导一部分电子进入浮置栅极。

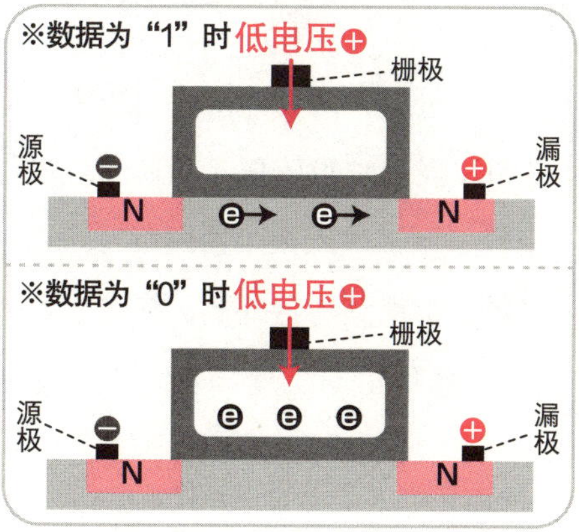

3 读取

向栅极施加低电压，再向源极和漏极之间施加电压。如果浮置栅极内无电子，就会和普通的CMOS一样，电子产生流动，这时读取为数据“1”。如果浮置栅极内有电子，就会与栅极的电压相互抵消，不会产生电子流动，这时读取为数据“0”。

Technology 038

气旋式吸尘器

气旋式吸尘器颠覆了吸尘器必须附带纸袋的常识，解决了『吸力不足』的问题，它利用的是离心力原理。

1998年戴森（Dyson）推出了第一台气旋式吸尘器，它的一大卖点是无须纸袋，这样过滤器不容易发生堵塞，不会造成吸力下降影响清洁效果。另外，也因此免去了频繁更换纸袋的烦恼。

气旋式吸尘器除尘的基本原理是，将垃圾与空气一起吸入容器，再让垃圾和空气一同高速旋转，制造出高速气旋，通过气旋产生**离心力**将垃圾甩掉。

离心力是一种物体做圆周运动时产生的力量。我们在游乐园乘坐过山车在弯道上行驶时，感受到一股将身体向外拉的力量，这就是离心力。

质量越大的物体离心力越大，空气和垃圾中垃圾较重，因此当垃圾与空气一同被吸入吸尘器内旋转时，垃圾会被甩到容器外侧，撞击容器外壁然后沿着侧壁掉落下来。这样就实现了分离垃圾的目的。

离心力的原理

在物体做圆周运动时，外侧的力量增加，这个力量就被称为离心力。

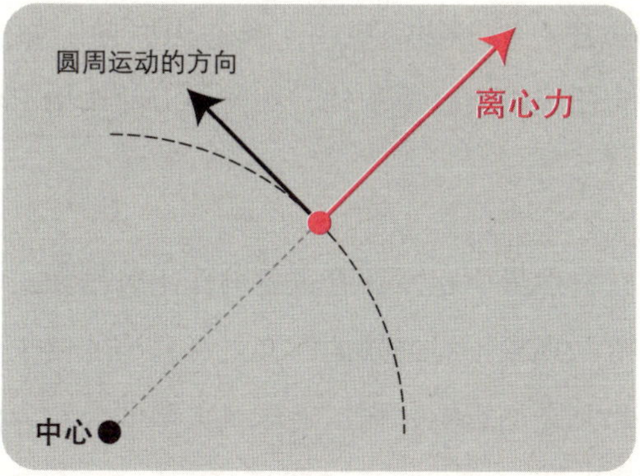

气旋式吸尘器的构造

垃圾与空气一起被吸入，随着圆锥中间的气旋一起运动，在离心力的作用下飞向外壁，这样就实现了垃圾和空气的分离。

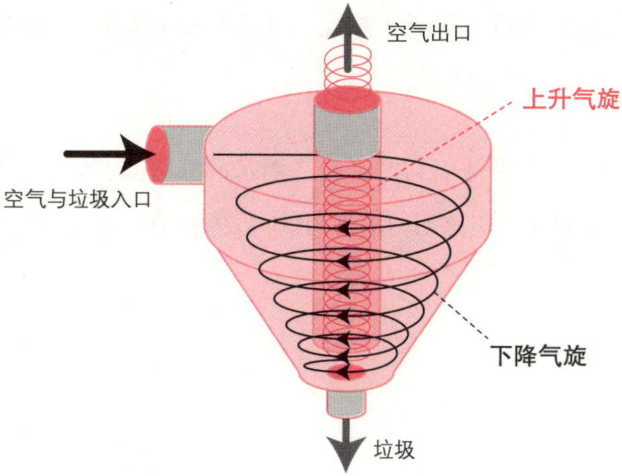

从气旋式吸尘器的工作原理我们了解到，它需要制造一些高速气旋。这会导致气旋式吸尘器产生噪音，因此它比尘袋过滤式吸尘器产生的噪音更大。

我们身边还有很多物品应用了离心力原理，如洗衣时用到的甩干机。它让湿衣服高速旋转，在离心力的作用下将水分甩出去。

离心力在自然界中也发挥着重要的作用。例如，离心力是引发“潮水涨落”现象不可或缺的因素之一。为了便于理解，这里我们暂且忽略月亮的影响，仅以地球绕太阳的公转为模型简单地研究一下。

假设地球自转到东京处于距离太阳较近的位置。这时，东京湾的海水在太阳引力的作用下上涨，发生涨潮现象。有趣的是，这时地球上东京正对面的地方也同时发生了涨潮现象。因为，距离太阳较远地方的海水受到了相应强度的离心力影响，有远离太阳的趋势，因此也开始上涨。

实际上，加之月球引力的影响，潮水的涨落非常复杂，不过这样解释下来相信您应该明白离心力的重要性了吧。

潮水的涨落与离心力

潮水涨落的原因不只有重力，离心力也起到了至关重要的作用。

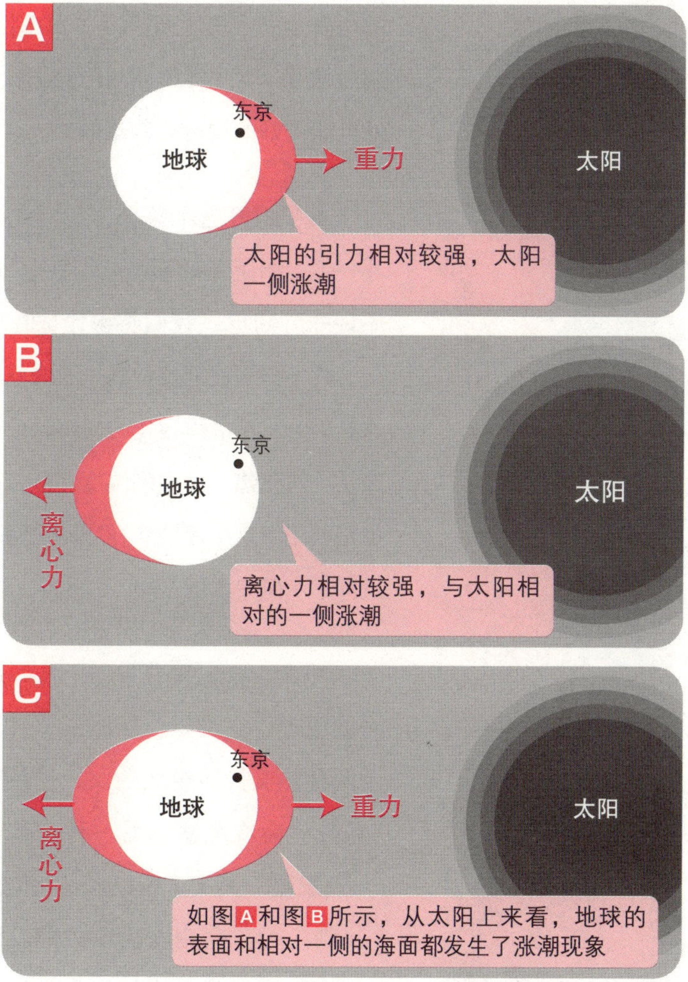

Technology 039

空调

空调在制热时，能够释放出比消耗的电能更多的热量，在制冷时，能够达到比消耗的电能更好的制冷效果，这是为什么呢？

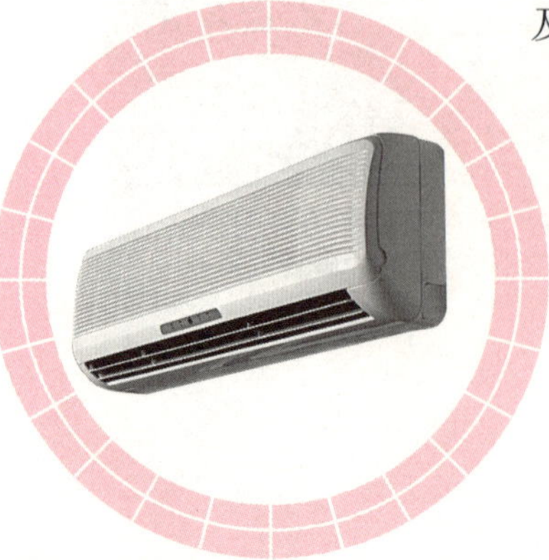

空调是一种我们司空见惯的家用电器，它拥有很多不可思议之处。空调并非电热器，它为什么能够制热呢？此外，在产品介绍上写着一千瓦的电费能达到相当于五千瓦的制冷或制热效果，所以空调能够达到比消耗的电能更好的制冷或制热效果。

为了揭开这个秘密，我们先一起看一下空调让房间降温的原理吧。这个原理非常简单，我们将水涂抹在皮肤上，吹一口气就能感觉到一股清凉感，这是因为水从液体转化为气体时会吸收热量（**汽化热**）使周围温度降低，空调也是利用了这个原理。在空调中**制冷剂**发挥了示例中水的作用。

那么，我们接着看一下实际制冷时的原理。空调是由压缩机（泵）以及两种热交换器组成的。一种热交换器被称为**冷凝器**，另一种则被称为**蒸发器**，其实工作原理是相同的。制冷时，空调内机中的蒸发器会将制冷剂蒸发使其汽化吸热，让室内降温，气体制冷剂在压缩机

空调的制冷、制热能力

我们看空调的产品介绍可以了解到空调能够达到比消耗的电力更好的制冷或制热效果。

房间面积

	房间面积	制冷、制热能力（千瓦）	消耗电力（瓦）
制热	6~8张榻榻米 （10~13平方米）	2.8 （0.7~5.5）	535 （95~1500）
制冷	7~10张榻榻米 （11~17平方米）	2.5 （0.9~3.5）	520 （130~870）

制冷的原理——汽化热

当液体转化为气体时，会吸收周围的热量，这就是所谓的汽化热，空调制冷就是利用了这个原理。

（泵）的作用下被输送到冷凝器内，将在室内吸收的热量释放出来转化为液体。像这样循环运行就能达到制冷的效果。

值得注意的是，压缩机（泵）只是将室内的热量运送到室外而已，正因为空调的原理为移动热量，并非产生热量，所以不需要消耗过多的电能，甚至能够达到比消耗的电能更好的制冷效果。

接着我们再来思考一下空调制热的原理。尝试着将刚刚制冷的空调反向运转，那么，与制冷时相反，压缩机（泵）就会将室外的热量运送到室内，这就是空调制热的原理，并不需要电暖器之类的装置。与制冷时相同，因为制热的过程只是在移动热量，所以能够达到比消耗的电能更好的制热效果。

综上所述，压缩机（泵）能够以制冷剂为媒介，将热量从室内运送到室外，或从室外运送到室内。因为与水泵从水槽内循环抽水的原理十分类似，所以空调的工作原理又被称为热泵原理。在热泵的作用下，空调才成为了一种高效节能的控温设备。

空调制冷、制热的原理

空调制冷时，蒸发器内的制冷剂吸收周围的热量蒸发，并转化为气体，气态制冷剂在压缩机的作用下被输送到冷凝器内，放热后转化为液体。这个过程不断地循环往复，就能达到制冷的效果。压缩机（泵）反向运转，设备也会反向运转，因此转换为室内制热的效果。

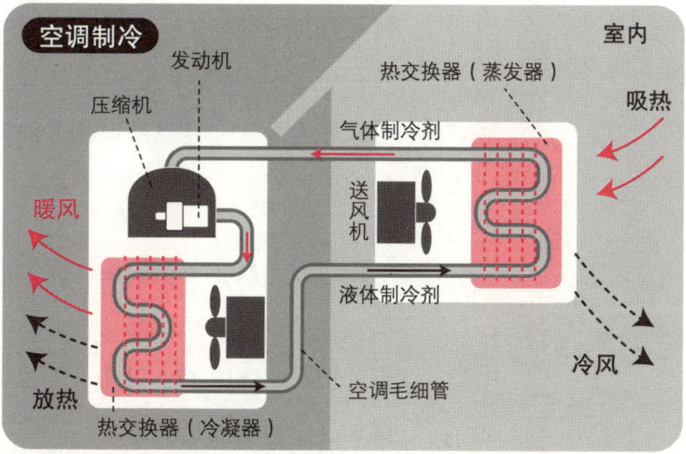

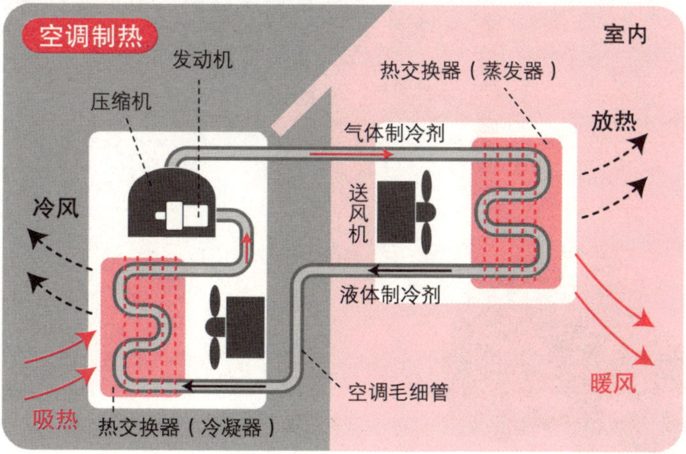

Technology 040

数码相机

数码相机的发展可谓日新月异，而数码相机的核心是图像传感器。现在，CMOS传感器正在逐步取代CCD传统传感器。

数码相机的英文全称为**digital still camera**（DSC），简称**digital camera**（DC），是一种能够把影像记录在存储卡内的照相机。照片拍好后可以马上在显示屏上预览，还可以传输到电脑上，像专业摄影师一样对照片进行后期加工，删除不想要的照片。就是因为数码相机具有上述优点，才大受欢迎并迅速取代了传统胶片相机。

数码相机主要由镜头、图像传感器、存储卡，以及控制这些部件的图像处理系统LSI构成。其中，**图像传感器**相当于传统相机的胶片，能够将镜头拍摄的影像转换为电信号。有了它才能将光信号处理成电信号。

数码相机的工作原理

图像传感器相当于传统相机的胶片，能够将光信号转换为电信号，传输到存储器或者显示屏。

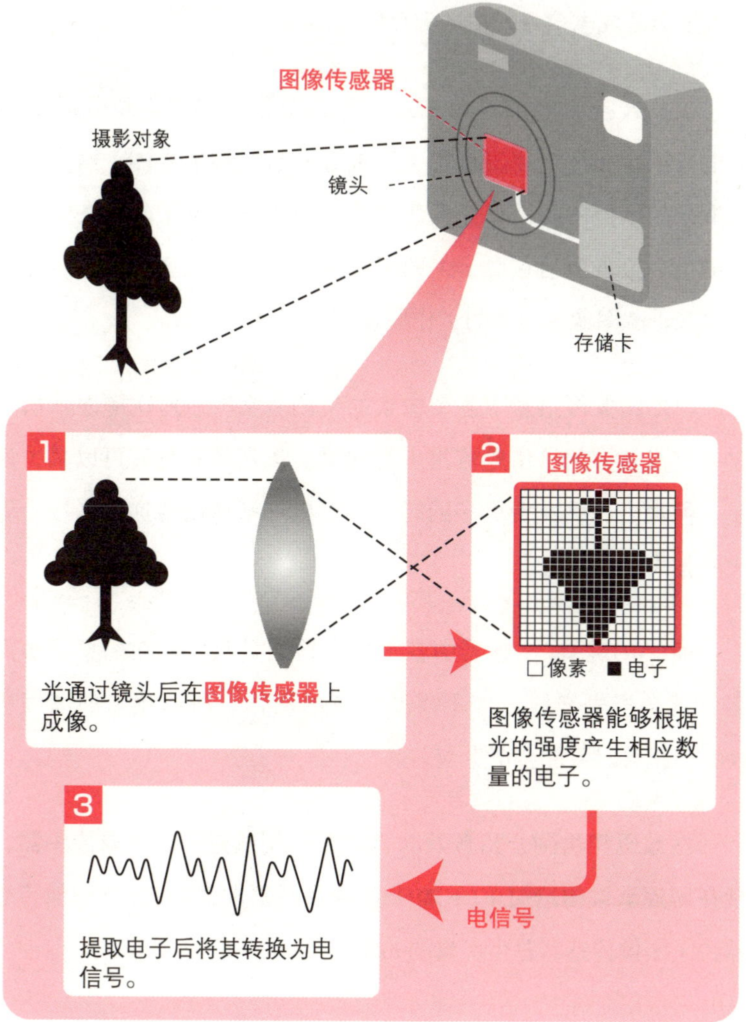

图像传感器由很多细小的格子组成，每个格子被称为一个**像素**。同样大小的图像传感器，像素数量越多，分辨率越高。像素的受光部分主要由**滤色片**和**光传感器**构成，滤色片能将光分解为三原色，光传感器是由**光电二极管**组成，能将光转换为电子。然后电子会变成电信号，输送到存储器内。

根据转换为电信号的方式，可将图像传感器大致分成**CCD**（电荷耦合元件）和**CMOS**（互补金属氧化物半导体）两大类。接下来的示例中我们将像素比喻成整齐排列的桌子，坐在旁边的检测员会报告照射在桌子上的光线量（电子的数量），通过这种方式来讲解图像传感器的工作原理。

CCD图像传感器中各个像素的检测员会按照座次顺序依次起立，排成整齐的队伍轮流报告光线量。虽然整齐划一可以减少误差，但也会因此花费更多的时间。可以理解成用传递水桶接力灭火的方式输送电荷。

而CMOS图像传感器中各个像素检测员只要所在的桌子被点名，就会报告光线量。不需要排队的动作，所以读取的速度较快，但报告时可能会产生误差。

在数码相机刚开始普及时，主要采用的是CCD图像传感器，现在则逐渐被构造简单的CMOS图像传感器取代。CMOS图像传感器占了图像传感器总生产量的90%以上。

像素的构造

像素的受光部分有滤色片和光传感器，前者可将光分解为三原色，后者可将光转换为电子。

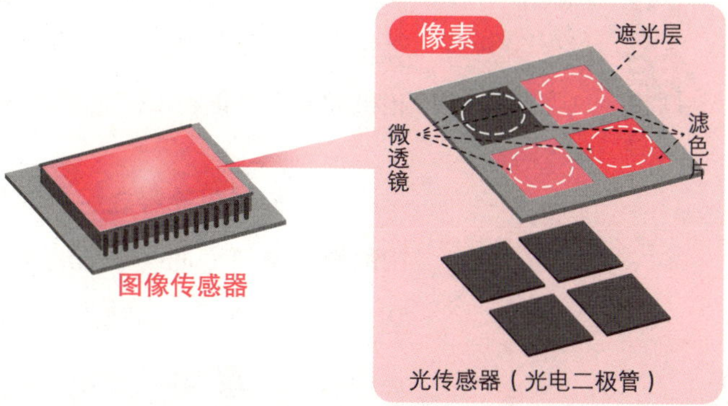

CCD和CMOS

将照片拆分成小方格，其中一个一个的方格就被称为像素。通过像素可以将光转换为电子，根据电子的提取方式，将图像传感器分为CCD和CMOS两大类。

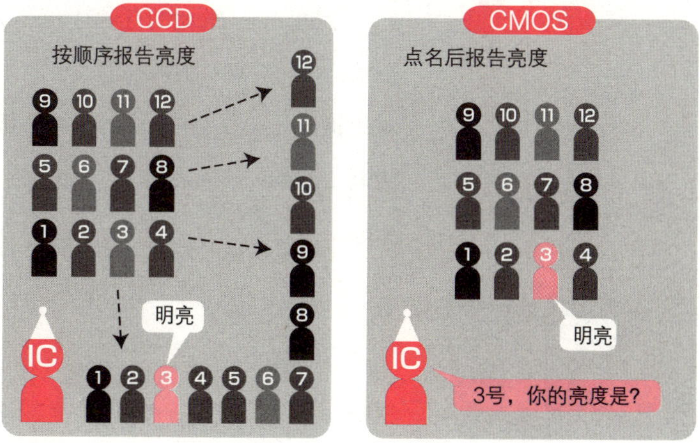

Technology 041

自动对焦

照相技术中最复杂的是对焦，有了自动对焦技术后实现了瞬间对焦。

世界上第一台自动对焦照相机在1977年面市，它是日本柯尼卡公司出产的“柯尼卡C35AF”，一经推出受到了热烈欢迎。自那以后照相机的电子化进程发展迅猛，时至今日，数码相机和摄影机仍在不停地更新换代。

在人们展露笑容之后自动按下快门的**微笑快门**（smile shutter）技术，从显示屏的照片上识别人脸并自动对焦的**人脸检测**技术，还有事先将摄影对象的面部记录下来，将焦点聚集在上面的**人脸识别**（人脸记忆）技术。这些很久之前只有在科幻世界中出现的功能已经被一一实现。

话题回到一开始的自动对焦（AF）技术，自动对焦有很多种方式，其中以**对比检测**（contrast detection）和**相位检测**（phase detection）最为知名。

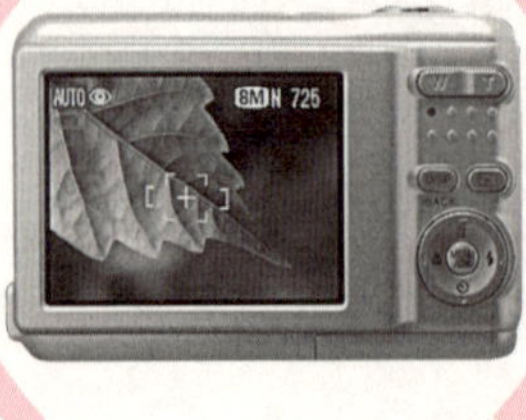

对比检测的工作原理

镜头从远处向近处移动，将对比度高的位置判定为合焦的一种检测方式。一般小型数码相机多采用这种对焦方式。

镜头从远处向近处移动。对比度较低，因此未完成对焦。

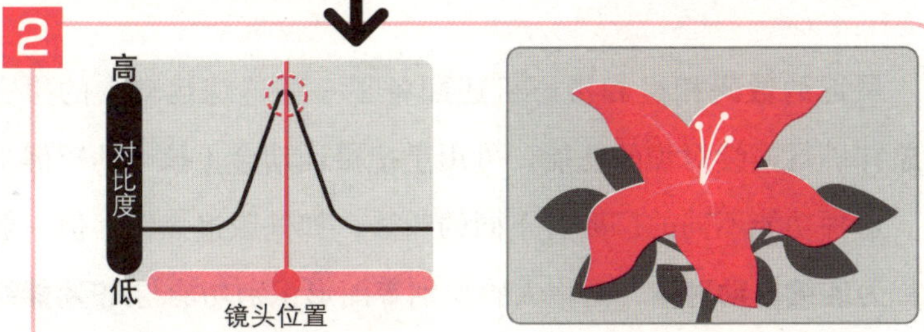

对比度较高，判断此处合焦。

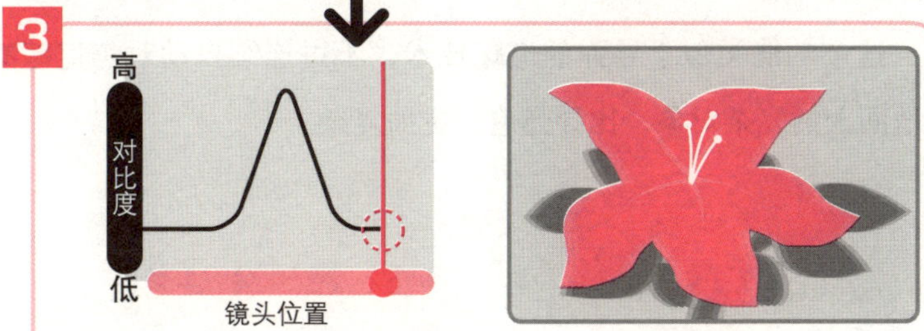

对比度较低，因此未完成对焦。

对比检测是指检测图像传感器上的对比度状态，判定最佳距离的一种对焦方式，因为图像传感器和AF传感可以共用，所以减小了照相机的体积，被广泛应用在小型数码相机上。不过因为需要一边移动镜头一边检测合焦位置，所以需耗时很久才能完成对焦。

相位检测指的是通过检测拍摄对象光线的差异，判定最佳距离的一种对焦方式。光线进入镜头后分成两束，并被引导至专用的传感器，形成两个图像，通过测量它们之间的距离完成对焦。相位对焦速度较快，但需要具备专用的线性传感器以及分离光线的特殊构造，所以一般体积较大，单反相机大多会采用这种对焦方式。

最近的数码相机和摄影机还配备了一种追踪运动中的摄影对象并进行连续对焦的功能，可用于拍摄运动会上孩子的矫健身姿。这种功能不同的厂商有不同的叫法，如伺服追焦等，但一般被称为**连续自动对焦**，是将人脸识别等图形识别功能与**AF功能**结合在一起研发而成的。

这个功能类似于导弹的追踪技术，不过连续自动对焦追踪的是地面上的复杂对象，比导弹追踪更加复杂。

相位检测的工作原理

光线进入镜头后分成两束，并被引导至专用的传感器，形成两个图像，通过测量它们之间的距离完成对焦。

后焦

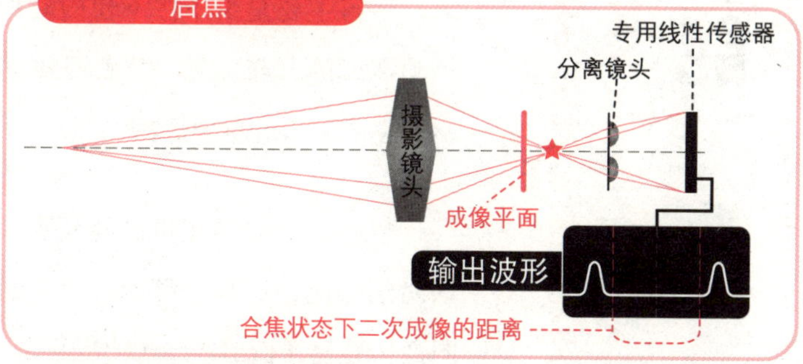

前焦

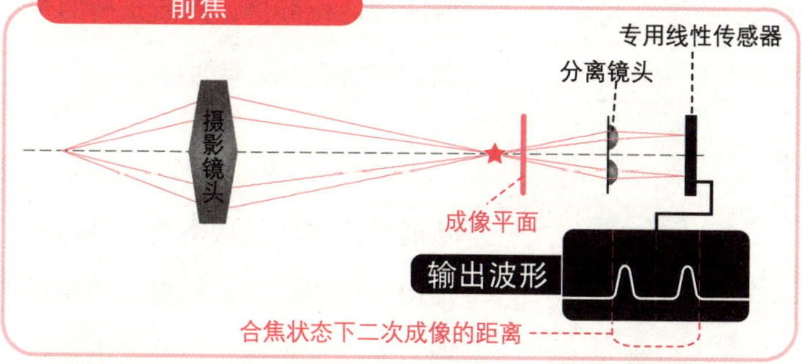

合焦

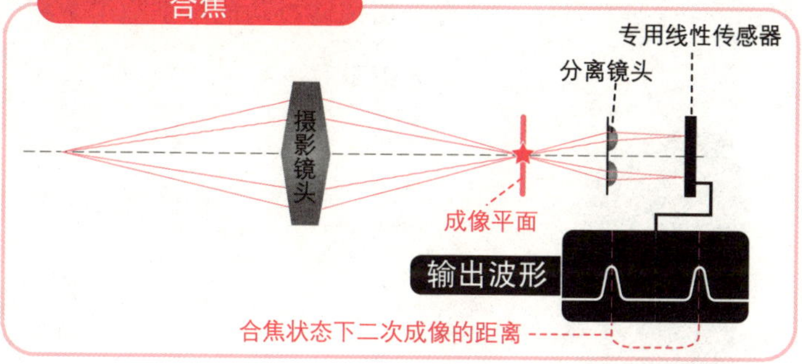

Technology 042

防抖功能

虚焦和手抖被视为拍摄失败的两大要因，不过现在的相机已经把这两个问题都解决了。

抖动的日语为“ブレる”，在政治演说中，经常被用来批评对手的观点或者信念摇摆不定，不过在摄影世界中，抖动是造成拍摄失败的主要原因。手抖主要是由于按下快门时相机晃动造成的，与虚焦一样都是影响摄影师完成拍摄的重要原因。

现在，虚焦照相机已经配备了**自动对焦**功能，这是一种通过计算机对图像传感器（CCD或CMOS传感器）上的图像进行分析，判断正确的焦点位置，调整镜头距离的功能。

针对手抖，相机也配备了**防抖功能**，这项功能让刚接触照相机的人仅按下快门就能拍出美丽的照片。特别是使用长焦端时极易发生手抖的情况，所以防抖功能特别适用于相机的长焦拍摄。

最具代表性的防抖

镜头防抖和机身防抖是数码相机两种最具代表性的防抖方式。前者通过镜头，后者通过机身对抖动进行补偿。

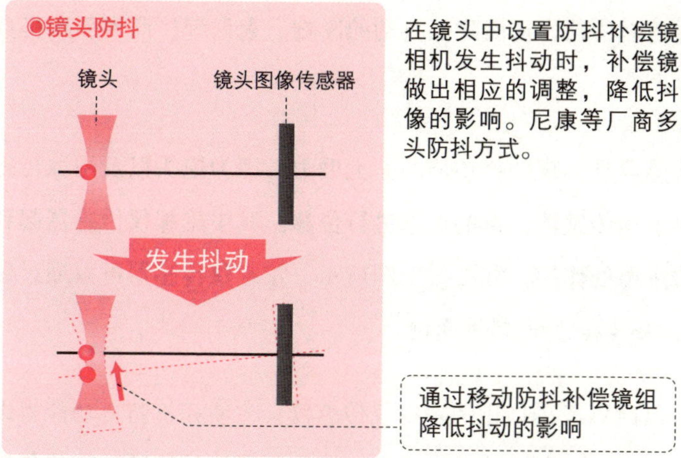

在镜头中设置防抖补偿镜组，在相机发生抖动时，补偿镜组能够做出相应的调整，降低抖动对图像的影响。尼康等厂商多采用镜头防抖方式。

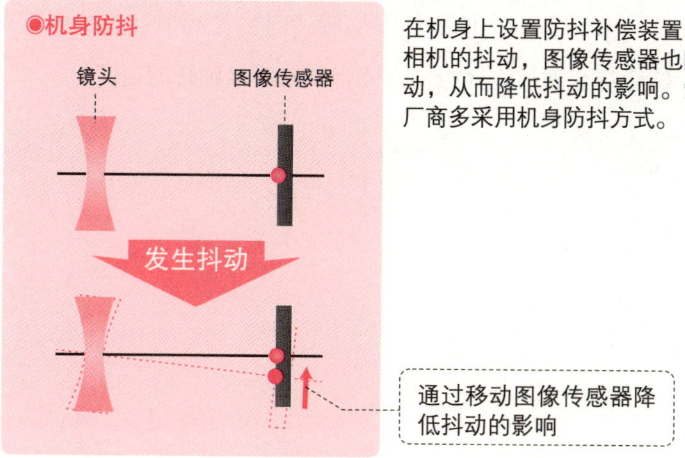

在机身上设置防抖补偿装置，随着相机的抖动，图像传感器也随之移动，从而降低抖动的影响。索尼等厂商多采用机身防抖方式。

最具代表性的防抖功能有两种，一种是**镜头防抖**，另一种是**机身（传感器）防抖**。镜头防抖需要在镜头旁边设置专门的防抖补偿镜组，在相机发生抖动时，补偿镜组能够做出相应的调整，降低抖动的影响。尼康等厂商采用的就是这种防抖方式。机身防抖需要在机身旁边设置防抖补偿元件，随着相机的抖动，图像传感器也随之移动，从而降低抖动的影响。索尼等厂商多采用机身防抖方式。

传感器是实现防抖功能的一大助力，因为镜头以及图像传感器需要根据传感器提供的信息进行位移。其中陀螺仪传感器起到了至关重要的作用。如右页上图所示，陀螺仪传感器可以通过感知相机的旋转来判断抖动变化。

可以说有了小型化的陀螺仪传感器，才使相机防抖功能得以实现。右页下图展示的是日本村田制作所研制的**振动陀螺仪传感器**的工作原理。振动中的物体发生旋转时会受到惯性力（科里奥利力）的影响，通过感知振动变化就能检测出旋转的速度。

陀螺仪传感器的原理

抖动分为上下（pitch）以及左右（yaw）两种旋转方式。下图为陀螺仪传感器检测左右旋转的原理图。传感器内有一个预先处于振动中的物体m，旋转会给它一个惯性力（科里奥利力），使它的振动发生变化。陀螺仪传感器能够感知到这个变化并将其转换成电信号。

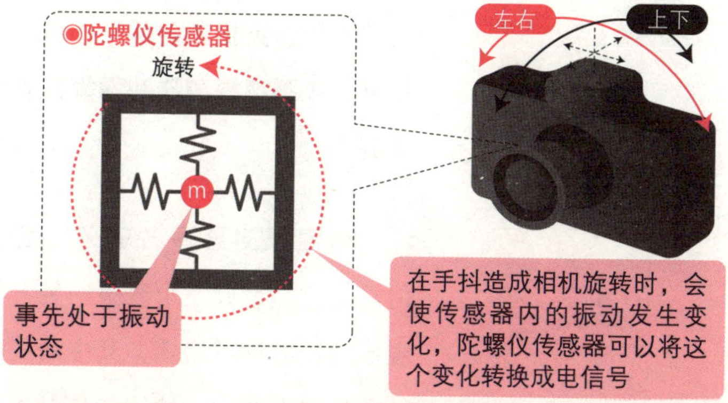

真实的陀螺仪传感器

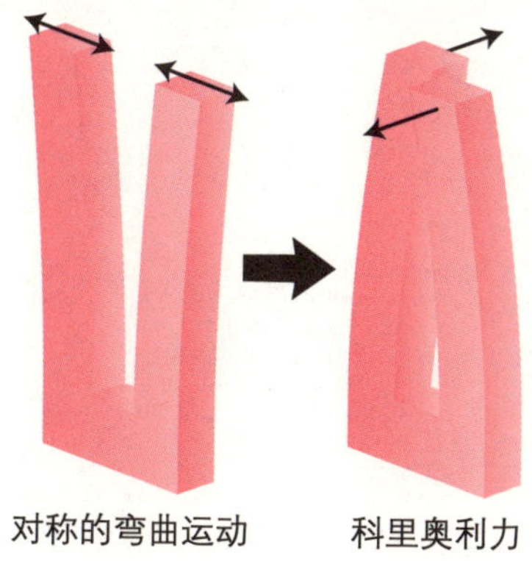

水晶像音叉一样被切成两半并扮演了上图中的物体m和弹簧的角色。水晶具有压电性，通电后会产生振动，受力后可以产生电流。因此，需要事先将水晶通电使其做对称的弯曲运动，当相机抖动时会使水晶的振动发生变化。陀螺仪传感器可以将这种变化转变为电信号提取出来。

Technology 043

火灾报警器

在美国强制居民住宅安装火灾报警器后，因火灾造成的伤亡人数减少了近一半。现在，日本也强制居民住宅安装火灾报警器。

日本每年有超过1000人死于居民住宅火灾，其中老年人占了70%以上，据悉火灾大多发生在睡眠时间段，来不及逃生是最主要的死亡原因。火灾报警器可以有效地解决上述问题。

家用火灾报警器从工作原理上大致可分成**感温探测器**和**烟雾报警器**两大类。

感温探测器顾名思义，是一种能够检测热量并发出警报的装置。感温探测器的种类繁多，其中最简单的一种如右页所示，使用的是电暖器中有控温作用的双金属片。当温度变高时，双金属片会发生弯曲，触动报警器的开关。

感温火灾探测器

感温探测器使用的双金属片一般用作电暖炉和烤面包机的控温器，有测温功能。

◉通常状态

一般情况下，触点没有接触，所以警报不会响起。

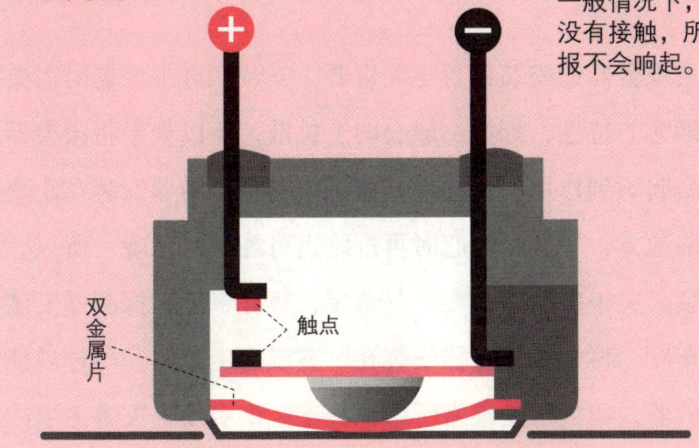

◉发生火灾时的状态

火灾的热量使双金属片发生弯曲，抬高触点接通报警器，警报响起。

烟雾报警器也有不同的种类。例如，光电烟雾报警器能够检测到漫反射的光线，当烟雾进入报警器内，烟雾颗粒会使LED发出的光线产生漫反射，进而被光电传感器检测出来。还有一种离子烟雾报警器也非常有名，它利用放射性同位素放射离子，烟雾进入报警器后电流会发生变化，报警器可以检测出这种变化。

火灾报警器的安装位置至关重要。安装烟雾报警器时需要充分考虑烟雾的特性，烟雾一般会向上扩散，所以如果将报警器放在低处是起不到作用的。此外，如果把感温探测器安装在距离热源较远的地方，等警报响起时再逃跑也可能为时已晚。所以，我们在安装火灾报警器时需要充分考虑，最好将感温探测器安装在厨房或车库，将烟雾报警器安装在卧室或者走廊内。不过虽然安装了报警器，我们还是经常听闻在卧室吸烟引发火灾等的事故报告，因此，最好能将两种火灾报警器都装在家里。

报警器最大的难点就是敏感度。如果敏感度过高会增加误报的概率。例如，水开时的蒸气以及清扫时的灰尘都可能被误判成火灾的烟雾。相反，如果敏感度过低，真的发生火灾时又可能不起作用。所以，为了避免报警器成为《狼来了》中的那个男孩，掌握其中的平衡至关重要。

烟雾报警器

下面介绍一下光电烟雾报警器的工作原理。光电传感器能够检测到光电二极管（LED）发出的光线经漫反射后产生的变化。

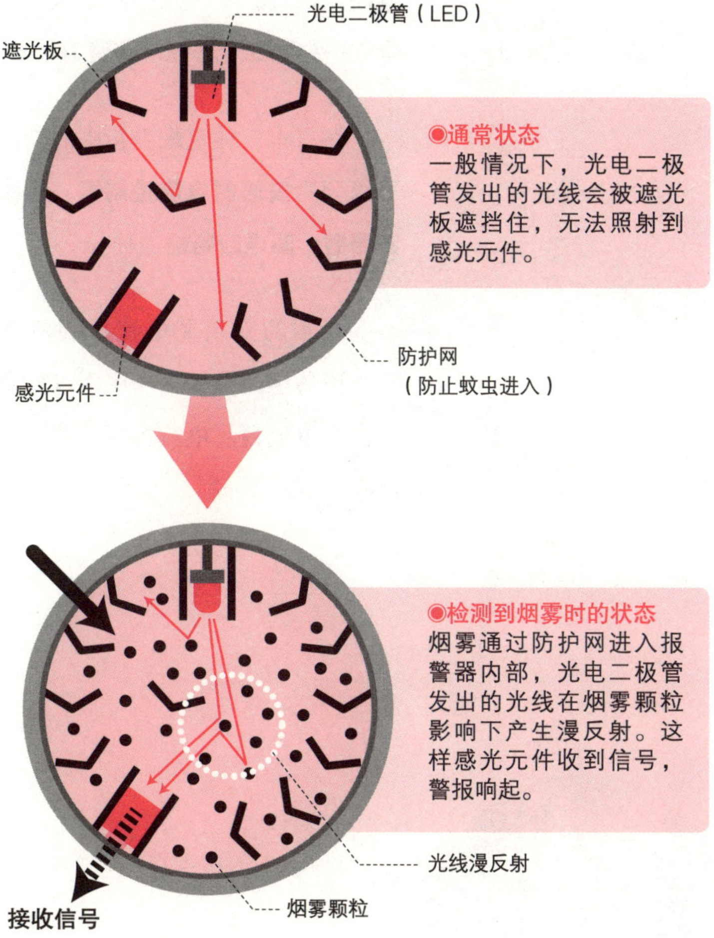

断路器

Technology 044

我们一起来研究家用配电箱，一般配电箱中会配备三种断路器。以前还会装有保险丝。

近年来，几乎很少听到因为用电过度引发火灾的新闻，触电死亡的事故也很少见了，这有赖于**配电箱**中的断路器日夜不停地为我们“监视”着电路。不过，令人意外的是这个“安全守护神”的工作原理却鲜为人知。

在日本，住宅配电箱中的断路器可以分为**安培制电流控制器**、**配线用断路器**、**漏电断路器**三种。

日本的安培制电流控制器也被称为**服务型断路器**，居民用电如果超过协议电流数，电流控制器就会自动断电。

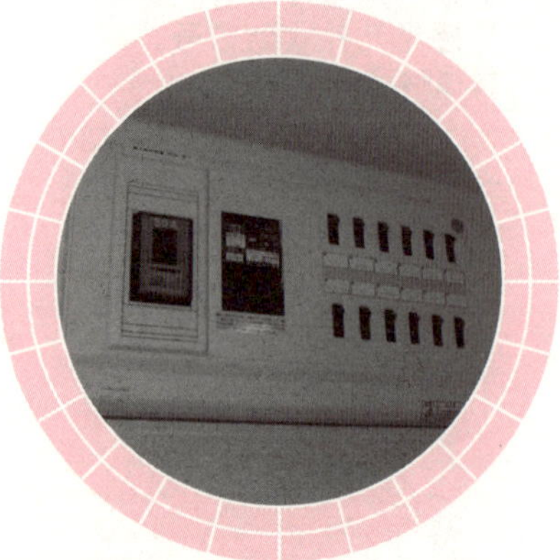

配电箱安装位置

一般，在配电箱中会配备安培制电流控制器、配线用断路器、漏电断路器三种断路器，其中安培制电流控制器是由电力公司直接管理。

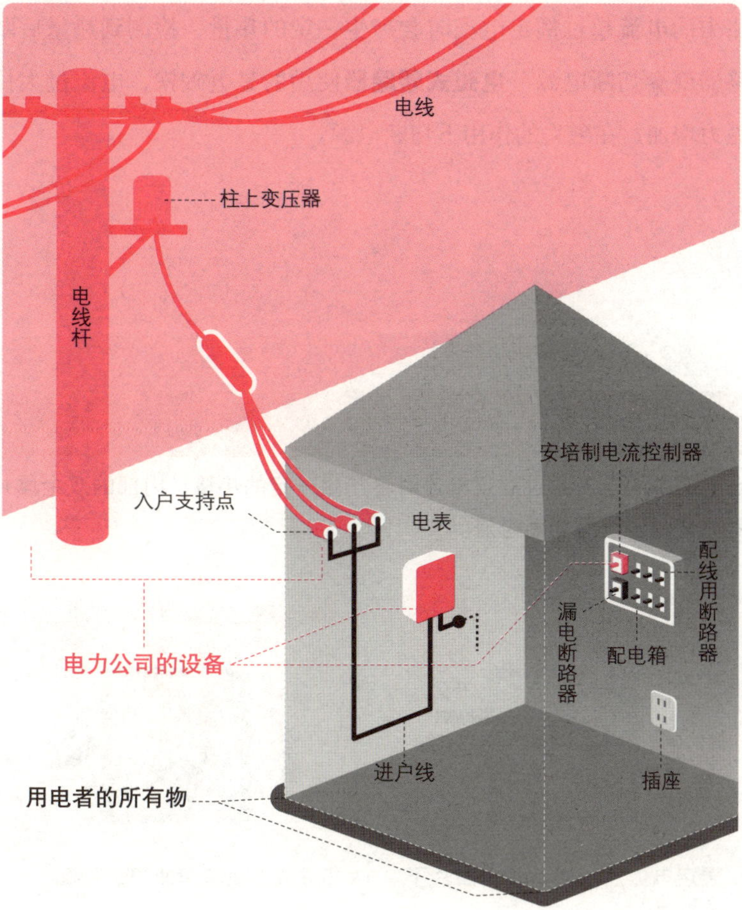

配线用断路器在日本一般被称为**安全断路器**，为各个房间输送电力的室内配线会安装在配线用断路器上，超过额定电流（日本一般为20安培）就会自动断电。

根据断路器的运行原理，一般可分为热动式和电磁式两种。**热动式断路器**使用的是电暖炉中具有控温作用的双金属片，当电路中的电流超过额定电流时会产生一定的热量，检测到热量后断路器就会切断电源。**电磁式断路器**使用的是电磁铁，电流过大使磁力增加，在磁力的作用下切断电源。

热动式断路器

当电路中的电流超过额定电流时会产生一定的热量，内部的双金属片受热弯曲，从而切断电流。

◉通常的状态

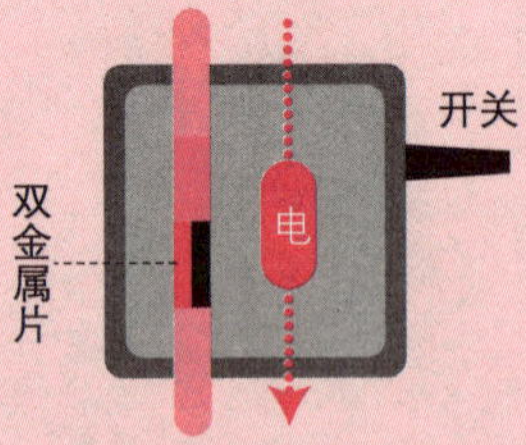

额定电流通过时，双金属片不会弯曲。

◉超过额定电流时

双金属片受热弯曲切断电源。

漏电断路器也叫**漏电保护器**。漏电指的是从室内配线或家用电器泄漏电能，例如，室内配线或家用电器零件破损可能会造成漏电。漏电断路器能够迅速检测漏电现象，自动切断电源。

漏电断路器是一个带有磁性圆环的装置，需要将室内配线的末端穿过圆环。如果不发生漏电，通过圆环的各相电流的相量和为0，所以圆环上没有电流通过。发生漏电时，去路的电流会比回路的电流少，就会有电流通过圆环。因此会发生电磁感应现象，绕在圆环上的线圈会产生电流。电流增幅后圆环会成为一个电磁铁，在电磁铁的作用下启动开关切断电源。

漏电断路器的工作原理

家中电流的去路和回路的电线都穿过磁性圆环。如果不发生漏电，通过圆环的各相电流的相量和为0，所以当不为0时即可判断为漏电。电流增幅后圆环会成为一个电磁铁，在电磁铁的作用下启动开关。

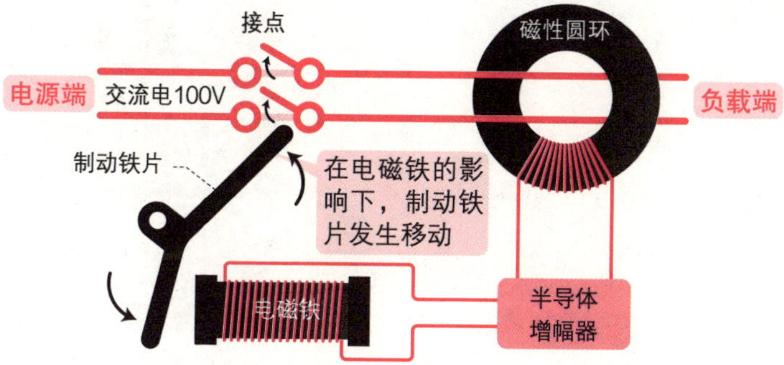

column

日本插座的两个插孔为什么大小不一？

可能很多人都不了解，日本插座左右两个插孔的大小是不一样的，仔细观察就会发现，左边的要稍微大一些。

插孔之所以大小不一，是为了区分哪一侧接地，哪一侧不接地。大一些的插孔是接地的，安装电线的工人们会依此标准进行施工。

所谓的“接地”指的是电线与大地相连。实际上，从电线杆引入家庭的配电线两根为一组，其中的一根是接地的。因此，假如手指不小心插进了大一些的插孔内（在安装完毕的情况下），也不会发生触电事故。但是，如果不小心将手指插进了小一些的插孔内就会触电。（千万不要尝试！）

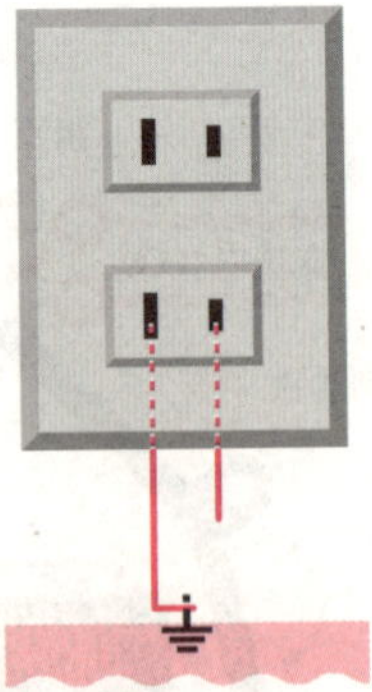

第4章

生活用品中的科技

为什么洗护一体洗发水既有洗发水的作用，又有护发素的效果？本章就带着大家了解一下肥皂、桶装方便面等身边常见生活用品的科技知识吧！

Technology 045

免洗米

『免洗米』不需淘洗即可做出好吃的米饭。我们来一起研究它和传统大米间的区别，以及它是怎么制作出来的。

自古以来，日本人在做饭之前都习惯先淘米，不过近几年，一种无须淘洗的**免洗米**面市，受到了人们的广泛推崇，是忙碌的现代人的一大福音。

想要了解免洗米的制作方法，首先需要了解大米加工也就是碾米的过程。我们从稻子收割脱粒之后的稻谷开始讲起，将稻谷剥开谷壳取出米粒的过程被称为**砻谷**，取出的米粒叫作**糙米**，糙米的营养价值很高，可以直接食用，不过一般还需要将表面的**糠粉**去掉，取出里面的**白米**，这个过程就叫作**碾米**。这种白米就是在粮店或者超市等地出售的普通大米。

其实，无论是糙米还是白米都是可以直接烹煮食用的，不过因为白米表面仍留有**糊粉层**（糠粉成分），将糊粉层去掉后煮出的米饭会更加好吃。去除糊粉层的过程就被称为“淘米”。而免洗米就是提前将附着在白米上的糊粉层去除的大米，它为我们节省了淘米的时间。那么，究竟是怎么去除糊粉层的呢？

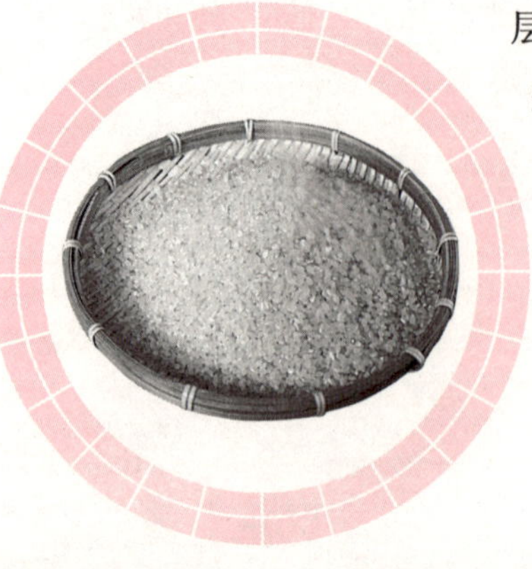

碾米过程和糊粉层

从稻谷中间取出的米粒被称为糙米，接着去掉上面的糠粉（含胚芽）后为白米。将附着在白米上的糊粉层用机器磨掉后就是免洗米。

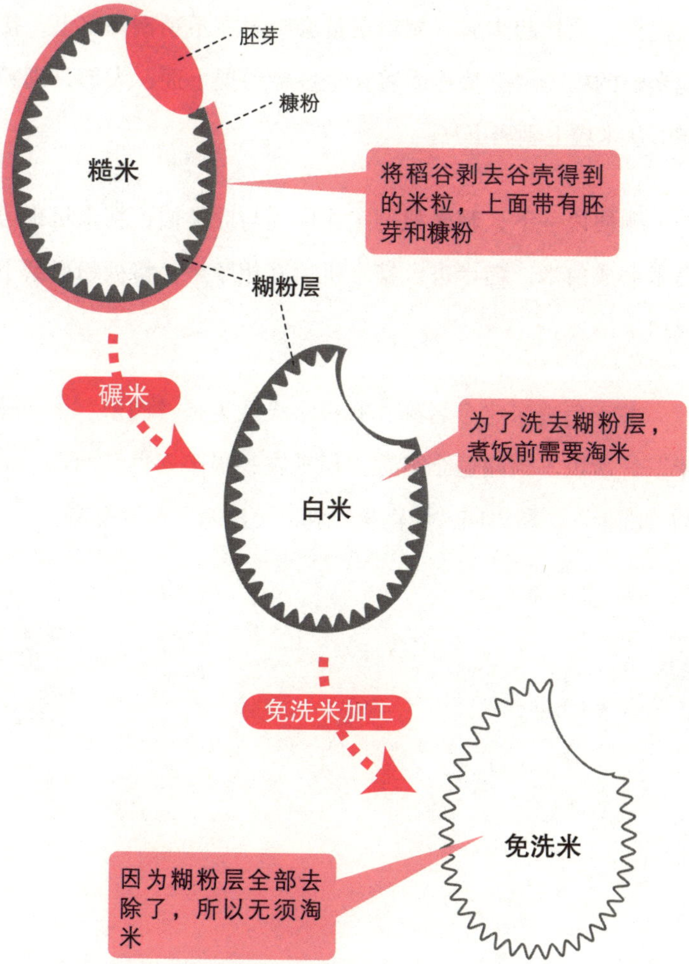

加工免洗米有很多方法，这里我们向大家介绍一种最常见的BG精米制法，这是一种利用糠粉取出糠粉的方式，巧妙地利用了糠粉很容易互相吸附，也很容易吸附在金属上的特性。

这种精米机的工作原理并不复杂，只需将白米放入不锈钢筒内搅拌，搅拌起来后，糊粉层就会吸附在不锈钢侧壁上，接着其他米粒的糊粉层会接连附着在这些糊粉层上面，大部分糊粉层都能够从米粒上剥离下来。

顺便说一下，**精米机**的工作原理与此类似，精米机也可以将糙米磨成白米。糙米进入精米机后互相摩擦，将糠粉研磨下去变成白米。

关于免洗米这个名称，有很多人认为是“淘米”，而非“洗米”，所以不该叫这个名称。但现在，很多人也开始称“淘米”为“洗米”，所以叫“免淘米”和“免洗米”都没有错。

精米机示例

将白米放入不锈钢筒内高速搅拌，糊粉层会附着在不锈钢壁上，接着其他米粒的糊粉层会接连附着在这些糊粉层上面，最终达到分离糊粉层的目的。

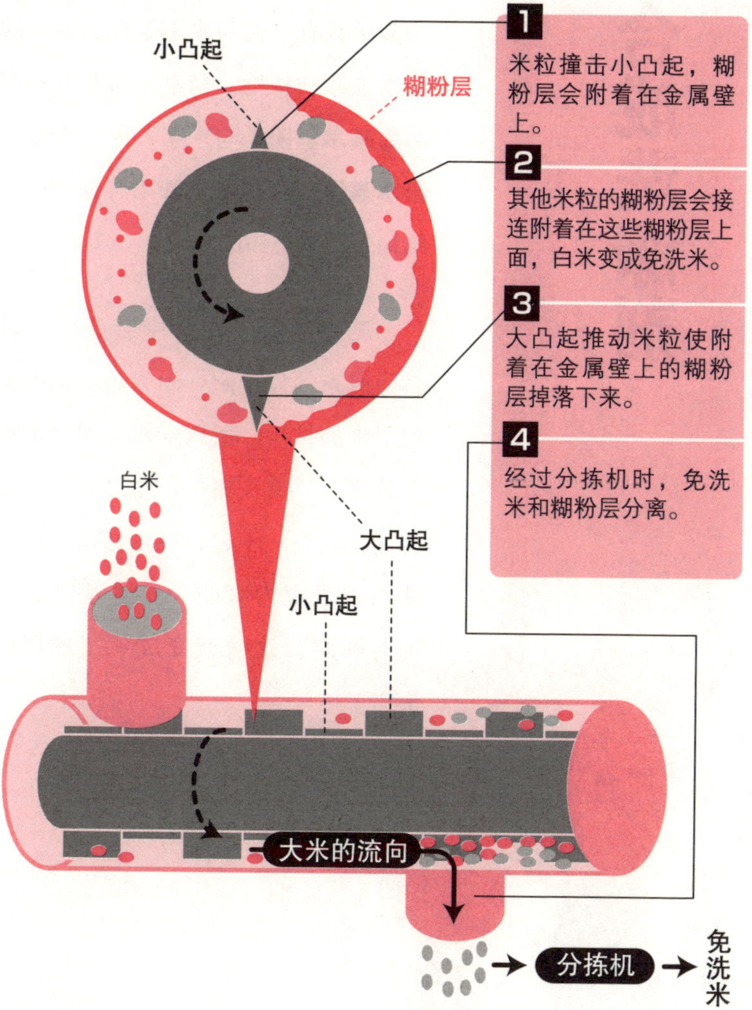

Technology 046

肥皂和合成洗涤剂

肥皂和合成洗涤剂是生活中不可或缺的日用品，但可能很少有人认真思考过它们的去污原理吧。

肥皂是日常生活中很不起眼的日用品，你思考过肥皂为什么可以去污吗？这是因为它特殊的分子结构。

肥皂的分子形状很像火柴棍，这个分子具有一端与水不亲和，另一端与水亲和的特性。与水不亲和的一端名为**疏水基团**，与水亲和的一端名为**亲水基团**，这种两个基团共存的分子结构是肥皂去污的关键。

肥皂的分子在水中会形成一种名为**胶束**的分子团。因为疏水基团受到了水的排斥，所以亲水基团会聚集在外侧，“藏头露尾”很适合用来形容这种状态。不过，在示意图上疏水基团被表现为直线，亲水基团被表现为圆圈，这时就变成了“藏尾露头”……

肥皂的分子结构

肥皂的分子呈细长状，具有一端与水不亲和（疏水性），另一端与水亲和（亲水性）的特性。一般拥有这种分子结构的物质都叫作表面活性剂。亲水基团一般都带电。

肥皂分子在水中形成的球状分子团

肥皂分子因为疏水基团排斥水的特性，会以胶束的状态存在于水中。由于疏水基团尽可能地不想接触水，所以才形成了球状分子团。

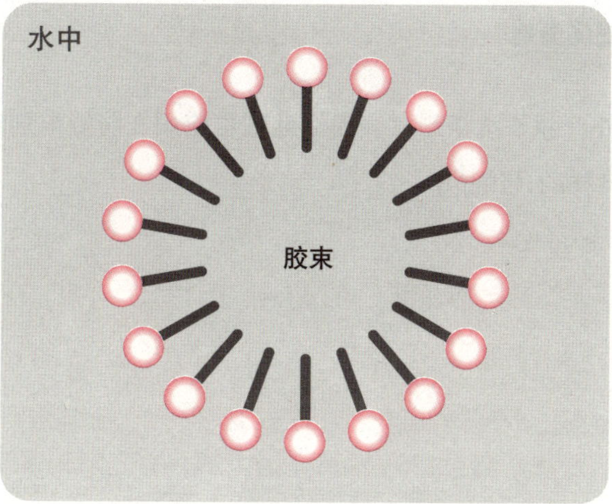

这时加入一些油会发生什么现象呢？已经变成胶束状态的肥皂分子会分解开来，不过疏水基团会再次寻找藏身之处，这个藏身之处就是同样排斥水的油，油也具有疏水性。

肥皂分子的疏水基团因其亲油性所以会包围在油表面，将油团团包裹住，这时亲水基团位于外侧，也就是油可以溶在水里了。这就是油溶于水的秘密所在（这种现象名为**乳化**）。用水冲洗后，就可以将油冲走。

以上就是肥皂去除油污的原理。肥皂分子这种两端分别为亲水基团和疏水基团的特殊结构是去污的本质所在，正因为拥有这种特殊结构，肥皂才能去除油污。像肥皂分子这样具有亲水基团和疏水基团的物质被称为**表面活性剂**。

肥皂是由植物性油脂制作而成的，现在我们已经充分了解了它的分子结构。因此能够从石油中提取物质进行化学合成，成品就是**合成洗涤剂**。

另外，除了洗涤剂，表面活性剂也应用在防静电剂和柔顺剂等各种各样的日用品中。

去污原理

将洗涤剂倒入洗衣筒后，它能够将隐藏在布料中的油污去除，接下来我们就来看一下它的去污原理。

1

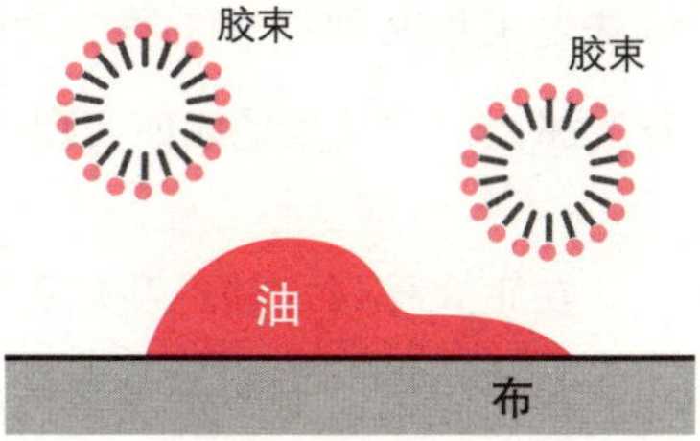

将洗涤剂倒入洗衣筒内，肥皂分子会成为胶束状。

2

洗衣筒开始搅拌后，胶束会被分解开来，肥皂分子中排斥水的疏水基团会进入油污内部。

3

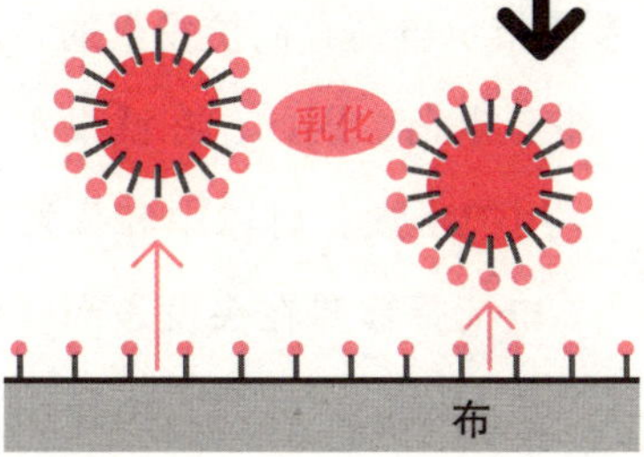

油污被肥皂分子包裹起来成为一团，因为表面覆盖着亲近水的亲水基团，可以溶入水中，这种现象被称为“乳化”。

Technology 047

洗护一体洗发水

我们在忙碌的时候会想要尽量缩短洗澡花费的时间。这时候，你非常需要一瓶洗护一体洗发水。

洗护一体洗发水指的是同时兼具洗发和护发功能的洗发水。洗发水主要用于去除头发的油垢，它会使头发变得干涩，而护发素的功效正好相反，可以让头发更加滋润。洗护一体洗发水集两种相互矛盾的功效于一身，那么，它究竟是如何实现的呢？

在正式探讨之前，我们先来研究一下普通的洗发水和护发素的原理。洗发水的成分与本书p198肥皂的成分相似，是由一种兼具亲水基团和疏水基团的分子构成的。疏水基团可以深入油垢内部，亲水基团覆盖在油垢表面，最终在水的作用下将油垢冲洗掉。

护发素的成分也基本上和肥皂的成分相同，不同的是，它的亲水基团所带的电荷。在水中时，肥皂的亲水基团带负电荷，而护发素的亲水基团带正电荷。因此，在洗发水之后使用护发素，可以中和头发上的负电荷并覆盖在头发表面，让头发更加滋润。此外，由于护发素的疏水基团较长，所以可以防止头发打结，增加头发的顺滑感。

普通洗发水和护发素的分子

洗发水和护发素的分子结构十分相似，不过所带的电荷不同。另外，护发素分子要比洗发水分子长。

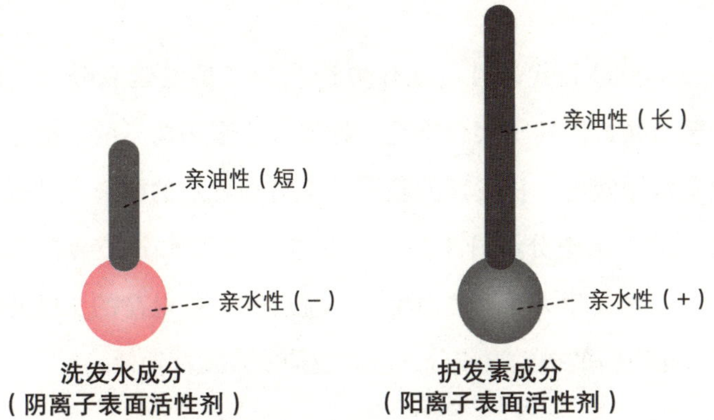

普通护发素的原理

残留在头发上的护发素分子能够防止头发打结，让头发更加清爽、滋润。

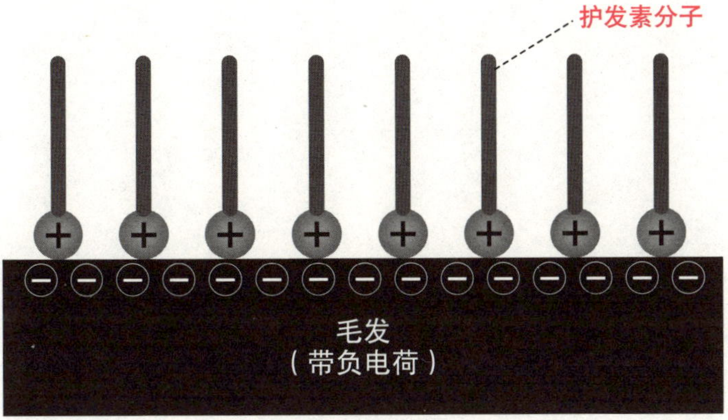

以上为洗发水和护发素的功能原理。但是，如果仅仅将它们简单地混合在一起，洗发水和护发素中附带的正负电荷会相互抵消，造成一无所获的局面，因此，要想做出洗护一体洗发水需要花费一番工夫。

其中最具代表性的制作方法利用了护发素成分之一的**阳离子聚合物**，阳离子聚合物是一种带有众多阳离子的长链分子。在洗发水原液中，护发素的阳离子是与洗发水的阴离子结合在一起的，进入水中分解开来后，小一点的洗发水分子会在前方“开路”，先去除头发上的油垢，冲洗后带有负电荷的头发开始吸引带有正电荷的护发素成分，从而使护发素发挥功效。

虽然洗护一体洗发水对于匆忙的现代人来说是一大利器，但是分别使用洗发水和护发素的洗护效果更加明显，因此，推荐只在应急时使用洗护一体洗发水。

洗护一体洗发水的分子

洗护一体洗发水的护发素分子中的聚合物比一般护发素中的要长一些。

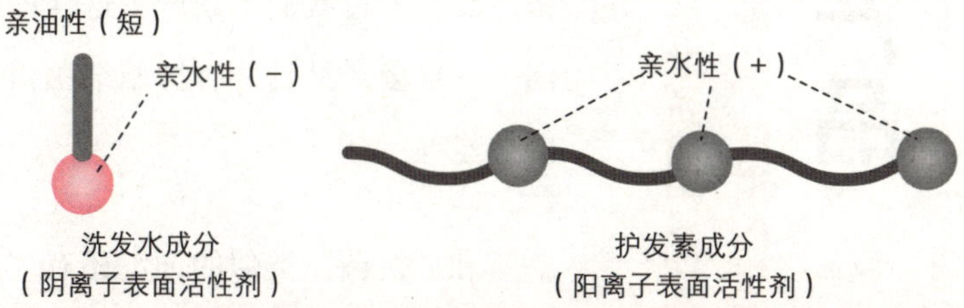

洗护一体洗发水的原理

洗发水具有去污作用，护发素能够让头发更加清爽、润滑，洗护一体洗发水兼具两种效果，非常不可思议，接下来我就为大家介绍一下它的原理。

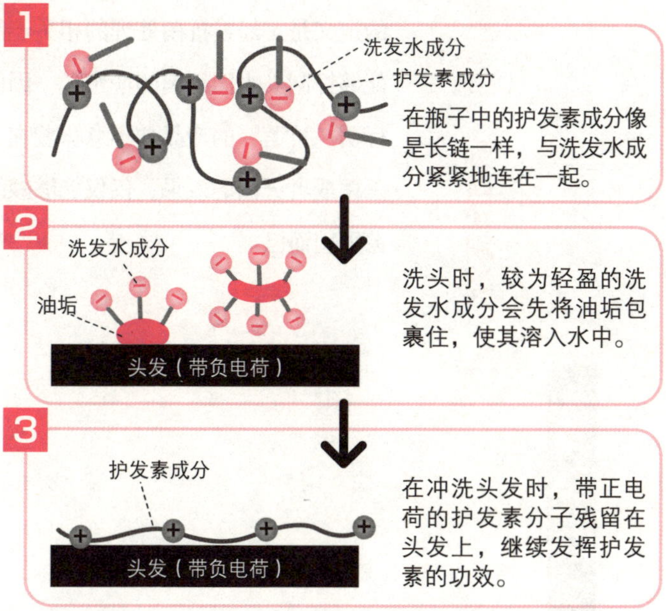

Technology 048

抗菌产品

现在各种各样的抗菌产品充斥着市场，如抗菌毛巾、抗菌牙刷等不胜枚举。那么，所谓的抗菌究竟是什么意思呢？

抗菌产品很受欢迎，品类十分丰富，如卫生用品、衣服、文具等我们身边的日常用品基本上都有对应的抗菌产品，不过我们不禁产生这样的疑问——抗菌产品真的有抑制细菌繁殖的功能吗？

和“抗菌”类似的词汇还有“杀菌”“灭菌”“除菌”等，这些词汇都具有主动消灭细菌的意思，但和“抗菌”所代表的意思略有不同。

日本经济产业省政策对“抗菌”的定义是“经过抗菌处理的相关产品需能够抑制其表面细菌的增殖”。因此，标明“抗菌”的产品并不意味着它具有杀菌或者灭菌的效果，仅仅能够减缓细菌繁殖而已。

用抗菌剂进行抗菌处理的纺织品示例

在纺织品上涂抹一层名为黏合剂的表面处理剂后，再黏附抗菌剂。

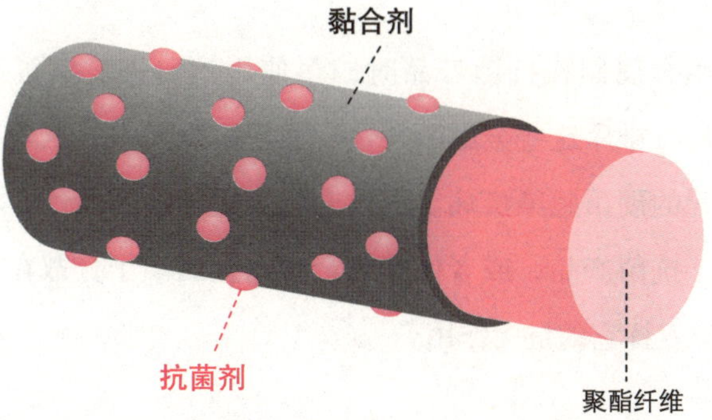

铜除菌

在培养大肠杆菌0157的实验中，放铜片的位置无细菌增殖，因此我们了解到铜有除菌功效。

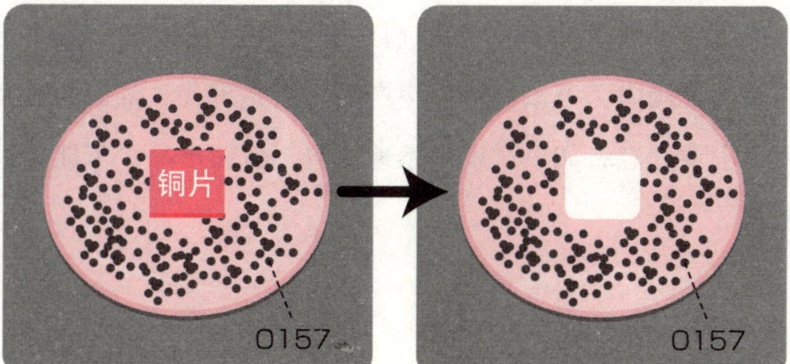

制作抗菌产品时，需要将具有抗菌功效的物质融合到原材料中，或者通过化学反应使它们结合在一起，其中以使用抗菌剂和金属的制造方式最为知名。**抗菌剂**是一种能够扰乱和破坏细菌生命机能的物质，最有名的抗菌剂是茶叶的成分儿茶酚。

利用金属制作抗菌产品时，多使用铜、铁、钛等物质，因为细菌具有排斥这些金属的特性。在现实生活中，从未听说有人因10日元的硬币感染疾病。人们充分利用了这个特性，将金属直接应用于抗菌产品，或者使其化合物、金属离子分散在抗菌产品中，充分发挥它的抗菌作用。

如上所述，所谓抗菌指的是减缓细菌繁殖。但是经日本多个消费者协会测试，发现很多抗菌产品的质量都存疑。因此，日本的抗菌产品行业内部自主制定了认证标准，对符合标准的具有抗菌功效的产品授予认证标志，其中纺织品是SEK标志，非纺织品是SIAA标志。

最近，有消息称部分抗菌剂是有害的。现代人或多或少都有一些洁癖倾向，可以说“抗菌产品热”是现代人洁癖的真实写照，但也请注意，如果过度敏感地执着于抗菌产品，可能会过犹不及。

用金属进行抗菌处理的纺织品示例

在纺织品中嵌入氧化钛，使其产生抗菌功效。氧化钛在光催化作用下具有杀菌效果。

抗菌认证标志

日本的抗菌产品行业内部通过自主调研，对具有抗菌功效的产品授予抗菌认证标志。其中纺织品是SEK标志，非纺织品是SIAA标志。

纺织品

非纺织品

Technology 049

防雾镜

洗澡时浴室的镜子会因为蒸气蒙上一层雾，雨天开车时挡风玻璃也会因雨滴而模糊不清。因此，能够解决这些问题的产品非常受欢迎。

洗澡时蒸气弥漫造成镜子一片模糊，常常让我们很困扰，这时非常需要一瓶**防雾喷剂**。先将镜子擦拭干净，再将喷剂喷在上面，镜子就会干净如初。那么，防雾喷雾为什么具有防雾的功效呢？

镜子之所以会起雾，是因为无数的小水滴附着在镜子上，造成漫反射。因此，如果能够去除这些水滴，镜子理论上就不会起雾了。为了防雾，需要让水滴在镜面上延展开来，也就是说，需要让镜子呈现**亲水性**，这样镜子表面是平整的，就不会起雾了。防雾喷剂就是使用这种具有亲水性的物质做出的产品。

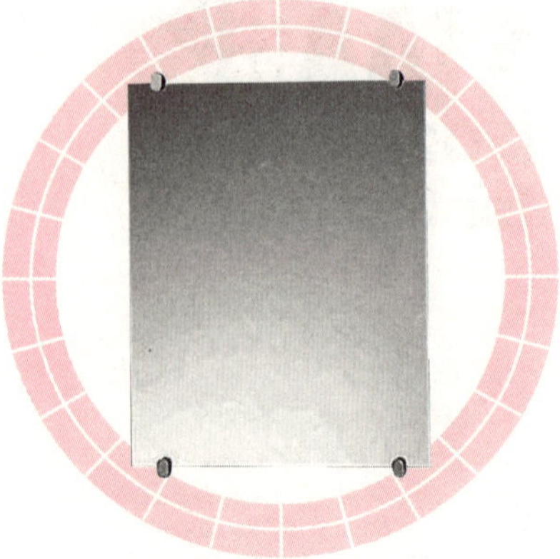

镜子起雾原因

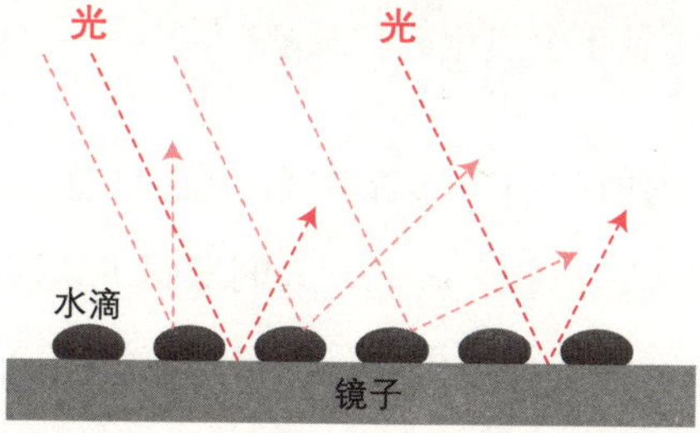

洗澡时镜子之所以会起雾，是因为无数的小水滴附着在镜子表面，造成漫反射。

防雾喷剂的原理

将防雾喷剂喷到镜子上，即使附着小水滴也不会再起雾了。这究竟是为什么呢?

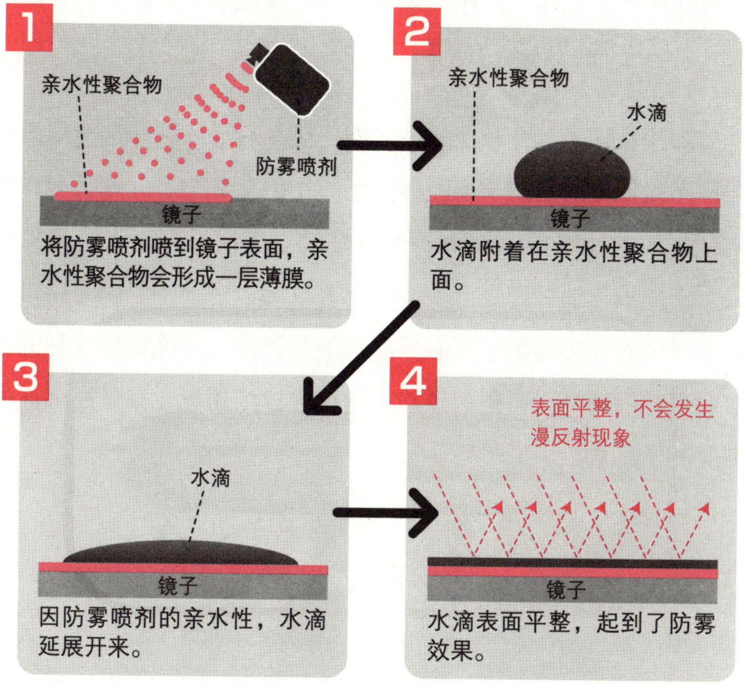

防雾喷剂中含有**亲水性聚合物**。亲水性聚合物是离子状态的有机化合树脂，能够附着在镜子表面形成亲水性薄膜。这样水滴均匀地在镜子表面延展开来，就不会发生起雾现象。

不过喷剂的防雾作用是有时限的，随着时间的流逝，亲水性聚合物逐渐剥落，防雾效果大打折扣。因此，人们发明了新的方法——事先用亲水性物质对镜子进行表面处理，这种方法中应用到了**氧化钛**。

氧化钛具有**超亲水性**，这种特性近年来才广为人知。氧化钛的这种亲水性非常强大，当光线照射在氧化钛上时，其周围也会带有较高的亲水性。因此，将氧化钛涂覆在玻璃表面，能够让镜子表面保持亲水状态，有效防止起雾。

氧化钛除了具有超亲水性之外，还具有另一种非常实用的、被称作**光催化**的功能，即能够在光的作用下氧化、分解吸附在氧化钛表面的油膜等污染物。也就是说，当镜子表面附着污染物时，仅凭氧化钛一己之力就能达到有效的去污效果，因此用氧化钛做过表面处理的镜子具有长时间的防污效果，能维持良好的反射能力。因此易受污染的道路反射镜常使用用氧化钛做过表面处理的镜子。

氧化钛的光催化作用

氧化钛在光的作用下氧化、分解有机物。

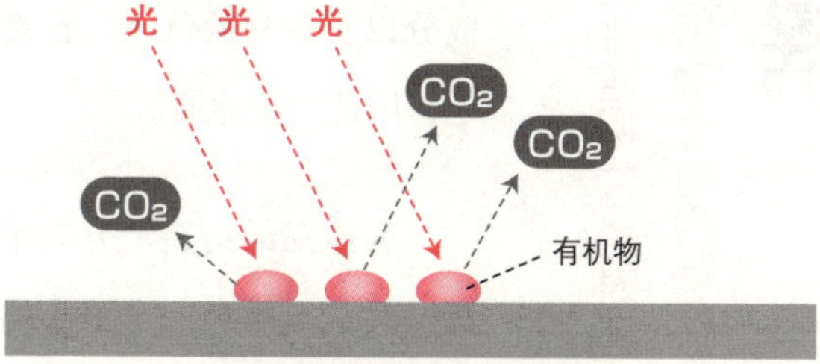

用氧化钛做表面处理的镜子

亲水性物质的自洁功能

亲水膜本来就具有自我净化的功能，因为水可以渗透到污染物下方，去除污染物。氧化钛还有光催化作用，因此清洁效果更好。

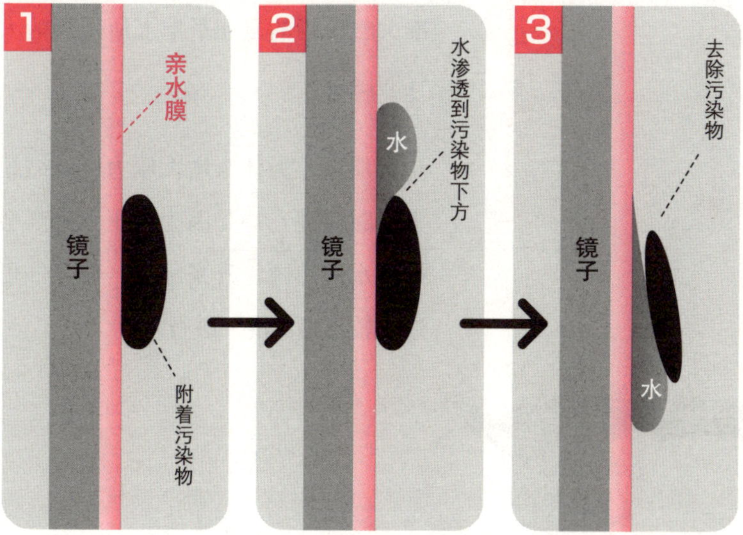

高压锅

Technology 050

高压锅仅用普通锅1/3的时间就能完成美食制作，既节约天然气，又能让味道渗透到食材内部使食物更好吃，因此受到人们的青睐。

顾名思义，高压锅指的是加压后烹煮食物的锅具，它不仅能够大幅缩短烹饪时间，还能保留维生素等营养成分以及食材的色泽，让食物更加好吃，因此大受欢迎。

高压锅的构造十分简单，锅盖负责密封，上面有一个很小的排气孔，通过重力阀或弹簧阀调节排气孔的密封程度。将食材放入锅内开火烹煮后，锅内的压力升高，通过排气孔上的限压阀将锅内压力值维持在一个较高的范围内。例如家用高压锅内部的压强多设置为2个标准大气压（1个标准大气压指的是在平地上所受到的大气的压力）。

那么，为什么增大压力可以缩短烹饪时间呢？这是因为当压力升高会抑制水的沸腾，升高沸点，使烹饪可以在较高的温度下进行。

重力阀式或弹簧阀式高压锅

高压锅分成重力阀式和弹簧阀式两种，它们都起到堵塞排气孔的作用，通过调整施加的力量，对锅内的压力进行调节。

◉压力锅的构造

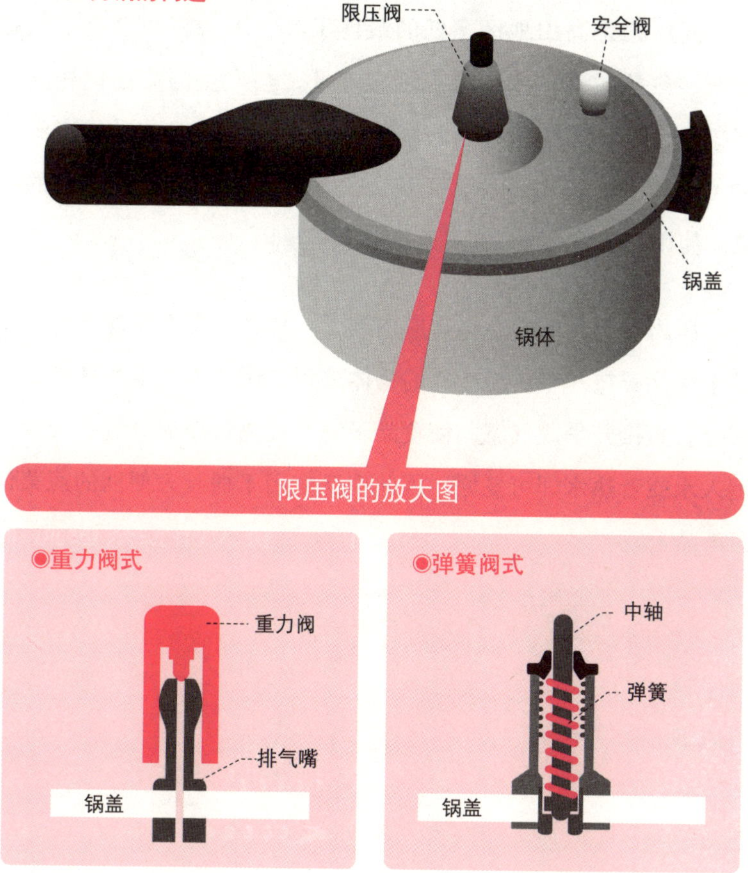

所谓的**沸腾**指的是水分子受到热量的影响剧烈散溢出去的现象。当压力增高时，分子无法散溢到外面，因此加压后沸腾温度随之升高。1个标准大气压下水的沸点是100℃，在2个标准大气压时提升至120℃左右。也就是说，高压锅烹饪食物的温度可达120℃，这就是烹饪时间缩短的原因。

高压锅是高山地区烹饪的最佳工具，因为海拔越高空气越稀薄，气压越低，水的沸点随之降低，会发生与高压锅相反的现象。例如，富士山山顶的气压约为地面的2/3，水的沸点约在87℃。因此在高山地区，无论怎么加热食材总有半生不熟的感觉。使用高压锅就可以完美解决这个问题。

压力与沸腾的关系也被应用到了一种名为**真空冷冻干燥**的食品干燥保鲜技术中。将冷冻的物体放到气压几乎为零的环境中，水分会直接升华成气态，使食品干制。食物营养成分流失较少，倒入水或者热水即可复原，因此广泛应用于桶装方便面的蔬菜包等产品上。

高压锅能够做到高温烹饪的原因

高压锅内部的压强多为2个标准大气压，在这种状态下，一般100℃就会沸腾的水，在高达120℃时才会沸腾。也就是说，高压锅能够实现高达120℃的高温烹饪，因此大幅缩短了烹饪时间。

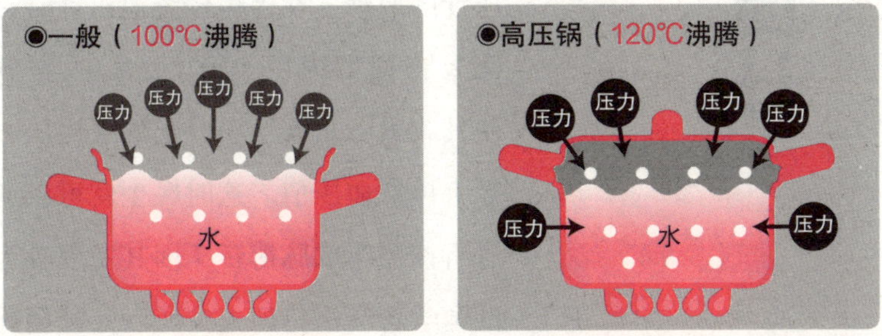

气压升高，沸点随之升高

压力越大沸点越高，反之，压力越低沸点越低。接下来我们就一起看一下随着压力的变化，沸点是如何变化的。

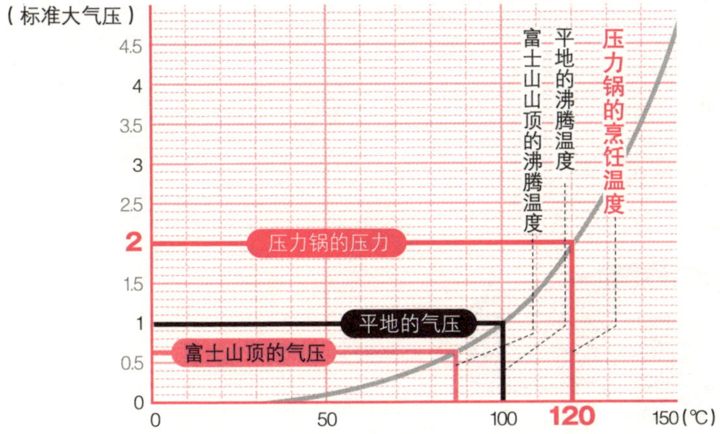

Technology 051

家用血压计

对于关注血压的人们来说，家用血压计是非常便捷的工具，那么，它是如何测出人的血压的呢？

近年来，家用血压计开始普及，人们可以每天监测血压，更加有助于高血压患者的自我健康管理。

接下来，我们一起看一下传统血压计的原理。在使用传统血压计时，需要将袖带绑在上臂上，打入空气使其收紧，从连接在一起的水银压力计上读取血压值。这时医生就可以通过听诊器听取脉搏音（因其发现者为俄国学者柯洛特柯夫，所以又称**柯氏音**）。将收紧的袖带中的空气缓缓放出，血液流动后最初听到的脉搏音所对应的血压是最高压，到差不多脉搏音平稳消失时对应的血压为最低压。这种测量方法又称**柯氏音法**。

用柯氏音法测量血压

医院中大多使用以柯氏音法测量血压的血压计，通过听诊器听取脉搏音来检测最高压和最低压。

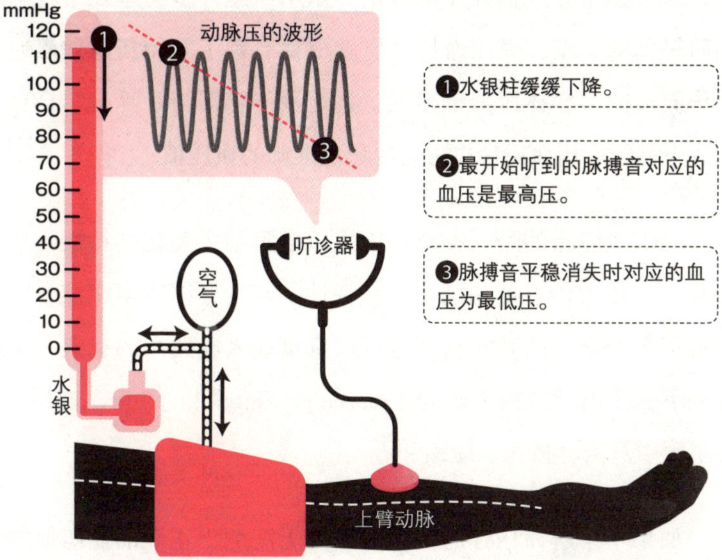

用示波法测量血压

家用血压计多采用示波法，是一种通过检测脉搏的振动测量血压值的方法。比医用血压计个头小一些。

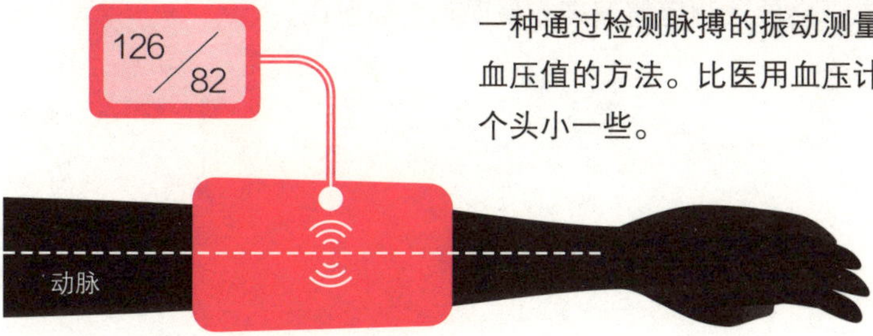

家用血压计将听取脉搏音的工作交给了压力传感器。这是一种利用传感器捕捉血液流动时碰撞动脉壁产生的振动，进而换算得出血压值的一种测量方法。检测脉搏音对压力传感器产生的振动，这种测量方式被称作**示波法**。家用血压计多为缠在手腕上的小而轻便的类型。家用血压计研发成功有赖于利用**压电效应**原理制作而成的半导体压力传感器。将这种传感器与计算机结合在一起使小型的家用血压计也可以测量出准确的血压值。

压电效应指的是一种施加压力后电阻随之变化的特性（详见p236）。压力传感器利用了这一特性并与半导体技术相结合使其实现了小型化。此外，它还有可以直接连入电路内的优点。顺便说一下，压电效应的英语为“piezoelectricity”，其中“piezo”在希腊语中意为“按压、压缩”。

如果不了解血压计的使用方法是无法测出正确的血压值的。例如，使用手腕或手指式血压计测血压时，必须让血压计与心脏保持同一高度，否则很难得到准确的结果。血压计位置高于心脏位置，会导致测定值偏低，易延误病情；血压计位置低于心脏位置，会导致测定值偏高，易误判为高血压。

应用压电效应制成的小型压力传感器

受压后上方的硅薄膜变形，应变仪随之变化，这时具有压电效应的应变仪的电阻值发生变化，据此检测出压力。

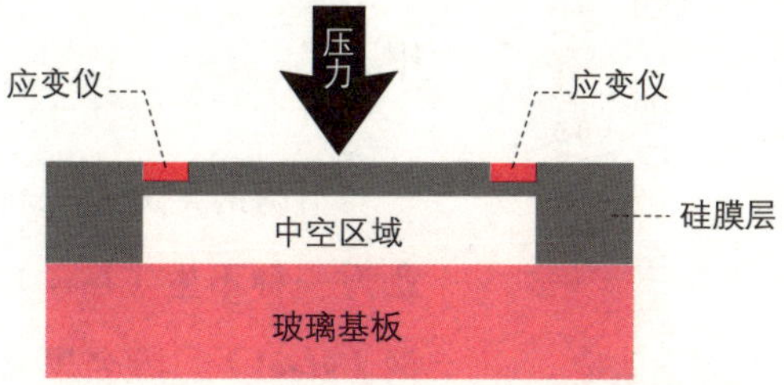

测量血压的正确位置

测量血压时需要将血压计放在与心脏同一水平的高度上。如果没有放在正确的位置，是测不出正确结果的。

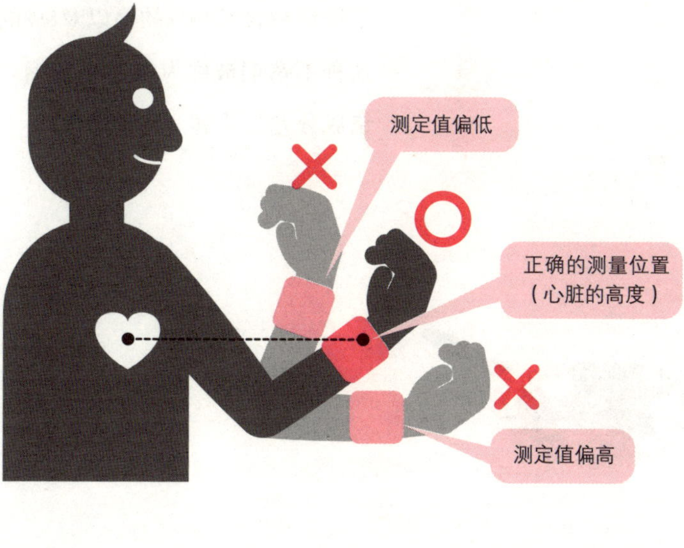

Technology 052

不锈钢

日本昭和时期是经济高速发展的时期，不锈钢的洗涤台曾经是人人都想拥有的东西。但这种金属的原理却鲜为人知。

时至今日，不锈钢厨具已经成为厨房的必需品，如洗涤台、菜刀、锅具等，最近连很多汽车的材料也都是不锈钢。不锈钢制品具有容易保养且不会生锈的特性，因此被广泛地应用。

不锈钢英文为“stainless steel”，意为一种不生（less）锈（stain）的钢（steel）。顾名思义，将其浸入水中也不会生锈。钢本身的生锈速度很快，为什么不锈钢不会生锈呢？

不锈钢之所以不生锈，原因就在于它的特殊成分，现在最普遍使用的不锈钢中含有18%的铬以及8%的镍，这种不锈钢被称为18-8不锈钢。其中铬成分尤为关键。

出厂前的不锈钢

不锈钢表面有一层富铬氧化膜，防止氧原子渗入钢材内部。

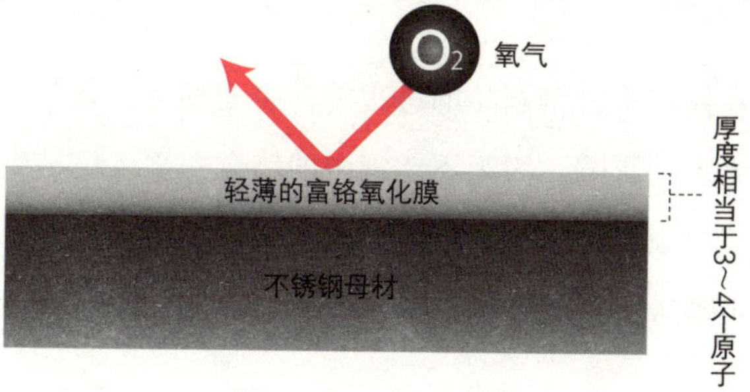

当不锈钢表面受到损伤时

当不锈钢表面受到损伤时，伤口处的不锈钢内含有的铬首先被氧化，再次形成氧化膜将内部保护起来。所以轻微的损伤并不会腐蚀钢材内部。

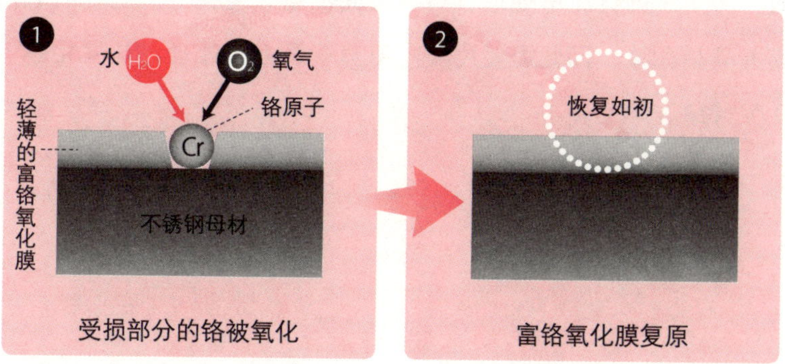

生锈是金属被空气中的氧气氧化后产生的一种变化。铬的氧化物非常稳定能够抵御氧气的腐蚀，因此在不锈钢表面覆盖一层富铬氧化膜就能够防止生锈。出厂前的不锈钢都会做这样的处理。

在使用不锈钢制品的过程中，表面难免会有一些损伤，但不会有太大的影响。因为不锈钢中的铬会先被氧化（生锈），再次形成氧化膜将内部保护起来。因此轻微的损伤并不会导致不锈钢主体生锈。这个过程在日本也被称为“以锈制锈”。

类似生成铬的氧化物等稳定氧化物的过程也被称为**钝化**。钝化处理技术广泛应用于各种各样的金属加工中，以保护自身免受氧化。例如，多用于制作窗框的铝合金框架，它受风吹雨淋也不会生锈。铝本来和铁一样是一种极易受到腐蚀的金属，但铝合金框架表面覆盖了一层氧化物，因此可以保护内部的金属铝免受腐蚀。这种铝制品被称作**耐酸铝**。制作耐酸铝的过程和制不锈钢类似，需要先进行化学处理，再在表面覆盖氧化膜。但这时的氧化膜上满是孔隙，因此需要用喷高温蒸气等方式处理，让氧化膜将孔隙封好。

Technology 053

化学冰袋

一般情况下摩擦和敲击物品会产生热量，但不可思议的是，对化学冰袋做如上操作它反而会『冷却』，这究竟是为什么呢？

我们都知道摩擦双手会产生热量，如果反而变冷了，会让人感觉特别不可思议。但是有一种物品就会引发这种不可思议的现象，它就是**化学冰袋**。揉搓、挤压后，它可以吸收热量并开始冷却。

为了理解化学冰袋从周围吸收热量，也就是冷却的原理，需要先了解一些理科知识。

化学反应中有**放热反应**和**吸热反应**，我们通常接触到的都是放热反应。如用天然气点火后将水烧开，利用的就是放热反应。但也有例外，如食盐溶解于水时发生的就是吸热反应。

化学冰袋就是利用吸热反应的原理制作而成的。冰袋内放的是干燥的硝酸铵或者尿素，除了这两种化合物外，还包括与它们分开放置的水包。将内部的包装袋压破后，原本分开的水和化学制冷剂混在一起并开始溶解，这时就会发生吸热反应。

吸热反应发生时，构成物质的原子和分子从周围吸收热量，摆脱束缚开始分散。在固体变成液体时经常发生吸热反应。吸热反应看似并不常见，但其实在我们身边就有很多。例如，柠檬汽水、添加薄荷的糕点以及木糖醇口香糖等，在食用时会有一种清凉的感觉，这都是因为舌头感受到了吸热反应。

在日本江户时代末期（十九世纪中叶），吸热反应已经广为人知，并被应用在冰激凌制作中。当时，江户地区虽然有冰，但是却没办法提供制作冰激凌所需要的低温环境（–10℃以下）。因此，人们将大量的盐放到冰内充分搅拌，再用它将冰激凌容器包裹起来，这样盐和冰融化时发生的吸热反应就能让冰激凌容器达到–10℃以下的低温。

冰袋吸热

将水和冰袋内的化学制冷剂混合在一起，温度就会下降。所谓的制冷，指的就是吸收周围的热量。

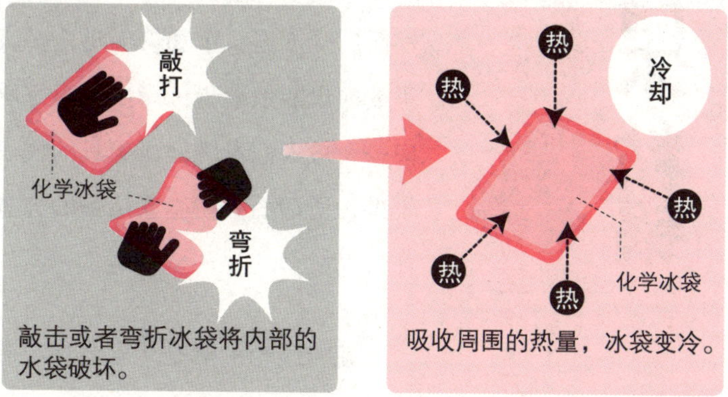

吸热反应的原理

物质熔化时会从周围吸收热量，这是最典型的吸热反应。

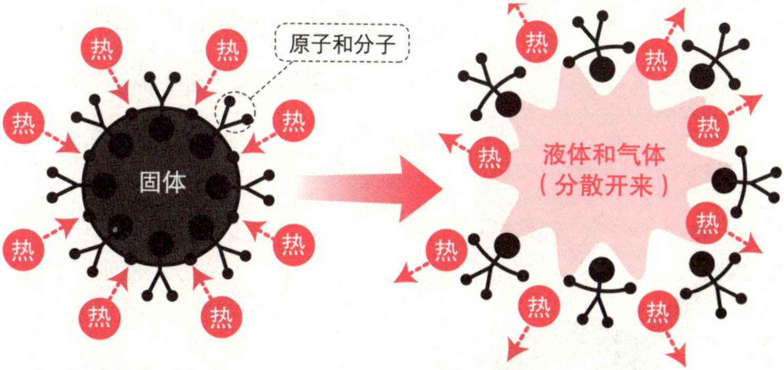

构成物质的原子和分子从周围吸收热量。

熔化成液体，因此分子和原子分散开来。

氟树脂不粘锅

Technology 054

使用氟树脂作为涂层的锅不易焦煳，方便清洗。那么，它究竟是怎么制作出来的呢？

在日本，最开始在市面上销售的氟树脂不粘锅叫作**特氟龙**（Teflon）。特氟龙是美国杜邦公司的注册商标，因其商品不焦煳、不粘锅而广受欢迎，市场份额迅速扩大。不放油也能煎鸡蛋、烤出清爽好吃的肉……被人们奉为健康厨具的代表。不过，所谓的氟树脂涂层指的究竟是什么呢？

氟树脂中的**氟**是元素名称，和氯一样都属于**卤族元素**。一般卤族元素和碳结合在一起形成的物质都比较稳定。例如，使用氯树脂［如PVC（聚氯乙烯树脂）］制作上下水管道。氯树脂是由卤族元素中的氯和碳构成的一种树脂。而在由氟和碳构成的树脂——**氟树脂**上，这种稳定的特性也极为突出。

氟树脂不粘锅的制作方法

氟树脂不粘锅拥有很多特性，其中以耐热性最为突出，它究竟是怎么制作出来的呢?

1

氟树脂和铁不能直接粘在一起，因此需要在铁板以及氟树脂上都涂抹合适的黏合剂。

2

将氟树脂铺在黏合剂上面。

3

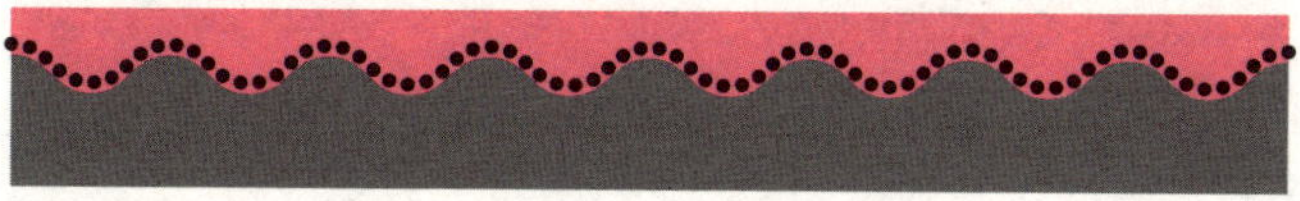

高温烧制，完成。

接着我们从分子层面分析一下这种稳定特性的秘密。氟树脂的分子结构中碳原子以链条状连接在一起，氟覆盖在上面填满了它们之间的空隙。这是因为氟原子非常小且与碳之间的相互吸引力很大。碳周围紧紧塞满了氟原子，因此很难与其他物质发生反应，从而拥有了稳定的特性。

另外，除了氟树脂以外还有一种以氟为原料制作而成的非常有名的工业产品——**氟利昂**。氟利昂是由碳、氟、氯共同组成的，与氟树脂一样，是一种在化学上极其稳定的物质。氟利昂是冰箱和空调的制冷剂，但在紫外线的照射下分解出的氯原子会破坏臭氧层，引发环境问题。所以现在多采用改良后的**氟利昂代替品**，但最近据说也会造成全球气候变暖，希望能够限制它的使用。

除了本文中提到的氟利昂以及氟树脂外，还有很多含氟的化合物拥有很有意思的特性。不仅在传统的化工领域，在医疗领域的人工血液和抗癌剂方面的应用也备受瞩目。

Technology 055

桶装方便面

方便面，特别是桶装方便面被誉为日本伟大发明之一。甚至可以说它们改变了世界饮食文化。

1958年是日本东京塔建成的年份，同时也是方便面诞生的年份。在那十多年之后，桶装方便面诞生了，因其方便即食又好吃，在世界范围内迅速普及。

小小的桶装方便面其实有着很多不可思议之处。例如，面饼需要油炸的原因中，包含了方便面最大的一项发明——通过油炸可以去除方便面中的水分，让方便面易于保存。另外，还能促进方便面的**α化**，使方便面热水浸泡等待3分钟即可食用。α化指的是转化为人类更易消化吸收的淀粉。

另外，为什么是等待3分钟呢？理论上来讲，1分钟即可食用的面饼也是可以制作出来的，但这样的面条很快就会失去弹性，而过长的等待又会让人焦躁，最合适的时间就是3分钟。3分钟是经过对人类行为长期的研究总结得出的最佳结果。

那么，方便面为什么是弯弯曲曲的呢？这是因为如果将直面直接油炸，面会粘在一起，油炸过后容易出现半生不熟的现象。弯曲的面之间有空隙，油炸更加均匀。

接下来让我们将桶装方便面竖着切开，大家很快就会发现面饼下方有一个间隙。另外，上方的面较为紧实，下方的则较为松散。这究竟是为什么呢？因为如果不做这些设计，将面饼放到桶内等待3分钟，热水的热度是无法漫延到面饼中心的。因此，在下方留出间隙，让热量更容易对流。这样热量就会充满整个桶。

方便面中的蔬菜包其实也是人类智慧的结晶。二十世纪五十年代，为了解决军队的野战食品问题，人们发明了**真空冷冻干燥技术**，蔬菜包采用的就是这种技术。因其无须加热处理所以充分保留了食材的风味。

综上所述，小小的桶装方便面凝结着很多人类智慧的结晶。另外，非油炸型方便面以及直方便面也开始占领市场，方便面正在不断更新换代中。

油炸方便面的优点

◉方便面放大图

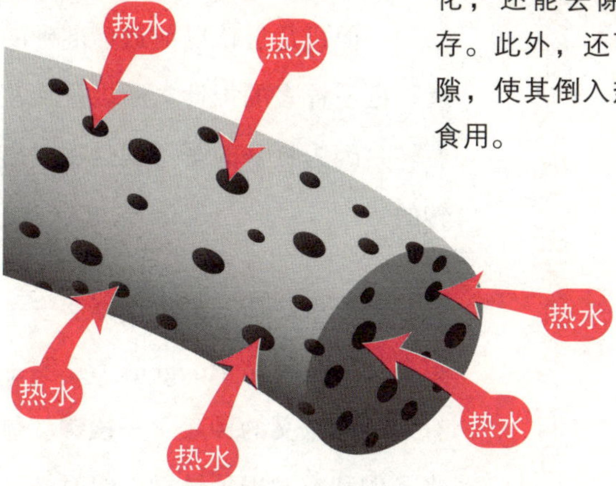

方便面经过油炸之后不仅会α化，还能去除水分，易于保存。此外，还可以制造一些孔隙，使其倒入热水后立即可以食用。

让热量充满面桶的智慧

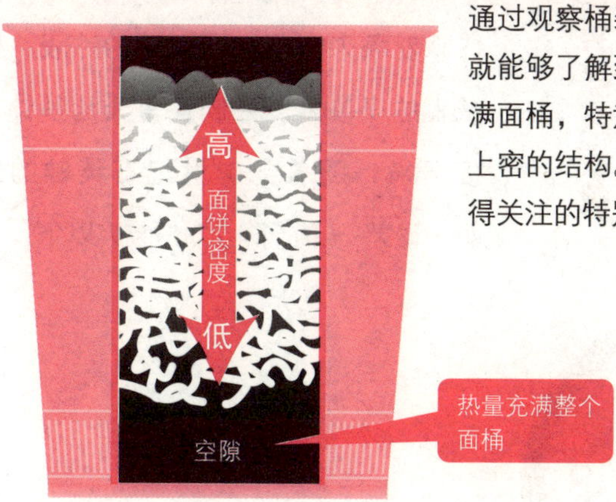

通过观察桶装方便面的截面图，就能够了解到为了顺利让热量充满面桶，特意将面饼设计成下疏上密的结构。下方的空隙也是值得关注的特别设计。

Technology 056

石英钟

现在，石英钟已经成为主流钟表，而且，手机和汽车导航系统等也离不开它。

日晷可以说是最古老的钟表了，以太阳到达中天的时刻为正午，将一天的时辰刻在上面。虽然阴雨天无法使用，但仍是近代以前最为准确的钟表。据说钟表的指针之所以是从左向右转是因为日晷的影子就是从左向右转的。

十七世纪荷兰的克里斯蒂安·惠更斯（Christian Huygens）发明了具有划时代意义的钟表——**摆钟**。伽利略·伽利雷发现了钟摆的等时性，即钟摆按照一定的规律做往复运动的特性，惠更斯应用了伽利略的理论，将钟表的误差缩小到10秒/天。**机械表**是依靠发条来实现钟摆运动的钟表，机械表的误差可以控制在每天几秒钟。接下来，随着二十世纪**石英钟**的发明，误差一下子降至0.5秒/天以下。

“顺时针方向”源自日晷

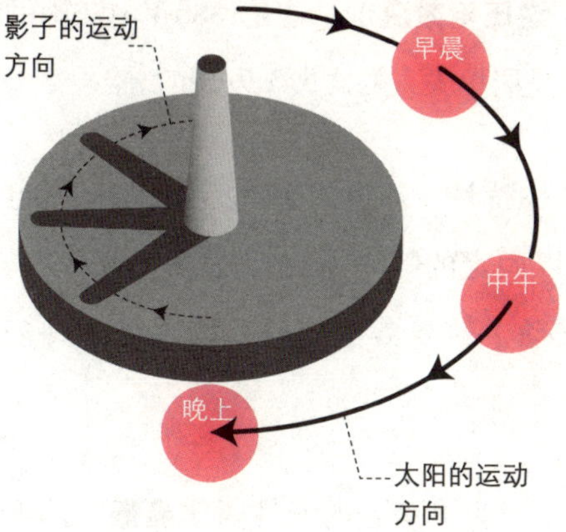

顺时针方向是指从左向右旋转是一个常识性的知识，但很不多人不知道这是因为古代的日晷是在北半球发明的。北半球太阳从东方升起经过南方的天空在西方落下。也就是影子的运动方向是向右的。如果日晷是在南半球发明的，说不定顺时针方向就是向左旋转呢。

机械表的原理

机械表的动力并非电池而是发条。发条缠绕在转柄上，发条松动的力量带动条盒轮旋转，二轮、三轮、四轮随之转动。连着分针的二轮1小时转动1圈，连着秒针的四轮1分钟转1圈。

石英钟的“石英”指的是水晶。水晶拥有一些令人不可思议的特性，在受力后会产生电压（**压电效应**），反之，在水晶上施加电压，它会以固定的频率振动（**逆压电效应**）。这是1880年由法国的居里兄弟（弟弟皮埃尔·居里是居里夫人的丈夫）发现的。

石英钟应用了水晶的这种特性。在水晶薄片上施加交流电压，根据逆压电效应，它会以固定的频率（约3万次/秒）振动，将这个固有的运动（**固有振动**）转换为电信号就能够用于钟表计时。

可以将水晶的固有振动转换为电信号的元件叫作**晶振**。晶振在现代社会非常重要，日本将它称作“工业的食粮”，是很多电子设备不可或缺的部件。它不仅应用在钟表上，也是计算机和运动检测传感器中的重要元件。例如手机中就有十几个晶振。

回到钟表的话题，现在出现了比石英钟更加精确的计时钟表，它就是铯原子钟。据说它的误差可以达到1秒/3000万年以下的惊人程度，还被日本应用于记录标准时间的电波表中。

水晶的特性

水晶拥有“受力后产生电压”的特性，距今一百三十年前的人们发现了这种特性。

压电效应
水晶受力后，表面会产生电压。

逆压电效应
在水晶上施加电压，它就会以固定的频率振动。

用水晶做成的指针式石英钟的工作原理

将水晶产生的固有振动转换为1次/秒（也就是1赫兹）的电信号，驱动步进马达旋转。

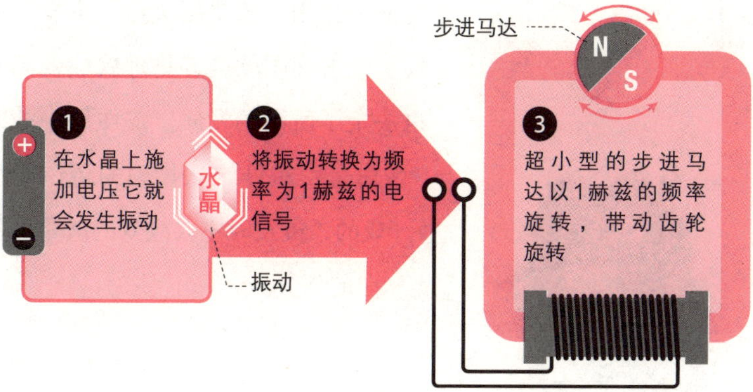

Technology 057

烫发水

无论男女，烫发都是能够让你拥有时尚发型的一种基本手段。那么，你思考过烫发的原理是什么吗？

烫发的英文为perm，是“permanent（永久的）”的简称，是一种流行的美发技术，能够让我们长久保持自己喜欢的发型。近年来，烫发也逐渐成为男士的首选美发方式之一，让男士看起来更加新潮时尚。

烫发已经拥有将近一个世纪的历史了，而且烫发的原理其实就在我们化学课本上，它利用的是蛋白质的分子特性。

头发是由三部分组成的，覆盖在表面的是角质层，接下来是头发最主要的组成部分——皮质层，最内一层为髓质层。**角质层**呈毛鳞状重叠排列，覆盖在头发表面，对头发内部起保护作用。**皮质层**决定了头发的韧性、强度和柔软度等物理属性，同时也决定了所谓的发质。皮质层中的**角蛋白**是由呈纤维状排列的蛋白质组成的，烫发时主要改变的就是角蛋白的部分。

头发的构造

头发是由覆盖在表面的角质层、占头发绝大部分的皮质层以及最内层的髓质层三部分组成。皮质层中的角蛋白呈纤维状排列，决定了发质。

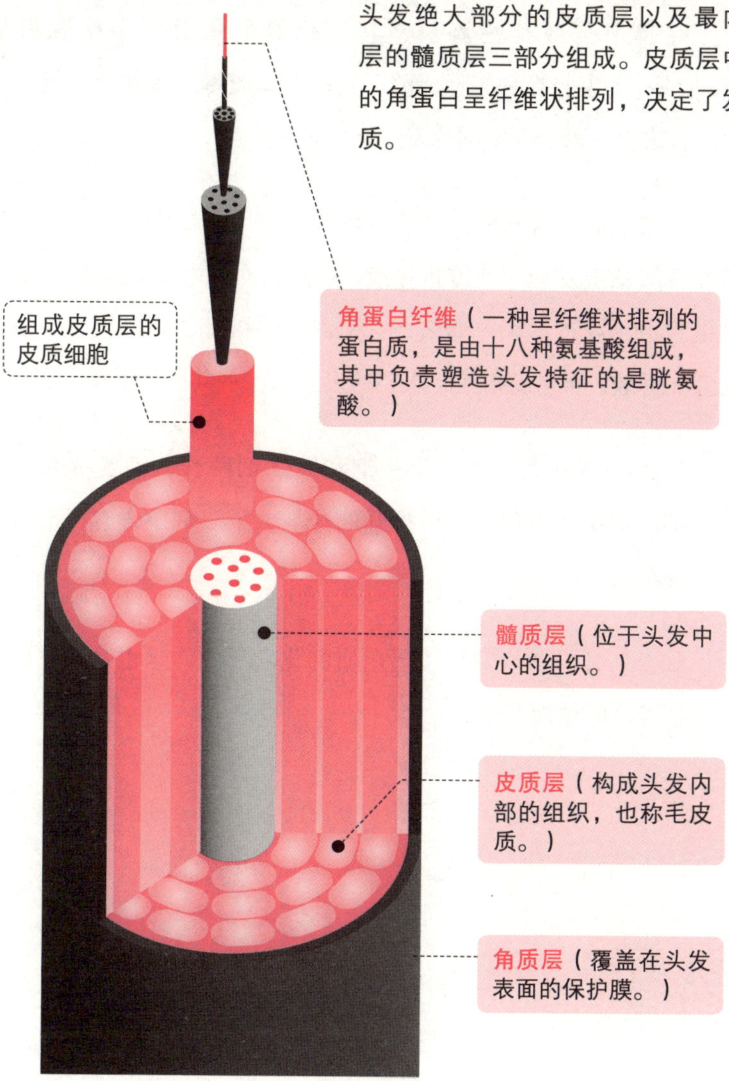

角蛋白是由十八种氨基酸组成的，其中负责塑造头发特征是**胱氨酸**（cystine）。

说起来稍微有些复杂，其实胱氨酸是由两个**半胱氨酸**（cysteine）组合在一起形成的，它们以**二硫键**的特殊形式组合在一起，决定了每个人不同的发质。

如果想做出喜欢的发型需要依次进行两步操作，先使二硫键断裂重新塑造发型，接着再重组二硫键。如果将组成头发的氨基酸设想成乐高积木块，那么，首先需要将搭好的积木块（原来的发型）拆散，再重新搭建（想要的发型），一共两个步骤。

因此，烫发水分成了第一剂和第二剂两种，需要按顺序涂抹，第一剂中含有将二硫键拆开的药剂，第二剂中含有将二硫键重组的药剂。

如上所述，烫发利用了蛋白质的化学反应，这也是频繁烫发会损伤发质的原因所在。

烫发的原理

想要做出喜欢的发型（烫发），需要依次将二硫键拆开再重组，一共两个步骤。

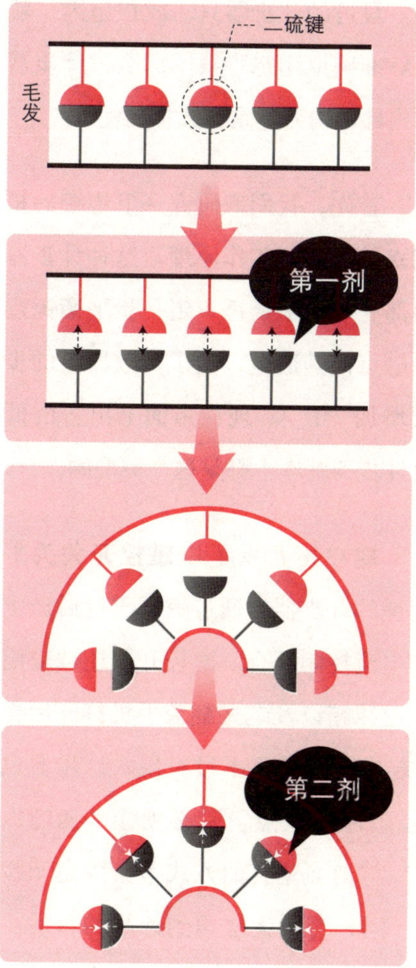

❶ **原来的头发**
是两个半胱氨酸的组合（二硫键）状态。

❷ **将二硫键拆开**
将第一剂涂抹在头发上，将二硫键拆开。

❸ **设计发型**
做出喜欢的发型

❹ **重组**
将第二剂涂抹在头发上，让二硫键重组。

Technology 058

计步器

最近，健康概念大热，计步器开始受到追捧。它能够轻松记录我们的运动状况，是一种便利的装置。

走一步将统计记录增加“1”的装置被称为**计步器**。在日本，计步器还有一个更形象的名称——万步计，不过因为万步计是日本山佐钟表仪器的注册商标，所以一般仍称之为计步器。最近的计步器只需放在包内，就能够准确地测定步数。那么，计步器的内部结构究竟是什么样的呢？

首先，我们来研究一下传统的**机械式计步器**的工作原理。这种计步器内部有一个平衡锤，走一步平衡锤接触触点使其通电，电子计数器上的步数增加“1”。现在市面上出售的低价计步器基本上都是这个类型的。

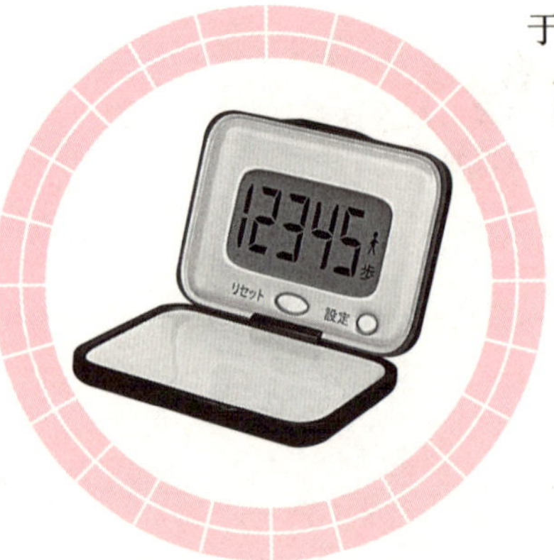

现在还开发了以**磁控开关**为平衡锤的计步器，通过磁铁靠近后产生的电流控制开合。磁控开关还被应用于电冰箱以及老式翻盖手机打开后亮起的屏幕灯。不过机械式计步器也有很多缺点。它必须让平衡锤以与地面垂直的方式紧紧固定于腰间，否则无法达到计步的目的。因此一些追求时尚的女性和年轻人

机械式计步器的构造

将磁铁作为平衡锤，磁铁距离的远近决定了磁簧开关的断开或闭合，使电流通过。通过IC来记录次数。磁簧开关的触点使用容易磁化的金属（铁等）制作而成，磁铁接近时被磁化并吸附在一起（ON），磁铁离开后开关也随之闭合（OFF）。

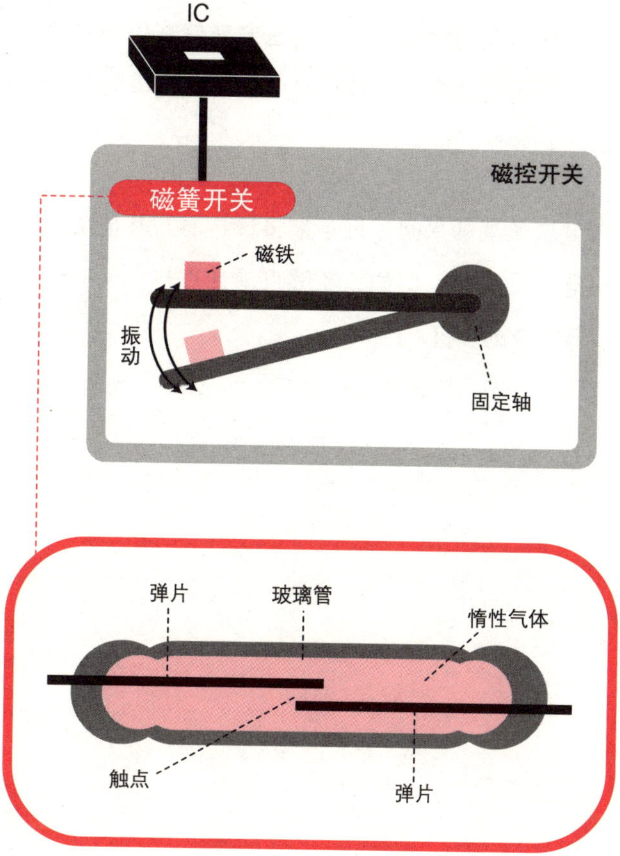

对这种计步器并不感兴趣。另外，因为以振动数来统计步数，所以行走之外的其他振动也可能会被记录，结果不准确。

因此新型的**加速度传感器式**计步器登场了。微型计算机能够判断走路时的节奏，从而与其他类型的振动区别开来。走路时产生的很小振动也可以被识别出来并与其他的振动相区别，即使放到包内也可以准确计量步数。最近兴起的计步器热潮也得益于它使用方便。加速度传感器一般是用**压电元件**制作而成的，可将力转换为电压。再通过微型计算机对电压的变化进行分析，判断该振动是否是走路产生的。

随着健康热潮的兴起，近年来将计步器与其他功能结合起来的商品也非常受欢迎。例如，能够自动计算热量消耗量的商品及附带计步器功能的手机。

加速度传感器式计步器的构造

压电元件变形会产生电压，IC具有微型计算机功能，从电压变化的模式判断该振动是否为走路产生。这样就可以准确地计量步数。

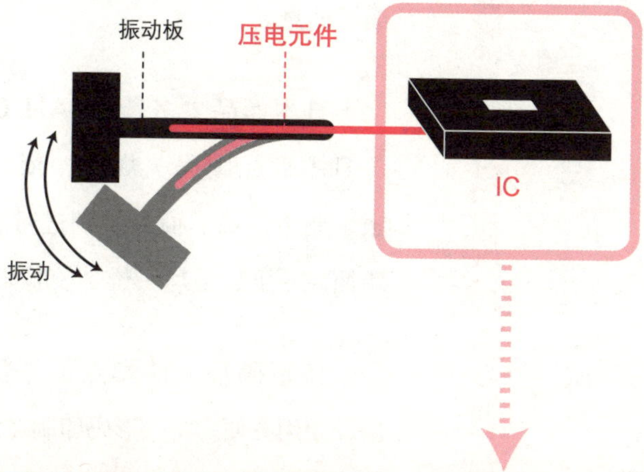

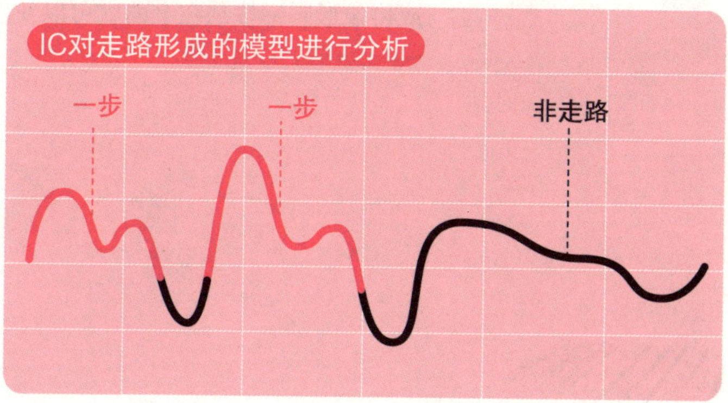

Technology 059

条形码

很多商品上都带有条形码。用手机扫码交换信息时用到的二维码是条形码的进化版。

我们在超市中看到的大部分商品都印有或贴有一种黑白条纹图形，这个图形就是**条形码**。下方印有13位或8位数字，通过黑白条纹宽度的变化来对应不同的数字。条形码读码器激光扫描条纹，通过反射的光线来识别编码信息。

日本商品大多遵循**JAN CODE**（日本商品编码）规格，依次对国家、制造厂商、商品类别进行编码。顺便说一下，最后一位是校验码。

条形码最大的卖点就是价格低廉，使用方便。将条形码印刷在商品上或将条形码标签贴在上面就可以使用。

JAN CODE

JAN CODE（日本通用商品编码）由左边的7位数字和右边的6位数字组成。JAN CODE中第一位固定是“4”，另外最后一位是校验码，所以并不充当数据。

流通系统的关键——POS系统

在条形码的帮助下，店铺、工厂、仓库的商品管理变得非常简单。

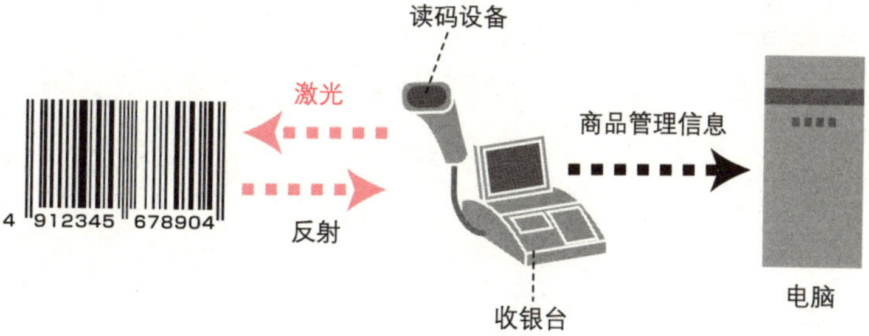

流通系统又被称作**POS系统**，现在条形码已经成为POS系统的关键组成部分。因为条形码可以记录很多信息，通过条形码可以细致管理店内库存状况，收集哪种商品比较热销等信息……毫不夸大地讲，便利店内的商品能够流通也归功于条形码。

条形码的缺点是可以容纳的信息量太少，最多才能容纳13位数字信息，很难应对现代复杂的流通。因此，现在日本电装公司（DENSO）发明的**二维码**开始广泛应用，很多人都通过手机使用二维码。如果条形码是一次元，二维码就升级成了二次元，能够容纳的信息量大幅提升。其实还有一些其他的平面编码，但都未能发展成主流。

顺便说一下，书籍的条形码需遵循**ISBN CODE**（国际标准书号）规格，与薯片等商品所使用的日本商品编码（JAN CODE）并不相同，因为ISBN CODE是以管理世界上的书籍为目的专门编码的。另外，**C-CODE**等也一并被编入ISBN CODE中，C-CODE是一种用于日本图书分类的编码。

Technology 060

美黑霜和防晒霜

夏季希望到海边将皮肤晒成小麦色的时候需要使用『美黑霜』，千万不要和『防晒霜』混淆哦。

近年来兴起一股美白热，其实不久之前“小麦肌”备受追捧，可以说时尚之风日新月异啊。话虽如此，无论什么年代，夏日海边最适合的还是“小麦肌”。不过，如果随意暴露在紫外线下，可能会造成严重的皮肤损伤。这时需要使用的就是**美黑霜**。

据说很多人反映涂了美黑霜，却根本没什么效果，这可能是不小心误涂了**防晒霜**吧。虽然都是和太阳有关的护肤品，功能却大不相同。

为了更好地区分美黑霜与防晒霜，先来研究一下太阳辐射出的紫外线的特性。紫外线的波长比可见光短，是一种能量较强的电磁波，根据不同的生物效应被分为UVA、UVB、UVC三种。UVC被大气层遮挡无法到达地面，因此日常生活中只需要考虑UVA和UVB两种。UVB的波长短而强烈，对皮肤有害，会造成皮肤发炎（晒伤）。UVA的波长长而稳定会将皮肤晒黑（日光浴），想要获得“小麦肌”就需要晒日光浴。因此美黑霜只会阻隔UVB，不会阻隔UVA，而防晒霜则是UVA和UVB都会阻隔。

不过，一些商品虽然名称都是防晒霜或美黑霜，但不同的商品效果未必相同。一般依照**SPF**、**PA**等标准进行分类。SPF指的是UVB，而PA指的是UVA的防晒指数，SPF的最大值为50，而PA则分为+、++、+++、++++四个级别，两种指数都是数值越人防晒效果越好。不过涂抹方式不同也会造成最终效果大相径庭，所以最重要的是按照说明书仔细涂抹。

UVA一年四季都在辐射着地面，它还可以穿透玻璃和云层，因此阴天或在室内的时候也会对皮肤造成影响。对紫外线抵抗力弱的人要十分小心哦。

太阳光谱

太阳光中的紫外线分为UVA、UVB、UVC三种。UVC被大气层遮挡，日常生活仅考虑UVA、UVB两种即可。

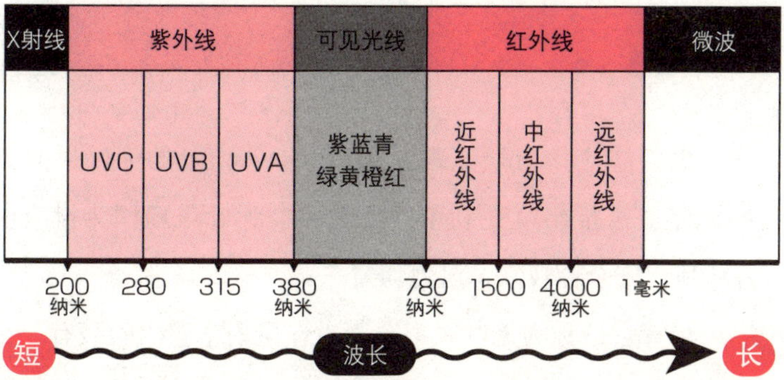

美黑霜和防晒霜的不同

美黑霜仅阻隔UVB，防晒霜可以阻隔UVA、UVB两种紫外线。

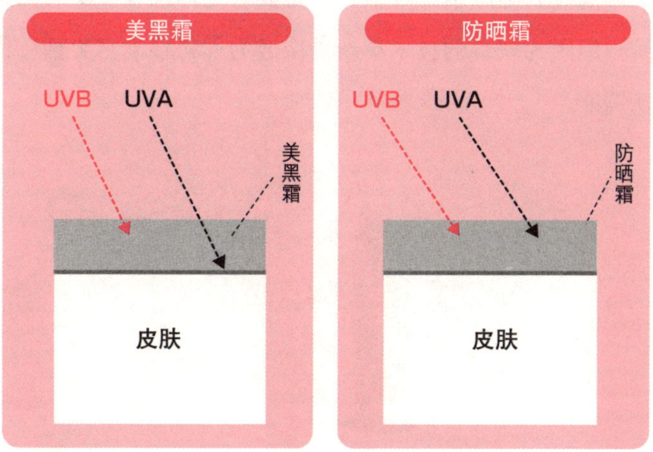

column

无叶风扇怎么吹风？

想必您应该有所了解，戴森（Dyson）的无叶风扇在2010年一经推出就受到了广泛关注。无叶风扇因为没有叶片，所以安全性较高，风力均匀。

尽管它被称为无叶风扇，不过在风扇基座内隐藏有一个气流叶轮，空气被吸入基座内部再被送到上方，从上部（无叶部件）环形开口的缝隙中喷向前方，带动周围的空气流动，将大量的“风”送出来。

无叶风扇充分利用了飞机中用到的流体力学原理——柯安达效应。电风扇一度被认为是没有任何技术改良可能的产品，但因为戴森的技术革新再次成为“科技丰富生活”的全新例证。

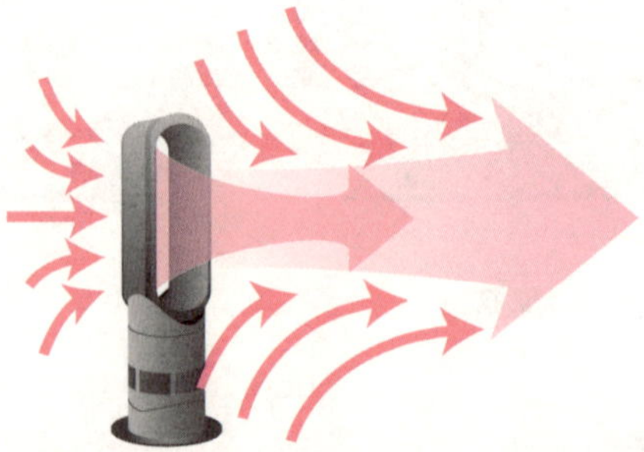

第5章

交通工具集结高科技

从飞机、磁悬浮列车等常见的交通工具到电动汽车、车载导航系统、ETC等新时代高科技交通工具，本章为您揭秘交通工具中隐藏的科技知识。

飞机

Technology 061

飞机从本质上讲只是一堆『金属块』，它为什么能飞起来呢？令人感到不可思议的是，至今仍没有定论能够对它的一切做出完整解释。

就近观察飞机我们不禁会疑惑，为什么这个金属块可以飞起来。接下来我们来一起研究一下它的机械构造。

其中最为官方的解释就是**伯努利原理**。这个原理认为，在流线上动能、压力势能和位势能之和是一定的。也就是说当流体快速运动时压力变小。机翼是上方凸起、上下不对称的形状，所以流体在机翼上方的流速更快，降低了机翼上方的压力，因而产生了作用在机翼上的向上的力（**升力**）。

这个解释的基础——伯努利原理在**理想流体**中才能够成立。所谓的理想流体指的是黏度为0，不产生涡流的流体。但是现实情况下既有黏度，又会产生涡流。强风吹到电线上发出声响就是因为涡流。因此，仅用伯努利原理来解释飞机飞行的原理是远远不够的。实际上，机翼平直的纸飞机能够飞起来的原因就不能用伯努利原理来解释。

飞机的机翼与伯努利原理

飞机机翼上方是凸起的，因此机翼上方的空气流动较快，根据伯努利原理，上方比下方的空气压力（气压）更低。因此产生了作用在机翼上的向上的升力。

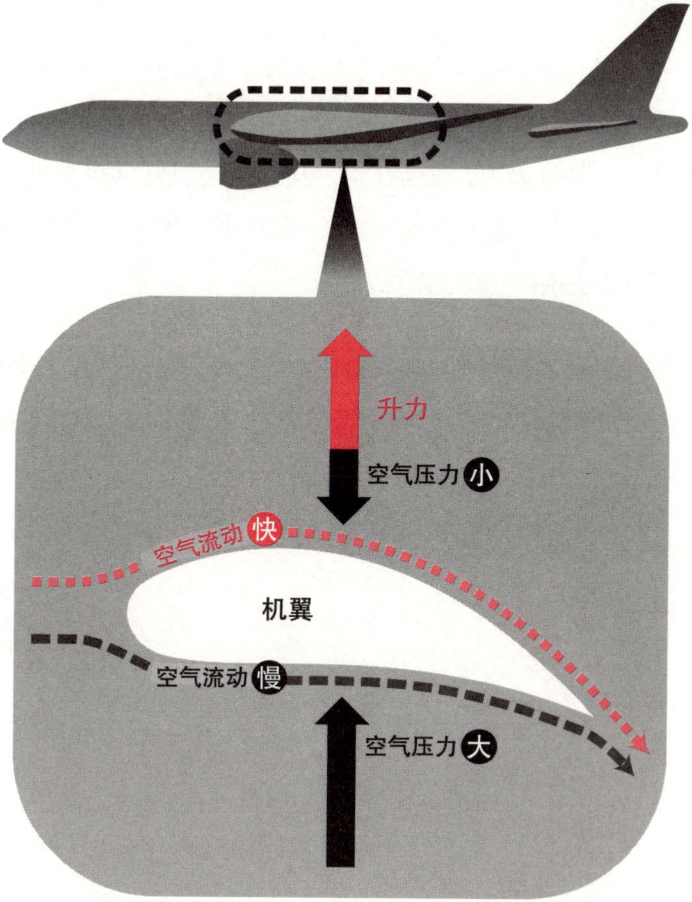

因此，又出现了如下解释。将一块木板对着空气的流动方向呈一定仰角放置，空气受到了木板的阻挡，开始向下弯曲。那么，按照作用力和反作用力定律，木板因此获得了反方向的力，也就是升力。在这个力的作用下，飞机飞了起来。但是，凸起的机翼在空气中水平移动时也会获得升力，这种说法并不能对此现象做出解释。

近年来，还有一种“涡流说”认为，机翼切割空气时产生涡流，升力是因涡流而产生的。事实上，现在普遍认为纸飞机之所以能飞起来就是因为涡流的存在。但是，涡流理论是混沌理论之一，连最新的计算机也无法做出精确的计算。因此，我们无法从理论上掌握准确的气流状态。

以上的说法都是对飞机飞行原理的解释。不过，也可以认为飞机是一个内部原理还没被阐释清楚的“怪物”，我们就是坐在这个“怪物”上享受旅程的。

作用力和反作用力论

这个原理非常简单，对面来风作用在物体上会产生升力。空气受到了木板的阻挡，开始向下弯曲，并产生反方向的作用力，也就是升力。

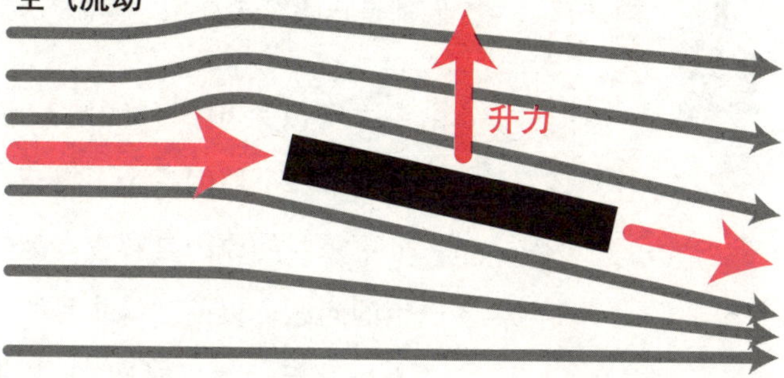

涡流可以产生升力

机翼切割空气时会产生涡流，据说在涡流的作用下可以产生升力。不过涡流是混沌理论之一，无法做出精确的计算。

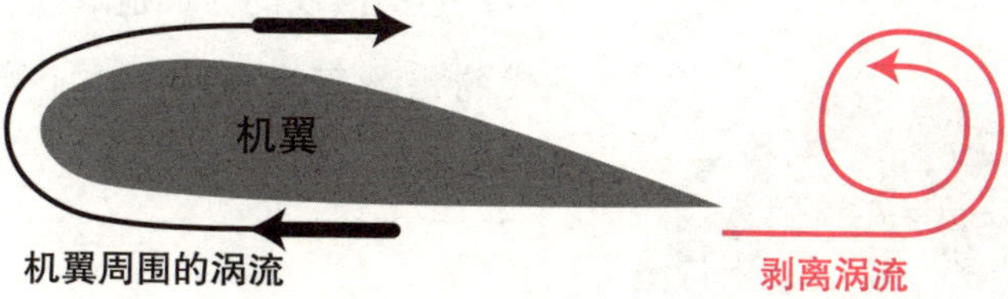

Technology 062

日本新干线

日本新干线的车头看起来很像鸭嘴，这么做有什么目的呢？它为什么取代了第一代『蒜头鼻』车头呢？

2012年3月，日本第一代“希望号”列车（日本新干线300系）正式退役。随着技术的不断革新，日本新干线也在不断地更新换代。不过，观察新一代的日本新干线可以发现，它们都是鸭嘴车头。

之所以采用这种鸭嘴形状的车头，其中一个原因是为了提速，另外一个更重要的原因是解决穿越隧道时产生的问题。以前“蒜头鼻”的日本“光号”新干线以时速300公里冲入隧道时，在隧道的出口会发出“咚”的爆炸声。这是因为隧道内的空气因为无路可逃被压缩在列车前方，变成冲击波传播至出口处喷射出来。这是一种被称为**隧道微气压波**的正常现象，但列车每次经过隧道都会发出爆炸声，会给沿线的居民造成困扰。新一代的鸭嘴车头解决了这个噪声问题。

隧道内的微气压波导致产生爆炸音

当列车高速进入隧道时，隧道内的空气因为无路可逃被压缩在列车前方，变成冲击波传播至出口处喷射出来，发出爆炸声。

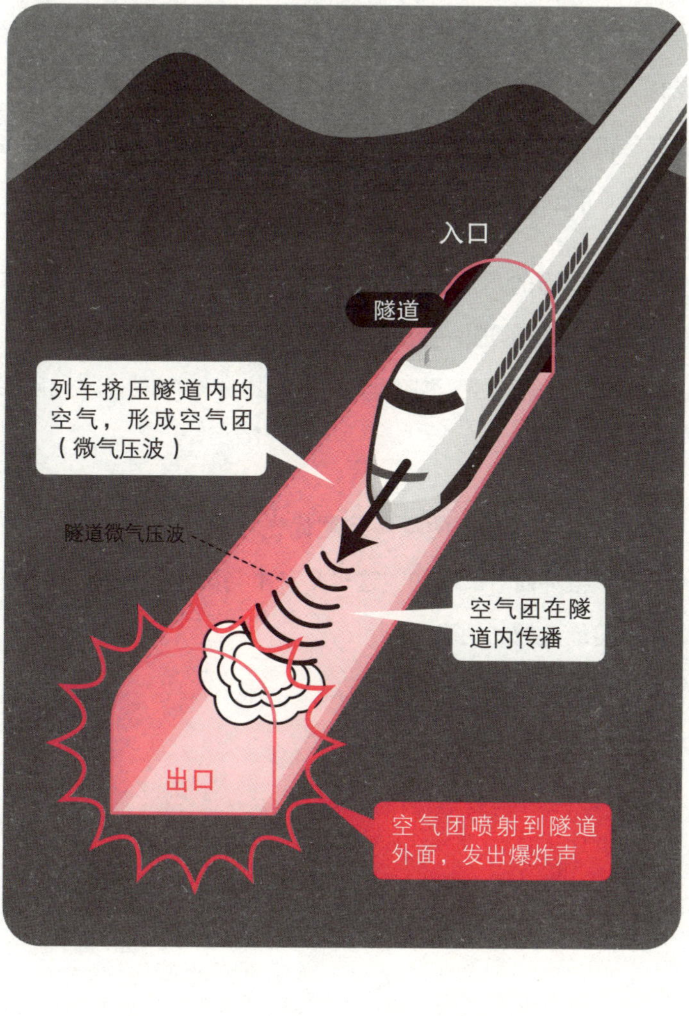

为了消除隧道微气压波的影响，需要将列车车头的形状变得更加突出，留出空气流通的通道。因此，日本新干线500系就应运而生了，它拥有像喷气式飞机一样的漂亮车头，并被命名为“希望号”。但因追求外形的美观造成车厢宽度窄，虽然500系很受火车迷的欢迎，但专业人士并不看好。接下来诞生的是日本新干线700系的“希望号”，将侧面削掉一些，设计成像鸭嘴一样的扁平形状，这样进入隧道时空气就能够从鸭嘴旁边流走，降低了隧道微气压波形成的可能。因为车头设计为扁平形状，列车宽度增加，解决了前一代车厢狭小的问题。

这种鸭嘴形的车头又被称为**气动流线**（Aero Stream）车头，最新的新干线列车进一步更新换代为一种名叫**气动双翼**（Aero Double-Wing）的造型。在新干线不断提速的同时，“鸭嘴形车头”也在不断革新之中。

日本将新干线列车的噪声问题优先考虑，是因为这是人口密集的日本不得不面对的问题。这也是日本与法国的TGV及其他国家的高速铁路最大的区别之一。

日本新干线300系和日本新干线500系

日本新干线随着时代不断发展，下面介绍一下日本新干线300系和日本新干线500系两个系列。

日本新干线300系

第一代“希望号”。货运最高时速超过300公里，已退役。

日本新干线500系

外形像飞机一样美观，缺点是比较窄。

700系采用的气动流线车头

鸭嘴形状的车头是计算机模拟、风洞试验等多项研究的结晶。在不造成空气乱流的情况下有效地抑制了涡流的产生，解决了噪声产生的根源问题。现在更加先进的气动双翼也投入了使用。

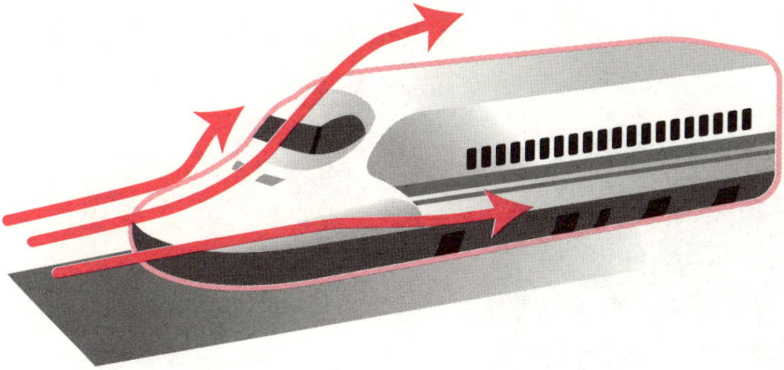

Technology 063

磁悬浮列车

日本JR东海公司将磁悬浮中央新干线的开通时间定在2027年。不过，作为其驱动系统的线性马达已经开始投入使用了。

2012年日本JR东海公司正式宣布开始实行磁悬浮中央新干线修建计划。日本自1962年开始着手研究超导磁悬浮高速铁路，计划将东京到大阪的车程缩短至1小时，迄今为止已有半个世纪之久。

众所周知，磁悬浮中央新干线的突出特点就是它是以线性马达来驱动，采用的是磁悬浮形式。

顾名思义，**线性马达**指的是直线电机，它是一种实现了类似于人们排成一排传递货物的运输方式的马达。列车上安装的磁铁以及导轨两侧墙壁上并排安装着的推进线圈能够同步产生推力。例如，列车车头的S极靠近时，位于前方的推进线圈感应出电流使其成为N极，通过磁铁之间的吸力使列车加速。

电磁铁推动列车前进的原理

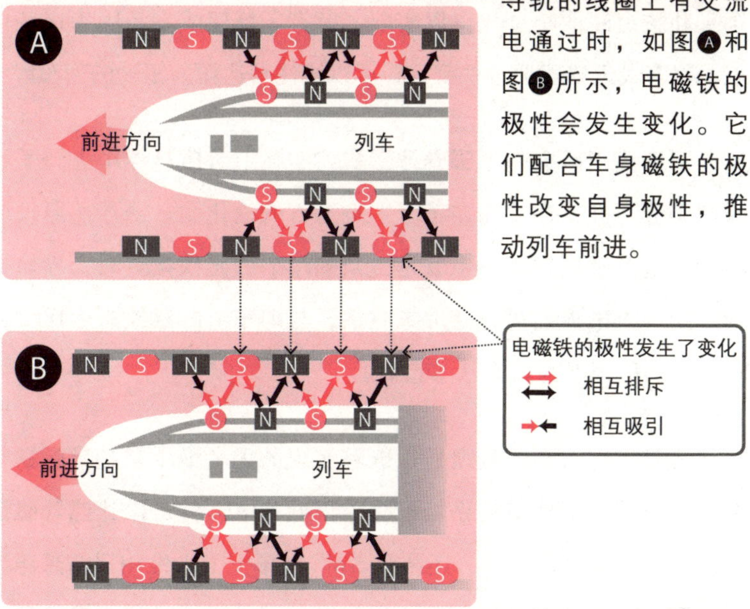

导轨的线圈上有交流电通过时，如图Ⓐ和图Ⓑ所示，电磁铁的极性会发生变化。它们配合车身磁铁的极性改变自身极性，推动列车前进。

简化的磁悬浮原理

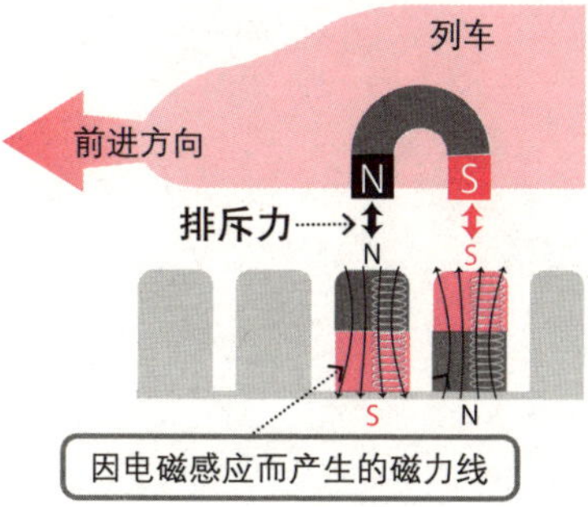

车身上安装有强力的超导磁铁，导轨上安装的线圈之间的间隔是固定的。当车身接近线圈时，车身上的超导磁铁诱发导轨上的线圈产生电磁感应现象，使线圈变成电磁铁。电磁铁与车身的超导磁铁相互排斥使车身悬浮起来。

以线性马达为驱动的列车并非最近才出现，例如，东京地铁路线之一的都营大江户线的列车就是以线性马达推进的，因此车身和隧道断面小型化得以实现，节省了修建成本。因为这些优点，很多最近修建的地铁都选择了以线性马达作为驱动的列车。

下面我们研究一下**磁悬浮形式**。实际上，磁悬浮中央新干线原理十分巧妙，建议先参考上一页下方的简化图。悬浮的原理应用到了电磁感应定律。也就是说当列车上的磁铁接近时，导轨上的线圈会有电流通过并变成电磁铁，与列车上的磁铁产生斥力，在斥力的作用下列车就悬浮起来了。

磁悬浮中央新干线之所以能够实现的无名推手是超导磁铁与精巧的悬浮导引线圈的密切配合。极低的电力就可以让**超导磁铁**发挥强大的磁力。另外，还装有“8”字形上下极性相反的**悬浮导引线圈**，不仅能够辅助用于推进车身的超导磁铁悬浮起来，还能增强车身的稳定性，防止列车左右摇晃。

悬浮导引线圈让列车悬浮起来

实际上，磁悬浮中央新干线的导轨侧面装有悬浮导引线圈，列车侧面装有推进用的超导磁铁，用以产生磁力使列车悬浮起来。这样的配置可以保证在车身偏向旁边时，线圈也能够产生磁力将车身拉回原位。

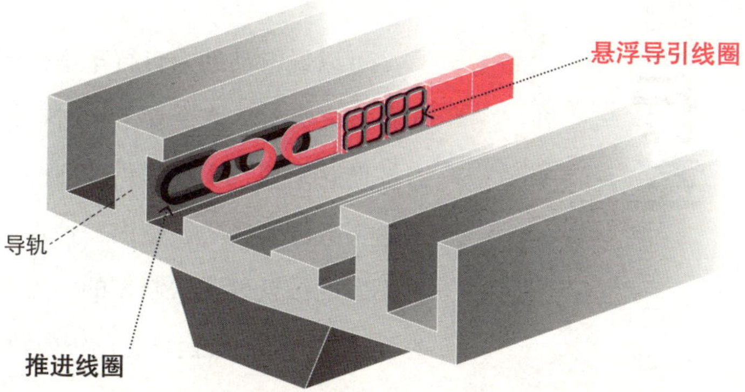

磁悬浮中央新干线的悬浮原理

“8”字形的悬浮导引线圈上产生的电流，上下两部分的流向相反，因此产生了相反的磁场。在上半部分的吸力和下半部分的斥力的作用下，车身悬浮起来。

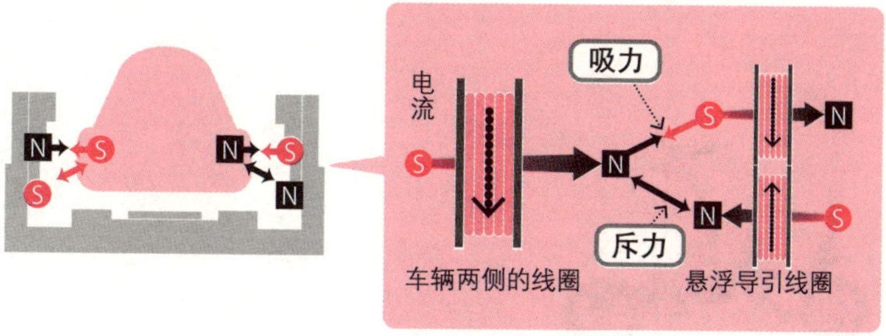

Technology 064

电动助力自行车

近年来，一种依靠电力辅助行驶的自行车——电动助力自行车非常受欢迎。实际上，它是一种集合了多种现代科技结晶的交通工具。

1993年世界上第一辆电动助力自行车上市，销售虽然曾一度停滞不前，但时至今日，电动助力自行车的销售额连年增长。它受欢迎的理由包括不需要驾驶证，可以像传统的自行车一样轻便地骑行，等等。

可以说电动助力自行车集很多现代科技之大成。它会在上坡时提供助力辅助踩踏板，不过提供助力的电动马达十分轻盈精巧，是由一种含有稀土元素的钕铁硼磁铁制作的。另外，为马达供电的是性能优越的锂电池。

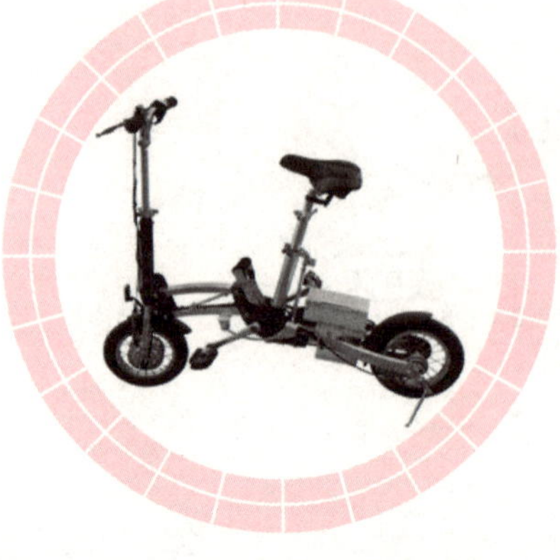

电动助力自行车的主要构造

驱动装置包含马达、力矩传感器（torque sensor）和控制装置。还有一些电动助力自行车的马达装在前轮上，下图仅供参考。

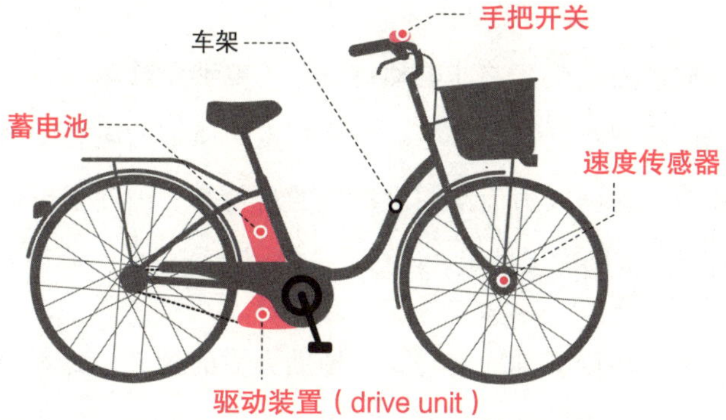

助力变化

控制装置的运行方式是通过速度传感器和力矩传感器判断骑行条件，将合适的电流输送给马达以不断地改变助力。

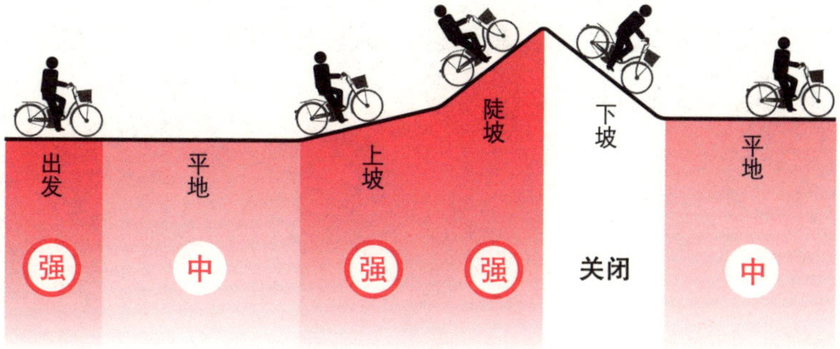

可以说电动助力自行车集合了许多现代科技的精华，已经成为一种非常舒适的交通工具。

另外，一些配置较高的电动助力自行车还具备发电功能，下坡时可以充电。

电动助力自行车并非电动自行车（**电动摩托车**），在日本有道路交通法规对其做出界定。法律规定，所谓的电动助力自行车指的是为了辅助人力而使用发动机的自行车。因此不可以装载超出人力辅助范围的发动机。

接下来稍微详细地解释一下辅助人力的含义。日本对此有如下规定，时速小于10公里时，可以使用电动助力，但不可超过人力的两倍，并且时速超过24公里不可使用电动助力等。规定要求刚刚骑出去速度较低的时候，电动助力可以强一些，在达到一定的速度后助力系统自动关闭。

为了实现精度如此之高的协调控制能力，就需要检测踩踏板力度、行驶速度的传感器。另外，控制用的计算机也不可或缺，它能够依据这些信息来控制马达。这些技术相互融合才造就了现代化的电动助力自行车。

驱动装置构造示例

在曲柄轴上装有能够检测力矩（中轴受到的力）的力矩传感器。控制装置根据速度传感器和力矩传感器提供的信息，将合适的电流输送给马达。

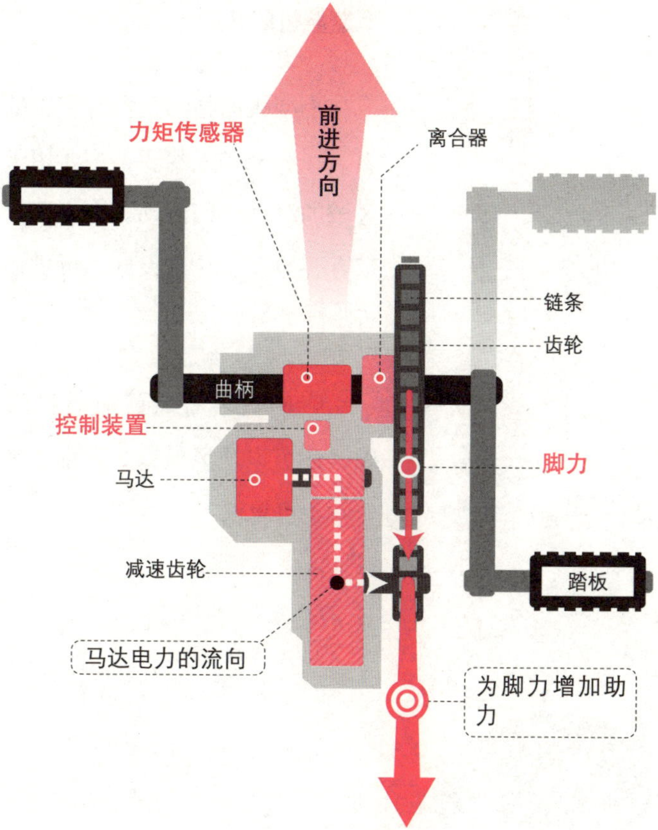

Technology 065

帆船

即使我们身在飞机成为寻常交通工具的时代，看到在水面上行驶的帆船时也禁不住欢呼雀跃。帆船为什么能逆风前进呢？

看帆船在汪洋大海中行驶，不禁勾起我们浪漫的绮想。帆船在海风的鼓动下扬起巨大的风帆，古往今来不知多少人为之着迷。

帆船大致可以分成**小型帆船**和**大型巡航帆船**两种。

小型帆船指的是没有客舱的小帆船，一般1～2人驾驭，主要用于近海区域的海上休闲活动。大型巡航帆船带有客舱以及住宿设施，可供远洋航行。

帆船只要有风就能向目的地行驶，还可以逆风航行，仔细思考感觉非常不可思议。

帆船的种类

帆船的种类很多，虽然都可以称作帆船，但其实有不同的大小、形状，大体可分为小型帆船和大型巡航帆船两种。

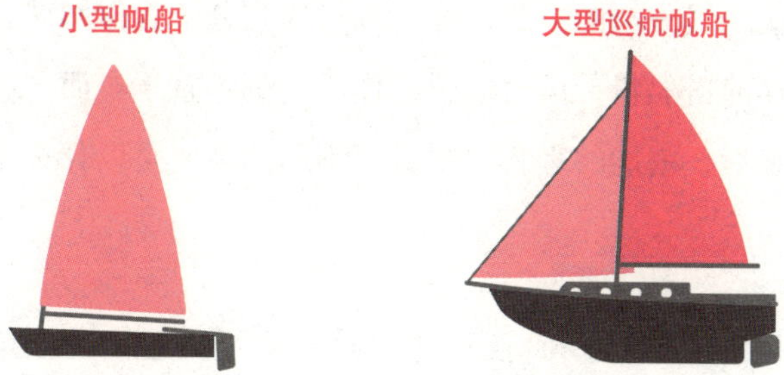

没有客舱的小帆船，一般1～2人驾驭。

带有客舱的大型帆船，附带住宿设施。

船帆与风力的关系

风对船帆产生作用力的原理，能够以不同的角度来解释。这里我们将船帆当成简单的板子，风对船帆产生的作用力如下图所示。在所有情况下，风对船帆的作用力都垂直于帆。

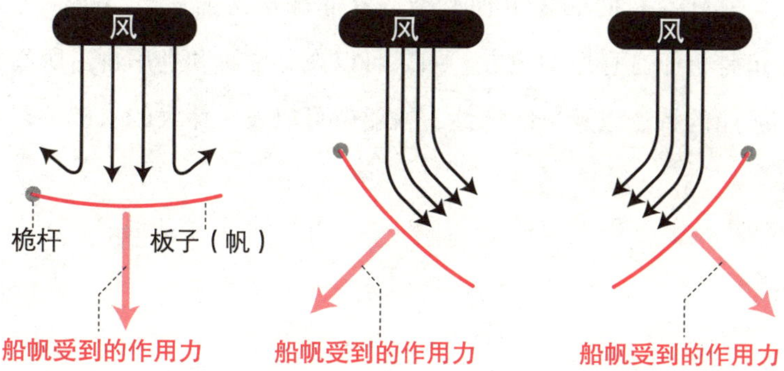

为了研究帆船的航行原理，我们首先需要看一下风对船帆产生的作用力。

为了能够更加简单地理解风对船帆产生的作用力，我们将风想象成空气分子的集合，并可以将这些分子看作网球。因此无论风怎样撞击船帆，风对船帆的作用力都垂直于帆面。我们理解这个设定后，就能够理解船帆针对不同的风向是以什么角度展开的。

顺风时，船头朝向目的地方向，将船帆迎风呈直角展开即可。侧风时，船头依旧朝向目的地方向，不过船帆需要向后旋转，与风向呈45°夹角。这样做才能使帆船受到的作用力是朝向船头方向的。最关键的是逆风时，需要将船头朝向目的地方向的斜前方，将船帆向后旋转，使帆船受到的作用力是朝向船头方向的。不过，如果一直这样行驶，帆船就会斜着偏离目的地越走越远，可以采用抢风航行（tacking）的方式，按照“之”字形行驶，就可以越来越接近目的地。

实际航行时的风更加复杂，并非像本文描述般简单，但这也正是帆船有意思的地方。如果可以充分了解和利用自己所驾驶的帆船的特点以及风的特性，帆船就可以成为伟大的水上“艺术品”。

航行方向和调整风帆的方式

在侧风和逆风时，帆船巧妙利用了来自船底的阻力。

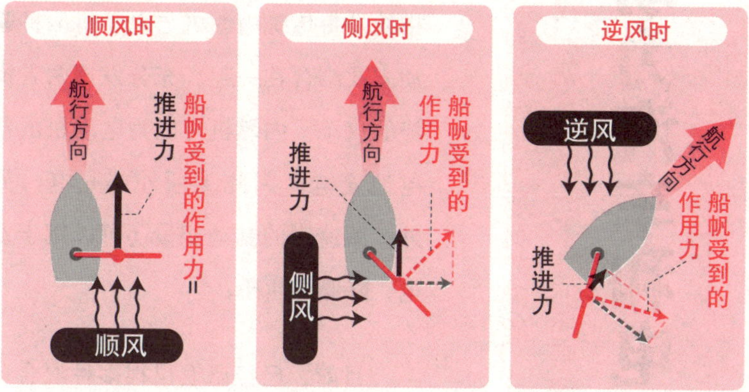

抢风航行（tacking）的原理

当需要迎着风驾驶帆船时，可以迎风按照“之”字形行驶。因此这种驾驶帆船的技术被称为抢风航行。

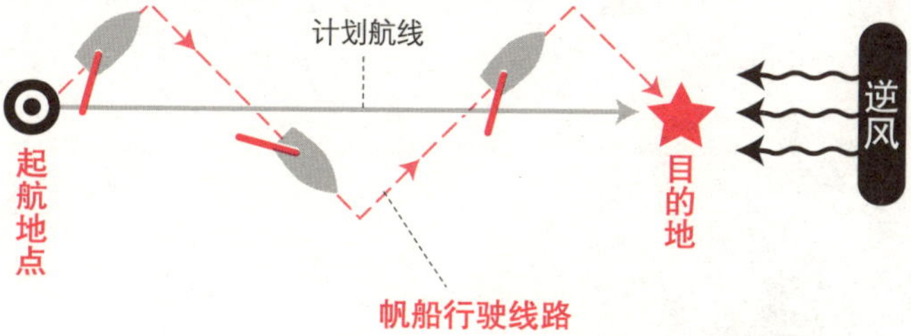

Technology 066

混合动力汽车和电动汽车

随着能源短缺和石油枯竭问题日趋严峻，低耗、节能的汽车越来越受欢迎。下面我们就来了解一下它们的原理。

混合动力汽车的英语是“hybrid vehicle”，其中“hybrid”为“混合的”之意，用于形容将不同的东西融合在一起形成的物质。混合动力汽车指的是将传统内燃机与电动机两种驱动方式结合在一起，充分发挥两者优势的汽车。内燃机可以为电动机的蓄电池充电，因此无须外部充电。另外，减速时的制动能量还可以用于发电，降低了油耗。

目前，已经研发出很多种混合动力汽车，下一页中展示了并联式、串联式、混联式三种类型的构造。

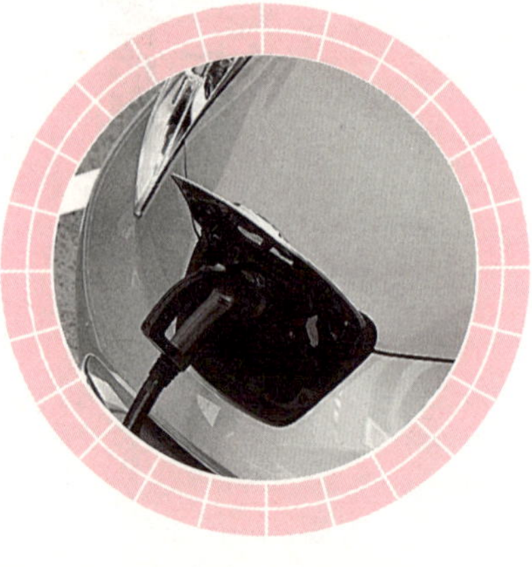

混合动力汽车的三种类型

混合动力汽车大体可分为并联式、串联式、混联式三种类型。下面我们一起来看一下它们各自的特征。

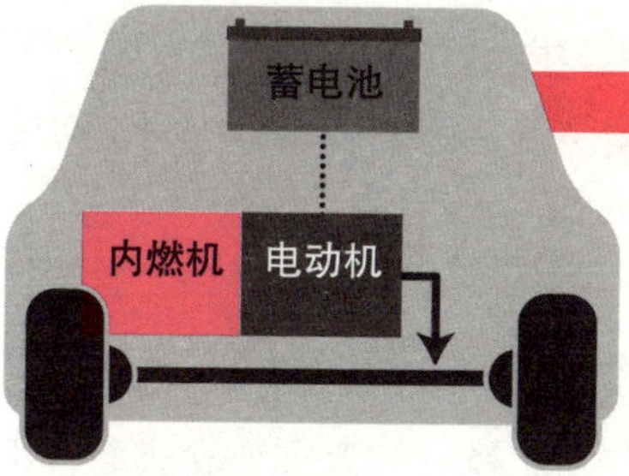

并联式

起步和加速时内燃机油耗较高，这时借电动机的辅助力量节约能耗。

主要由内燃机提供动力，电动机辅助。

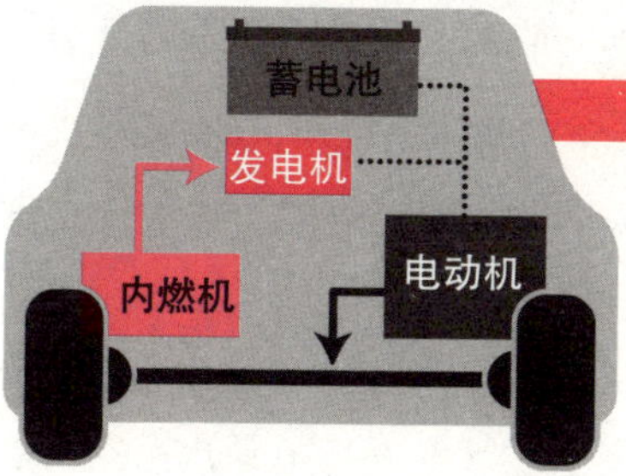

串联式

内燃机为发电机提供动力，仅依靠电动机行驶。动力系统与电动汽车相同。

主要由电动机提供动力，内燃机辅助。

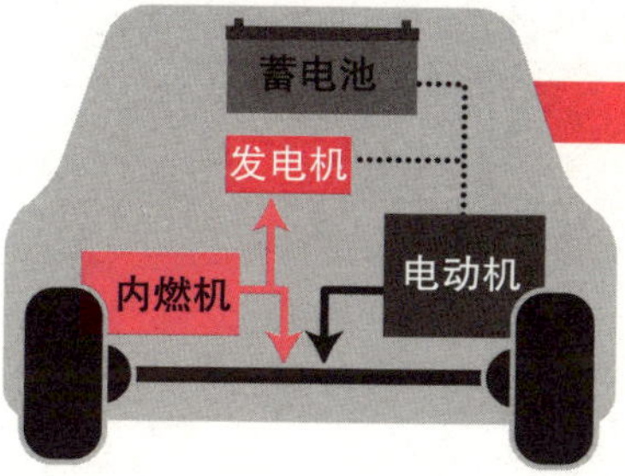

混联式

起步和低速行驶时由电动机提供动力，提速后由内燃机和电动机配合，高效地提供动力。

内燃机和电动机共同提供动力。

2012年新型混合动力汽车——**插电式混合动力汽车**正式面市，它应用了比传统电池性能更佳的锂电池，可在自家完成充电，购物等短距离出行时可依靠电池提供动力行驶。

电动汽车被认为是一种比混合动力汽车更加有益于环境保护的汽车。它的工作原理和电池驱动的玩具汽车相同。不过因为可供长途使用的蓄电池的研发速度缓慢，距离普及电动汽车可能还需要一段时间。

有人认为电动汽车的电能来源于发电站，和以石油为燃料的内燃机汽车一样都会加重环境负荷，这样想就大错特错了。内燃机汽车的热效率至多20%，但火力发电站的热效率超过了40%，即便考虑输电损耗，也是电动汽车的能源利用效率比较高。另外，单个汽车的环保政策执行状况是无法保证的，但发电站却可以严格执行。加上如果利用风能、太阳能等清洁能源进行发电，那么电动汽车有望成为二氧化碳零排放的交通工具。

但是，一部分人仍然无法完全乐观地看待电动汽车的发展前景。电动汽车所需的零件数量比普通汽车要少，大约是普通汽车的2/3。因此，随着电动汽车的发展普及可能会造成公司裁员、工厂倒闭等问题。

电动汽车的基本构造

控制器与油门踏板相连，对从蓄电池输送过来的电能进行调整，并控制对发动机的输出。制动时，启动车载充电器进行发电为蓄电池充电。

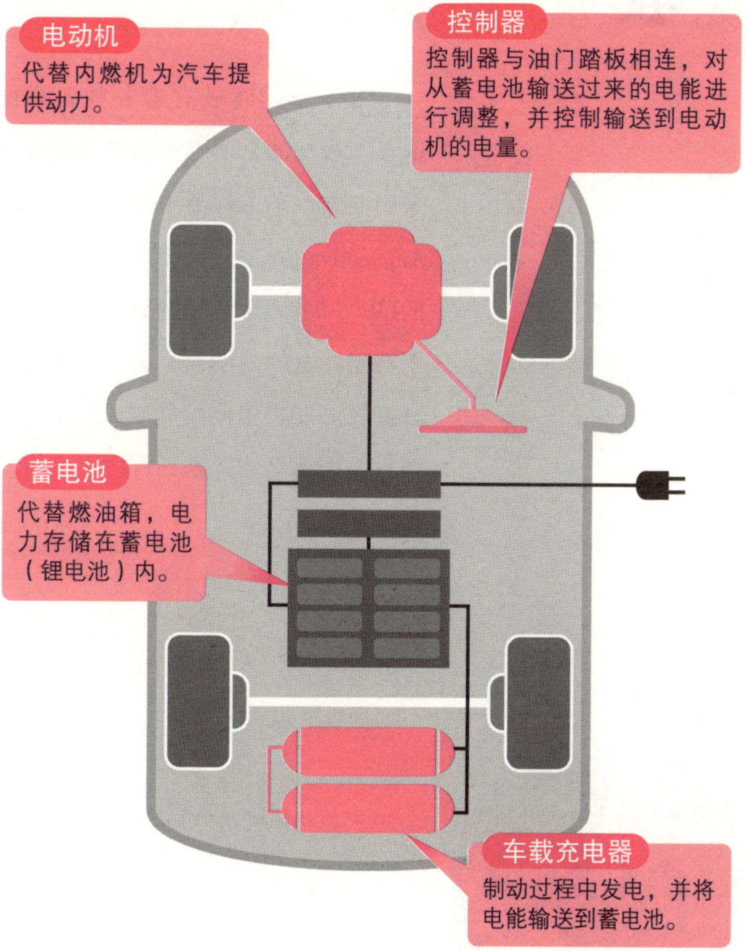

Technology 067

自动驾驶

驾驶员的人为失误造成的交通事故占交通事故总量的90%以上，自动驾驶技术有望彻底解决这个问题。

交通事故基本上都是驾驶员认知失误、判断失误和操作失误造成的，**自动驾驶技术**有望彻底解决这个问题，作为老龄化社会日趋逼近的时代解决出行问题的良策，自动驾驶技术受到了广泛关注。

对于自动驾驶有着各种各样的定义。现在的自动驾驶分级标准大多采用美国汽车工程师协会（Society of Automotive Engineers，简称SAE）制定的L0～L5共六个等级的分级标准，需要特别注意的是L3以上为汽车承担驾驶责任。2017年德国奥迪（Audi）公司宣布推出全球首款具有L3级别自动驾驶功能的汽车。

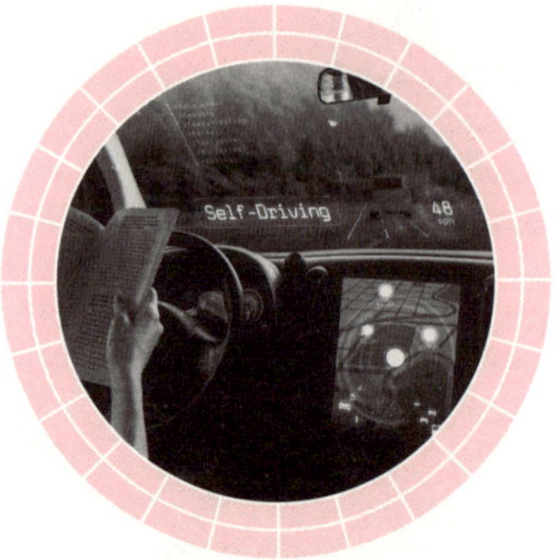

SAE自动驾驶分级标准

SAE制定了如下图所示的自动驾驶分级标准。

L0	由人类驾驶者全权负责驾驶汽车。
L1	无人驾驶系统可以偶尔辅助人类驾驶者进行多个驾驶操作。
L2	无人驾驶系统可以完成多个驾驶操作，但须有人类驾驶者监督。
L3	无人驾驶系统可以进行多个驾驶操作，人类驾驶者须做好收回控制权的准备。
L4	在白天、高速公路等限定条件下，可以由无人驾驶系统全权负责驾驶汽车。
L5	由无人驾驶系统全权负责驾驶汽车。

实现自动驾驶需要的设备

要想实现自动驾驶，需要识别功能以及高精度位置信息，因此需要配备传感器、雷达、摄像机等设备。

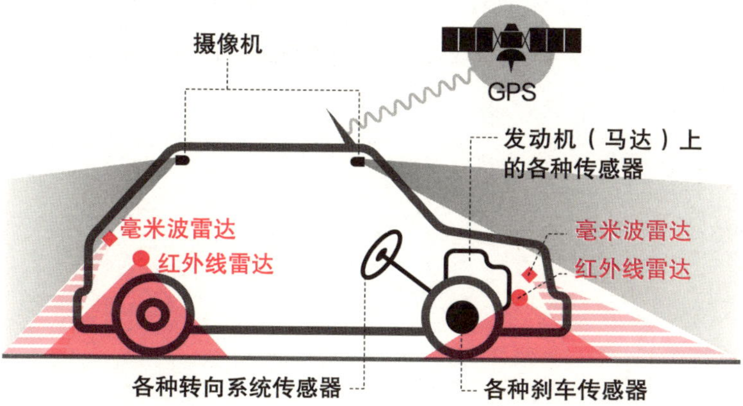

想要实现自动驾驶，就需要**识别功能**为汽车装上眼睛和耳朵，因此对于生产对应电子零件的制造厂商来说是莫大的商机。

另外，想要实现自动驾驶，**高精度的位置信息**也不可或缺。2017年日本成功发射第四颗准天顶卫星“指路号”，将定位误差降低至几厘米（详见p284）。这一成果成为实现自动驾驶的又一强大助力。不过，卫星信号无法定位到地下街或是建筑物内部，因此还需要其他系统，使汽车在这些地方也能得到准确的位置信息。

此外，一些指导安全驾驶的软件，特别是**人工智能（AI）**也和电子零件同样重要。因此很多IT企业加入了这个领域，谷歌公司已经开始在街道上进行自动驾驶实验。

自动驾驶的实现会在社会上产生各种各样的影响。除了发生交通事故时向谁问责等法律层面的问题，还包括应该如何防止控制软件被黑客恶意攻破等问题。另外，还有如果发生“电车难题（trolley problem）”这种人类都无法判断的问题时，应该让自动驾驶的AI作出怎样的判断呢？诸如此类的问题是必须解决的。

软件对于自动驾驶而言很重要

在自动驾驶系统操作下变更车道和超车都是自动进行的，因此负责“指挥”安全驾驶的软件尤其重要。

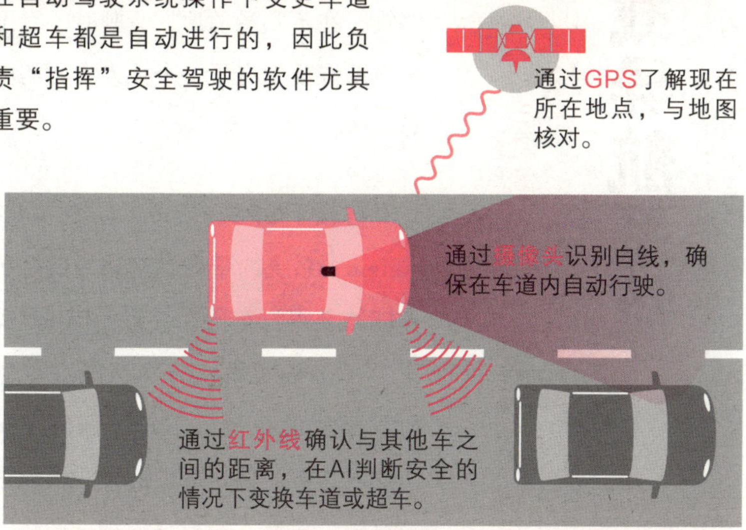

“电车难题”

当遇到人类都无法判断的问题时，应该让自动驾驶的AI作出怎样的判断呢？如图所示的现象被称为“电车难题”。

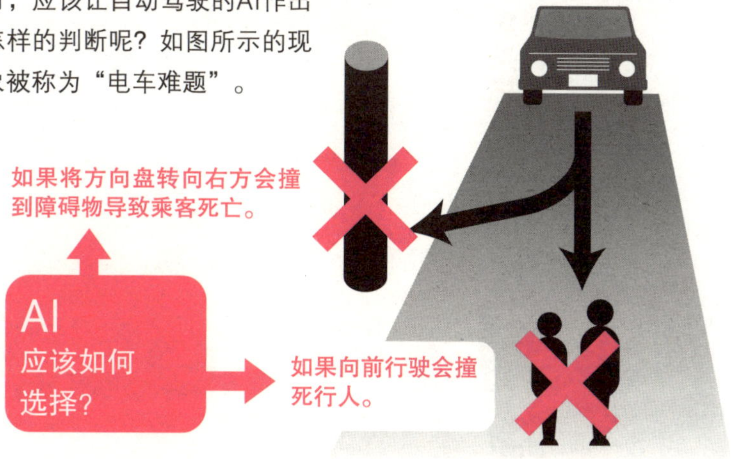

Technology 068

车载导航系统

现代汽车普遍搭载的导航系统是高科技的结晶，让我们一起来揭开它神秘的一角。

车载导航系统能够显示汽车当前所在的位置，并能规划到达目的地的路线。在不熟悉的地方行驶时，有了导航系统就像有了一个让人安心的向导一样。

有赖于**GPS**（global positioning system）系统的帮助，车载导航系统才能够获得汽车所在位置。GPS是美军为了准确了解己方军队所在位置研发而成的系统，由二十四颗卫星（GPS卫星）为其提供信号。依靠这套系统，军队在没有任何标记的海上和沙漠中也能采取精准的军事行动。此外，GPS系统还可用于掌握巡航导弹所在位置。

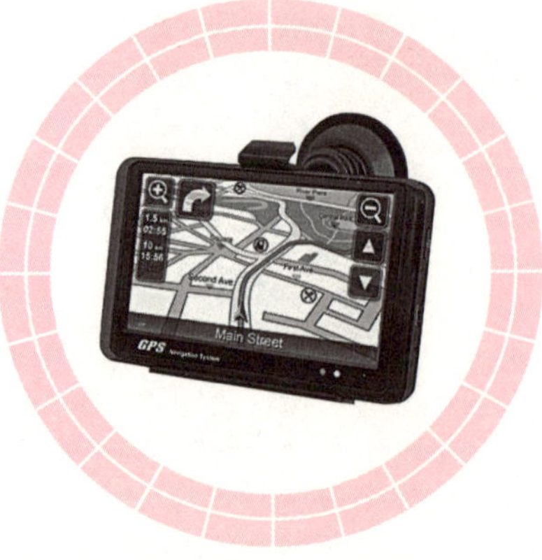

车载导航系统是如何确定位置的

车载导航系统从三颗GPS卫星接收信号，根据接收时间的差异测算与GPS之间的距离。对测算得到的距离进行三角测量，从而确定汽车当前所在的位置。

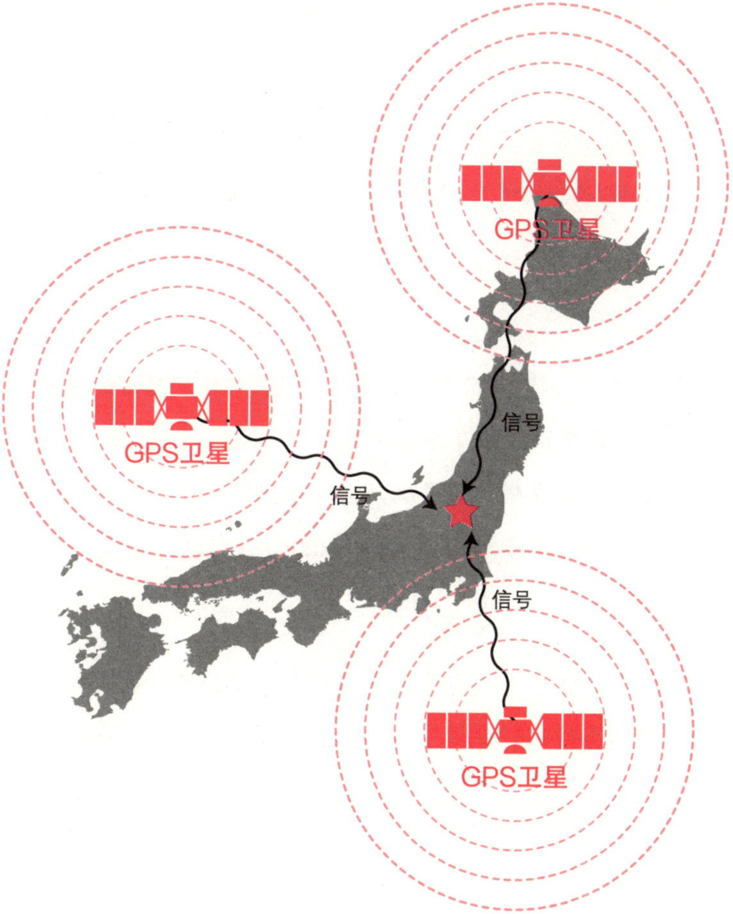

车载导航系统的设备从美军三颗GPS卫星接收信号，根据接收时间的差异测算与GPS之间的距离，然后应用三角测量的原理，测算出汽车当前所在的位置。

测算出的位置将切换为地图位置并显示在液晶显示屏上，使用的地图保存在主机的存储器（磁盘或闪存）内，且必须经常更新，否则可能发生路线不对应等状况。

高端的车载导航系统还会加载加速度传感器和陀螺仪传感器，使车载导航系统自身也拥有计算行驶距离和前进方向的能力，这样在卫星信号定位不到的高层街区或隧道内，导航系统就能发挥它的威力。

以GPS为代表的测定位置的系统一般被称作**卫星定位系统**。日本从2010开始依次发射了多颗“向导号”定位卫星，这是为了实现日本的**准天顶卫星导航系统**，这些卫星位于经常能够观测到日本的轨道内，配合GPS实现更加精准的定位。目前已经经过测试，计划未来正式投入使用。

近年来，智能手机也配备了能够取代车载导航系统的导航功能。这项功能的好处是可以通过与通信基站的距离关系获取位置信息。

准天顶卫星导航系统

准天顶卫星导航系统是由几乎位于日本正上方的轨道上的多颗人工卫星组成的卫星系统，与现有的GPS不同，它们位于可以经常观测到日本的轨道内，信号可以覆盖日本国内的山脉、城市中心的高层街区等地点，并测算出具体位置。将以前数十米的误差降低到一米，并计划继续降低至几厘米。

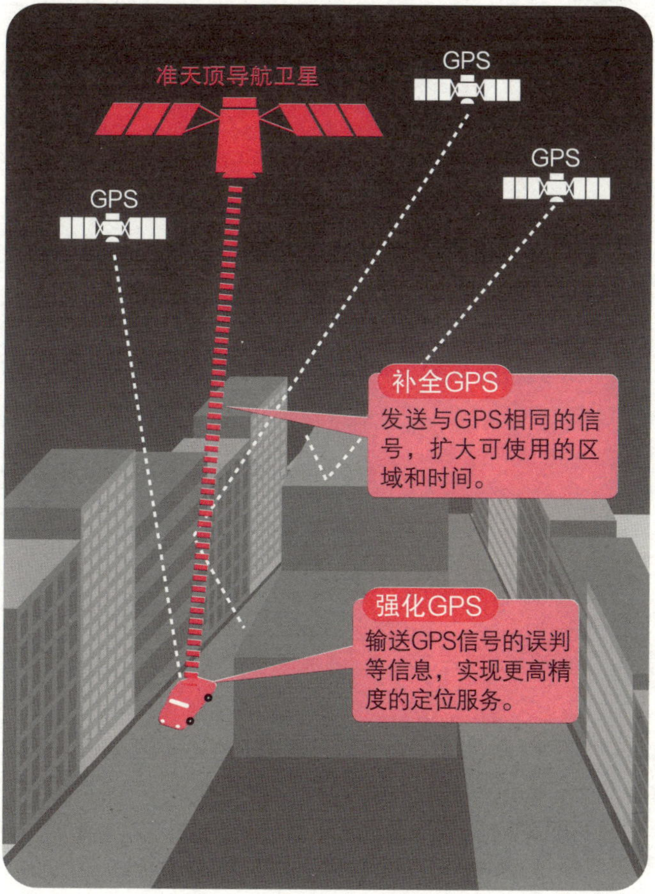

Technology 069

垃圾回收车

很多看似不起眼的东西却在背后支撑着现代便捷舒适的生活，垃圾回收车便是其中之一。下面我们来了解多种多样的垃圾回收车。

日本的垃圾回收车会在垃圾回收日回收从各个家庭扔出的垃圾。工作人员将垃圾投放进去，翻转板就会灵活地将垃圾塞到里面。

垃圾回收车的内部构造究竟是什么样的呢？接下来就以日本最常见的**“clean packer”式垃圾回收车**为例介绍一下垃圾回收车的工作原理。

“Clean packer”式垃圾回收车主要用于回收可燃垃圾。车后方装有两块翻转板，它们互相配合翻转，将垃圾塞到车厢最里侧。当完成回收回到垃圾处理厂时，由分段式排出板将满车垃圾推出去（也有一些垃圾回收车会像自动装卸车一样，车厢倾斜将压缩垃圾卸下）。

“Clean packer”式垃圾回收车的构造

“Clean packer”式垃圾回收车是城市中最常见的垃圾回收车。通过车后方装有的两块翻转板，将垃圾压缩后收入车内。

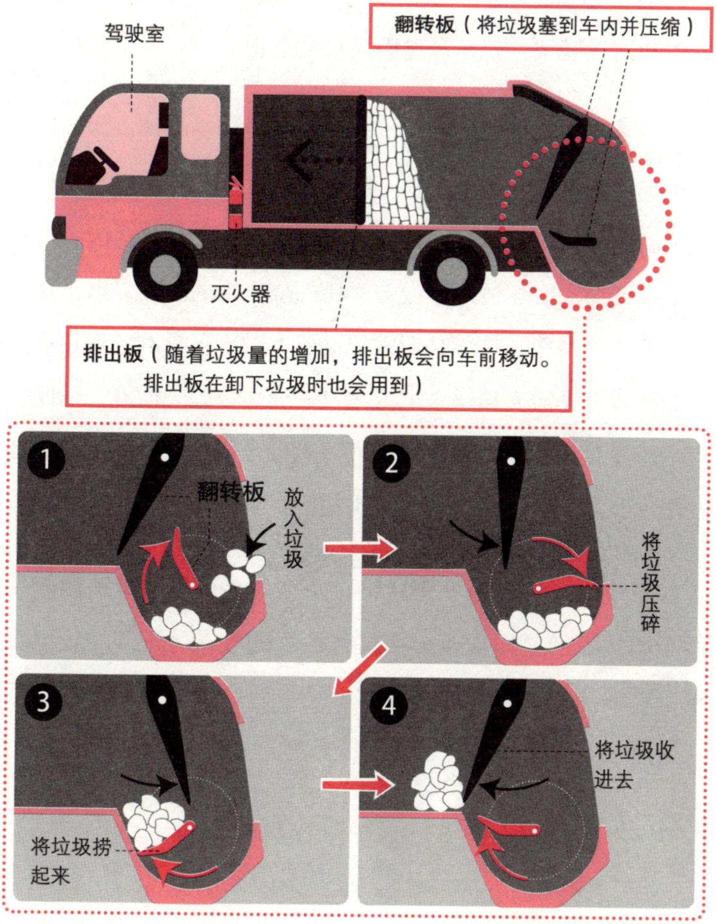

除了“clean packer”式垃圾回收车外，还有一种**“press loader”式垃圾回收车**也很常见，如右页上图所示，以其强大的压缩能力而著称。

还有其他很多种类和大小的垃圾回收车，之所以如此多样是有原因的。必须有不同种类和大小的垃圾回收车来适应不同的垃圾类型和回收区域，就是最显而易见的理由。

另外还有一个隐藏的原因，那就是建设垃圾处理设施的费用高涨。垃圾处理设施特别是焚烧设施是属于日本的公害对策（环境污染问题解决方案）内容，对技术的要求非常高。此外，为了构建环保型社会，会同时建设发电设施，用燃烧产生的废热发电，这也是时代的潮流。当然，这势必造成建设成木激增，日本各地较小的自治体的财政没办法支撑每个地区建设一处垃圾处理设施。因此，很多自治体联合起来，共同建设一处垃圾处理设施，形成了统一处理的网络化形式，现在这种现象在日本非常普遍。

对了应对这种垃圾处理网络，需要各种各样的垃圾回收车。先由小型垃圾回收车从各个家庭将垃圾回收，运送到垃圾中转设施集中，在那里再次压缩并由大型垃圾回收车运送到垃圾处理设施。这样才能实现有效率地运输和处理垃圾。

“Press loader”式垃圾回收车

“Press loader”式垃圾回收车可用于压缩粗大垃圾，以其强大的压缩能力而著称。

网络化的垃圾回收

如果日本各地每个较小的自治体都建设一处垃圾处理设施，成本过于高昂，所以并不现实。因此，很多自治体联合起来，构建了如下图所示的垃圾回收网络。

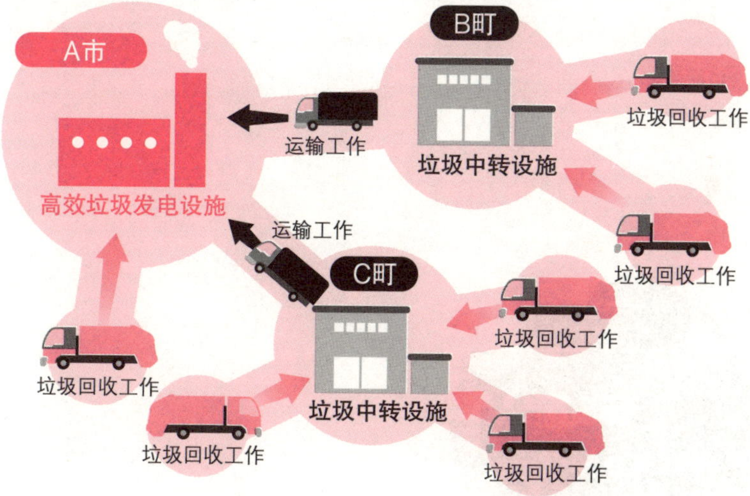

ETC

Technology 070

ETC是收费公路上的电子收费系统，包括汽车导航系统在内，汽车世界的电子化进程永无止境。

造成高速公路拥堵的一个原因就是缴费。在现金支付系统下，交通繁忙时必然造成拥堵，因此，自助缴费系统**ETC**（electronic toll collection system）应运而生。

ETC是通过安装在车辆上的车载装置和安装在收费站天线间的无线通信，无须停车即可完成支付的系统。缓解了收费站前的交通拥堵问题，使出行更加顺畅，同时因为堵车造成的空气污染和噪声污染问题也得到了缓解。

ETC的工作原理

ETC是首次实现人和道路“对话”的系统。在汽车经过收费公路的收费站时，会发生什么事情呢?

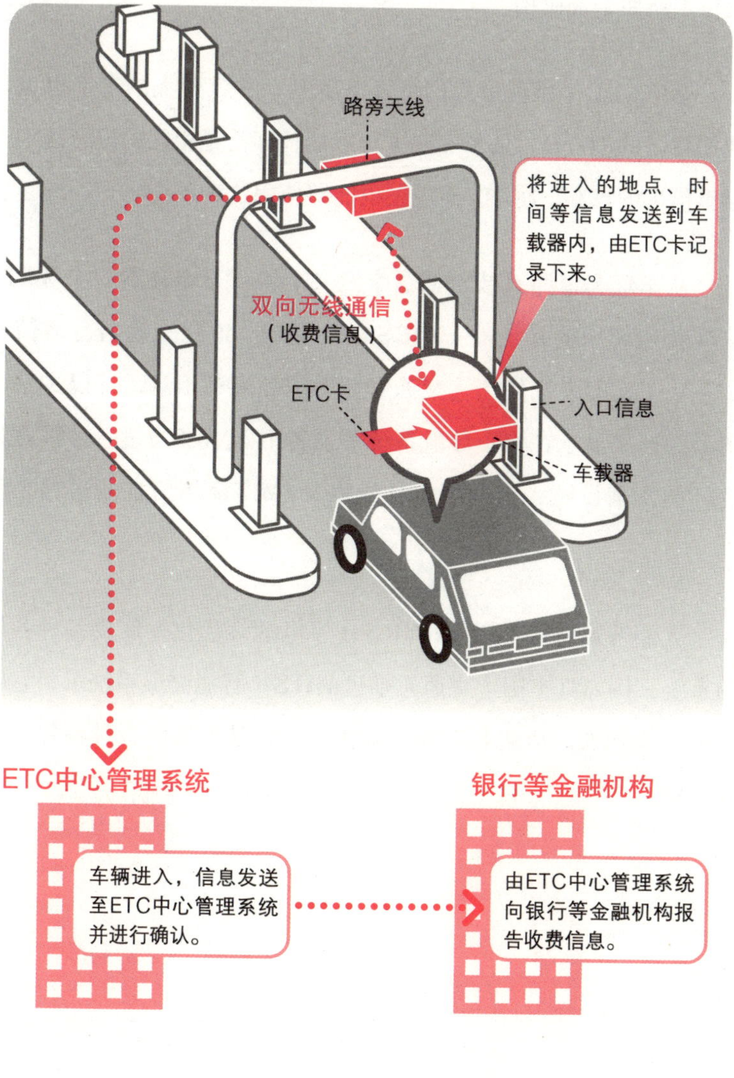

在使用ETC系统前需要做两个准备，分别是ETC卡和读取ETC卡的车载器。ETC卡内部装有IC，记录了缴费信息、银行卡信息等内容。当车辆经过收费站入口时，车载器与入口进行信息交换，更新ETC卡上的数据。信息被发送到中心管理系统，并通知绑定的银行卡所属金融机构。

从它的工作原理中我们可以了解到，在其他人的车上也可以使用自己的ETC卡。只要安装了车载器，即使是租用的或者从别人那里借来的汽车，将ETC插进去也能够使用这套系统。

从车辆与道路直接对话这个意义上讲，日本还有一个和ETC一样普遍使用的系统——**VICS**，全称是“道路交通信息通信系统”。它实时发送堵车、交通管制等道路交通信息，并以文字、图形的形式显示在汽车导航系统等设备上。VICS通过一种被称为信标的发信设施，借助电波和光以及FM广播将信息发送到车辆内。

人们普遍认为从ETC和VICS还可以继续优化发展成各种各样的系统，例如日本国土交通省推进的**ITS**（智能交通系统），它的目的是构建人、道路和车辆的运输网路，从而解决各种各样的交通问题。

VICS的工作原理

将道路上的堵车、施工等信息通过信标（beacon）和FM广播信号发送到汽车导航系统等车载器。VICS继续发展下去是ITS。

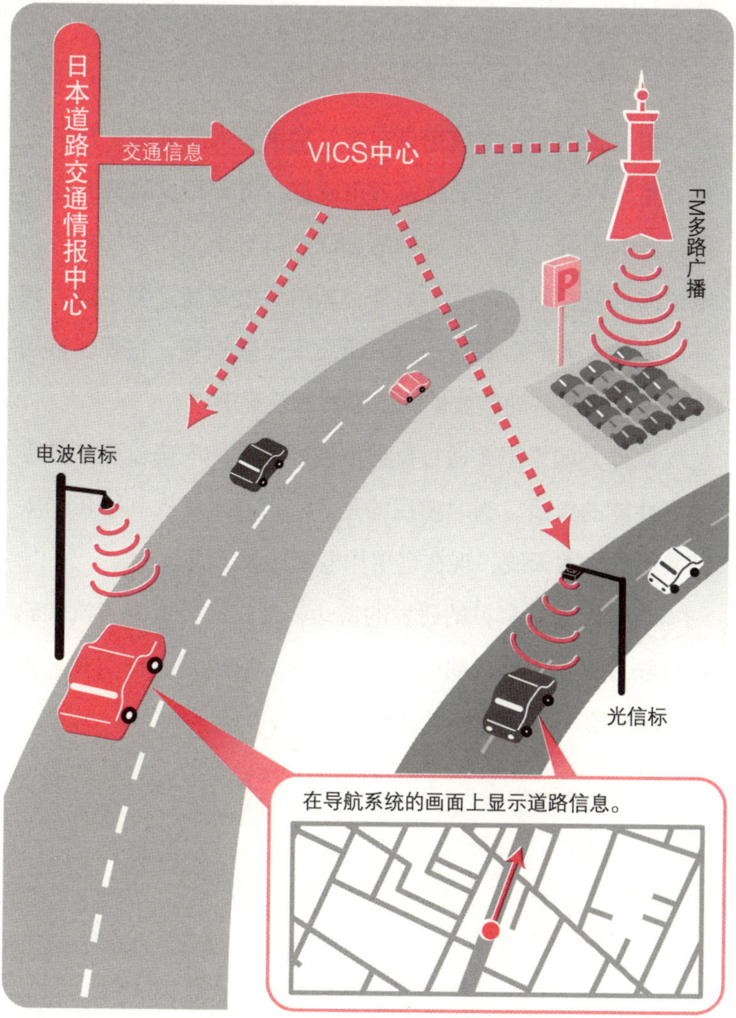

column

雷达——从军用到民用

雷达技术的首次应用是在第二次世界大战期间（1939—1945年）。它是一种通过发射电磁波，并根据反射波判断物体位置的系统。为了正确判断如战斗机等小型物体的位置，电磁波的波长越短越好，另外，辐射强度越高，测定能力越好。因此，人们沿着这一方向研发出了磁控管，它现在被用作家家户户常备的微波炉的微波发射装置中。

此外，如果想要通过反射波判断对方的准确位置，就需要高性能的天线，当时使用的是日本人八木秀次和宇田新太郎发明的八木天线，现在也用作电视接收天线。

当时因为军事目的研发的雷达，现在已经成为飞机和轮船行驶过程中不可或缺的工具。同时，它也是自动驾驶、天气预报中必不可少的辅助系统。

第6章

高科技便利小物

我们的日常生活中有各种舒适、方便的商品，如优衣库HEATTECH保暖内衣等。它们看似简单，实际上隐藏着很多鲜为人知的高科技。

Technology 071

防水喷雾

提前在雨伞或衣服上喷一下，就能让雨水不沾身。这是一款让我们可以不再为雨天而烦恼的神器。

旧雨伞沾了雨滴后很不容易甩掉，不过只要提前喷上防水喷雾，就可以变得像新的一样滴水不沾。去滑雪场时，将防水喷雾提前喷在滑雪服上，即使在雪上翻滚，衣服也不会湿。

防水喷雾的主要成分是防水剂，防水剂有各种各样的类型，其中喷在衣服和伞等物品上的防水剂的主要成分为氟树脂。氟树脂化学性质非常稳定，不会与其他物质发生化学反应。这个性质从它用作不粘锅涂层材料这件事就能窥见一二。因为它不会与其他物质发生化学反应，水自然也在其中之列。因此，提前将氟树脂的微粒子喷到物品上，水不会被渗透反而会被排斥。这就是防水喷雾的原理。

氟树脂防水喷雾的原理

在布料上喷了防水喷雾后，表面会覆盖一层防水剂，即便有水滴附着在上面，也会因为防水剂的疏水性而被排斥。不过，当防水剂分子的排序产生混乱后，水就会从那里渗透进去。这种情况下就需要再喷一次防水喷雾。

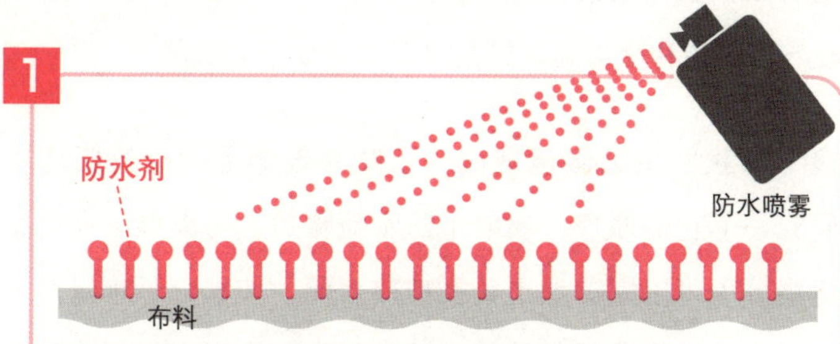

从防水喷雾中喷射出来的防水剂附着在布料表面。

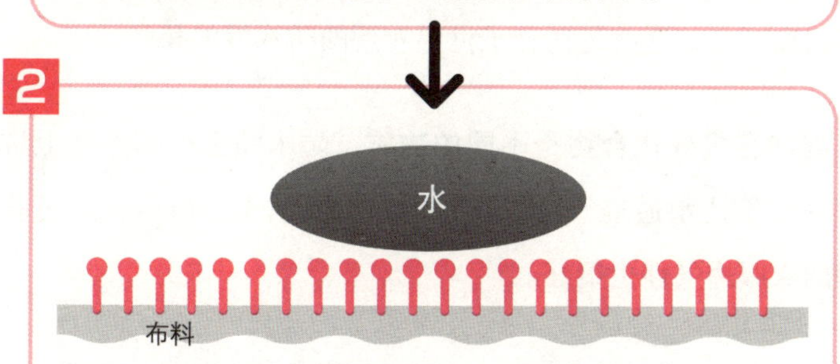

防水剂分子整齐地排列在表面，不让水渗透进来。

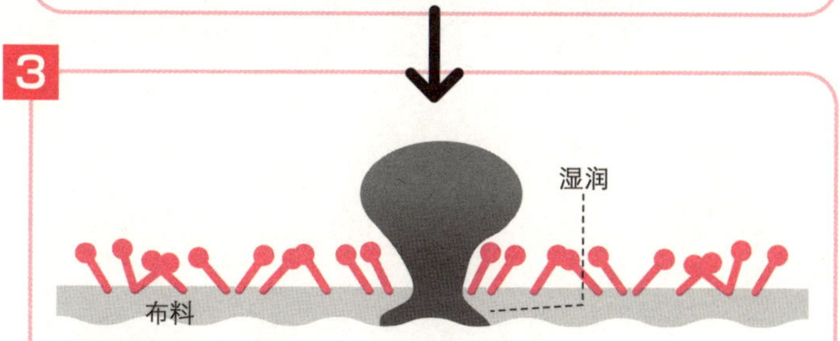

当防水剂分子排列混乱后，水就会渗透进来。

用于车窗玻璃防水喷雾的主要成分为硅树脂。硅树脂是一种主要由硅构成的树脂。硅是碳的同族元素，由碳构成的油脂拥有与水分离的特性，同样硅树脂也具有疏水性，防水喷雾正是利用了这种疏水性来达到防水效果的。

之所以在玻璃上使用硅树脂的防水喷雾，也是因为它的主要成分硅与玻璃亲和度很高，经刮水器摩擦也不会脱落。

接下来我们用显微镜观测一下喷在玻璃上的硅树脂防水喷雾，研究一下它的原理。喷射了防水喷雾后，与玻璃亲和度很高的硅树脂分子可以完美地覆盖在玻璃表面，使水分子难以渗入。另外，因为硅树脂分子与玻璃亲和度很高，所以它们很难从玻璃上被剥离下来，这就是在分子世界看到的防水性的秘密。

硅和有机硅化合物是不同的物质。防水喷雾严格意义上讲也并非完全不让水通过，仅仅是排斥水、不沾水。所以，经过防水处理的衣服透气性也很好。

硅树脂防水喷雾的原理

与衣服的状况类似，玻璃用防水喷雾喷射出来的防水剂，覆盖在玻璃表面，发挥了卓越的防水效果。使用的硅树脂材料与玻璃融合得很好，很难剥离。因此，即使刮水器在上面刮也没有问题。

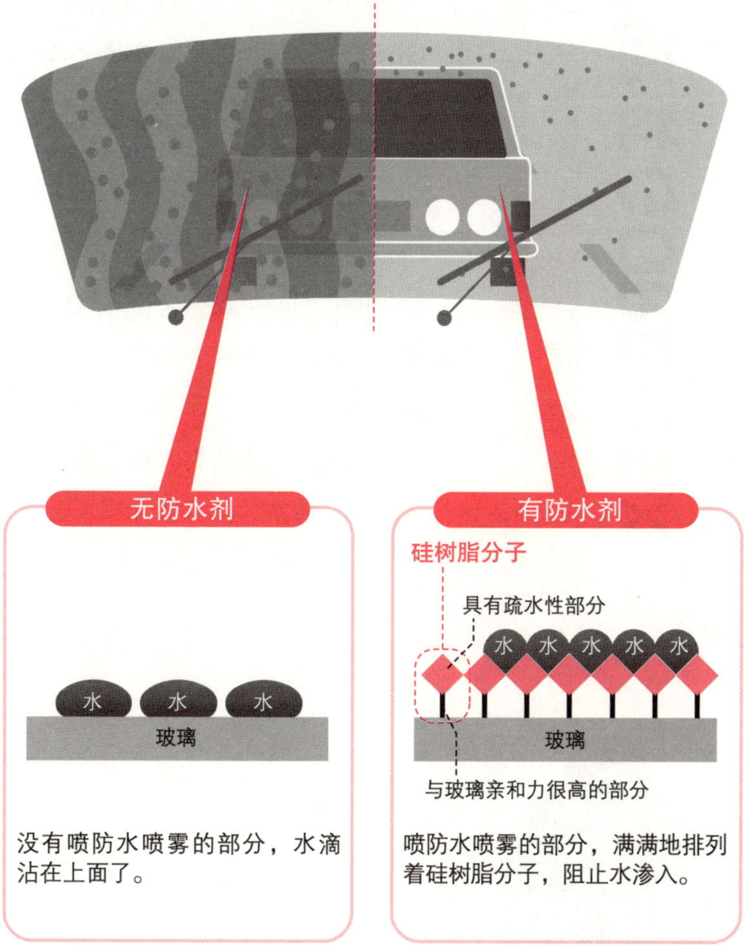

Technology 072

防水透气面料GORE-TEX

水和水蒸气本质虽然相同但是大小却不同，人们利用这个原理制成了透湿防水的面料。其中最具代表性的品牌就是GORE-TEX。

你有过这样的经验吗？穿着经过防水处理的衣服感觉很闷热，很不舒服。防水和透气似乎是两个相反的性质。**防水透气面料**的出现解决了这个问题，将两个矛盾的性质集于了一身。因为首个防水透湿的商品名是**GORE-TEX**，所以在日本这个名称比这种面料还要知名。

这种面料是由很多层材料复合而成的，中间有一层薄膜上面有无数微小的孔洞。水蒸气和空气可以通过这些小孔，但水却无法渗透过去。因此，雨滴无法从外侧渗透进去，但是人体产生的汗水蒸发时却能被排放出去。这样防水、透气两个相互矛盾的性质集于一身的面料就诞生啦。

拥有防水透气性质的GORE-TEX

GORE-TEX的制造商和销售商都是美国W.L. Gore & Associates公司。接下来，我们一起看一下防水和透气相互矛盾性质的秘密。

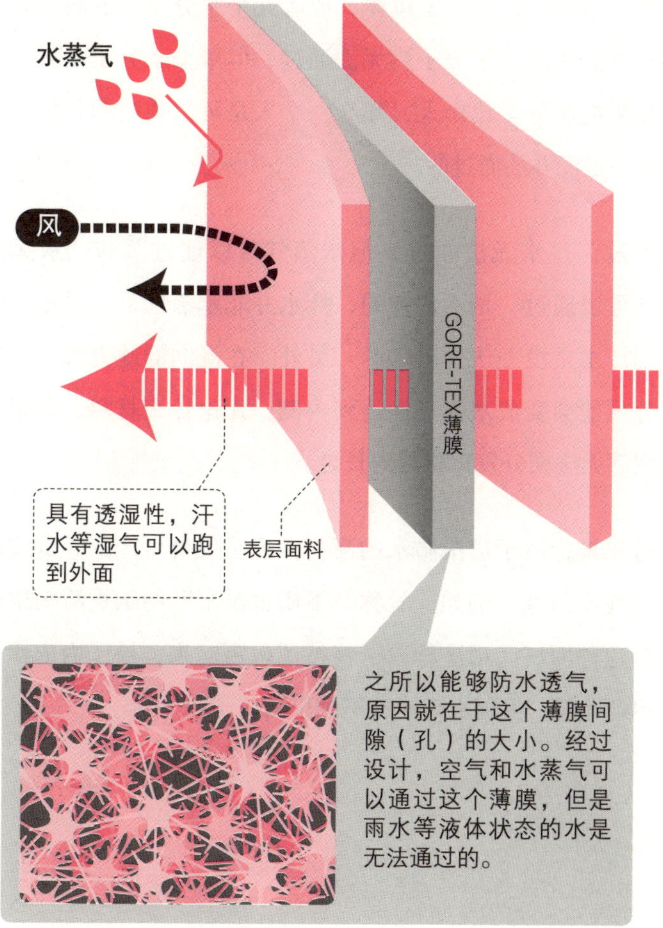

可能大家会认为水和水分子本质上是相同的，两者都是由两个氢原子和一个氧原子构成的。

不过从分子层面上看，水和水蒸气有着巨大的差异。水分子构成了一种叫作**水分子簇**的集合体，再由水分子簇组成水。与之相对，水蒸气是水分子单体，或者几个水分子组成的。因此，大小合适的孔隙，水分子簇无法通过，但单个水分子是可以通过的。如果把水分子比作人，那么一个人是可以通过的，但是很多人牵着手是没办法通过的。

不过，“水无法通过，但水蒸气可以通过”和“水无法通过，汗可以通过”是不一样的，汗水并非水蒸气，也是水。因此润湿的汗水是没办法排出来的。另外，在湿润的地方久坐，外部的水分可能会变成水蒸气渗透到内侧。无论什么材料，如果不了解原理都无法充分发挥材料的长处。

近年来，由于透湿防水的面料实现了低价生产，它的应用范围正在逐步拓宽。例如，号称“下雨也没事”的晒被防雨罩使用的也是这种面料。用这种罩子将被子包裹起来，被子内的水蒸气可以跑到外部，但雨水却渗透不到里面。

水分子簇

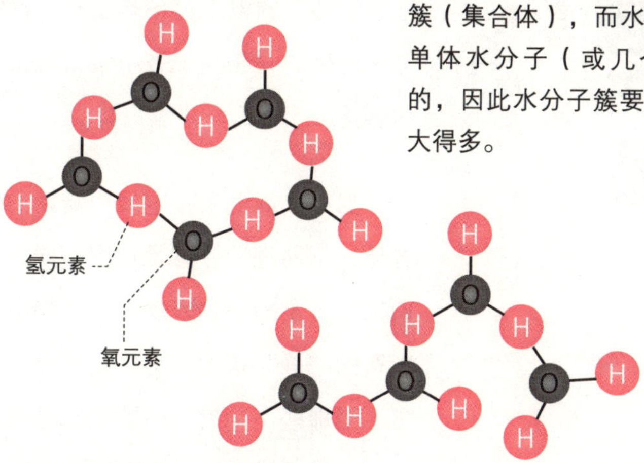

液体状态下，水分子形成了由氢氧分子键连接起来的水分子簇（集合体），而水蒸气是由单体水分子（或几个）构成的，因此水分子簇要比水分子大得多。

水蒸气可以通过，但水无法通过的原理

因为液体水是由水分子簇组成的，比水蒸气中的水分子要大很多。如果薄膜的孔隙大小合适，就能够实现水蒸气可以通过，水滴无法通过。

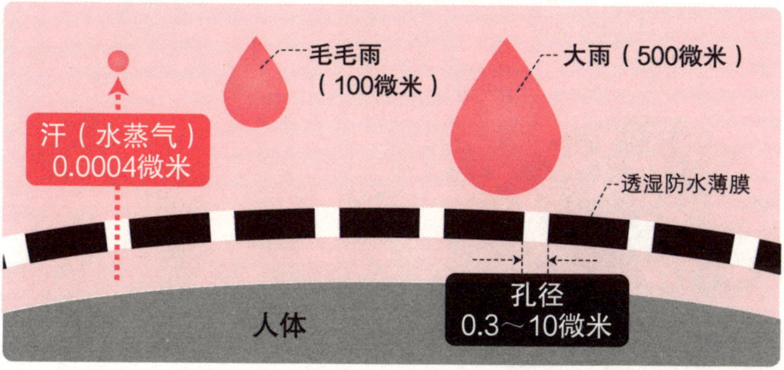

Technology 073

防静电产品

在干燥的冬天，你是否有过这样的经历，刚碰到汽车门就听到噼啪的声响并感到刺痛。这就是静电。

两个不同材质的物体摩擦或分离，即可产生**静电**。即使静电带了一个“静”字也不可小觑，我们碰到门把手时感到的电击感，是由数千伏特电压产生的，相当于被小型雷电击中的感觉。

那么，静电和在电线中流动的电有什么不同呢？答案是没有不同。它们都是电子的一种表现形式。静电中所谓的“静”指的是电子是不动的状态。当那些不动的静电瞬间转移到大地时，我们就会有“刺痛感”。

想要避免静电的危害，有两个方向的策略。一个是不要让静电积蓄，另外一个是让静电慢慢流走。

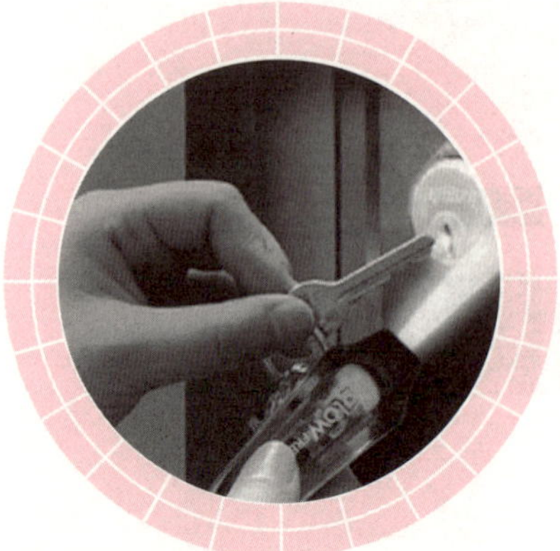

静电产生的原理

两种物质摩擦或分离，即可产生静电。这里以汽车座椅为例，介绍一下静电产生的原理。

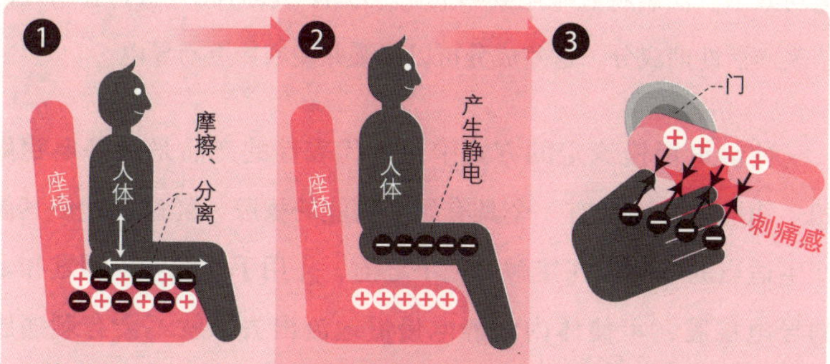

人体离开座椅或者与之产生摩擦。

产生不移动的电，也就是静电。

接触门后由于静电转移，感受到了刺痛感。

防静电喷雾的原理

防静电喷雾的成分是表面活性剂。它可以如下图那样排成一列并发挥它的保湿效果。静电可以通过这些水分流走。

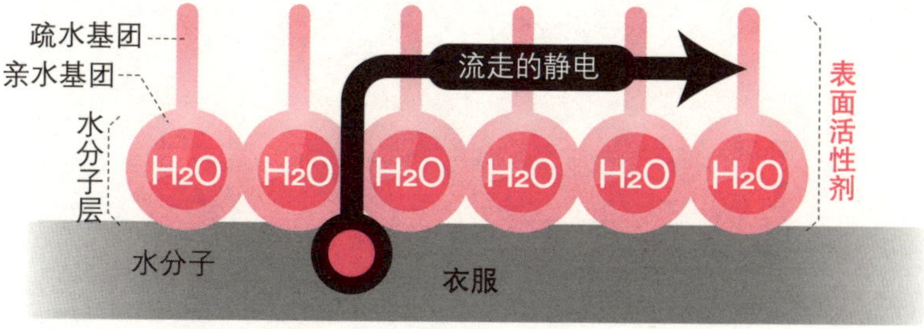

防止静电积蓄的方式中最具代表性的产品就是**防静电喷雾**。它的主要成分是表面活性剂，表面活性剂同时也是洗涤剂的主要成分。喷洒后表面活性剂覆盖在表面，可以吸收湿气并保持湿润状态。因为水导电，所以可以防止静电积蓄。另外，**柔顺剂**也有防静电功效。洗涤后将衣服用柔顺剂充分浸泡一段时间，布料表面残留了表面活性剂成分，这些成分可以保湿并使衣物更易导电。

使静电慢慢流走的方式中最具代表性的产品是**除静电钥匙扣**。钥匙扣前面带有一个具有导电功能的橡胶，经过设计使其能产生适当的电阻。在接触门把手之前，先用手碰触一下钥匙扣上的导电橡胶，可使体内的静电慢慢地流出去，就不会有刺痛感产生。

不过，不依赖这些工具也有办法把人们从静电的刺痛感中解救出来。一个是不用手指，而是用整个手掌接触门把手。用手掌触摸门把手可以使静电流过的面积增加，减少刺痛感。另一个是在接触门把手之前先碰触一下旁边的墙壁。接触墙壁则可以使静电慢慢流走。

除静电钥匙扣的工作原理

除静电钥匙扣前端带有一个具有导电功能的橡胶，人体内的静电可以从前部慢慢地被释放出去。很多除静电钥匙扣在放电时放电管的指示灯亮起，可以确认是否在放电。

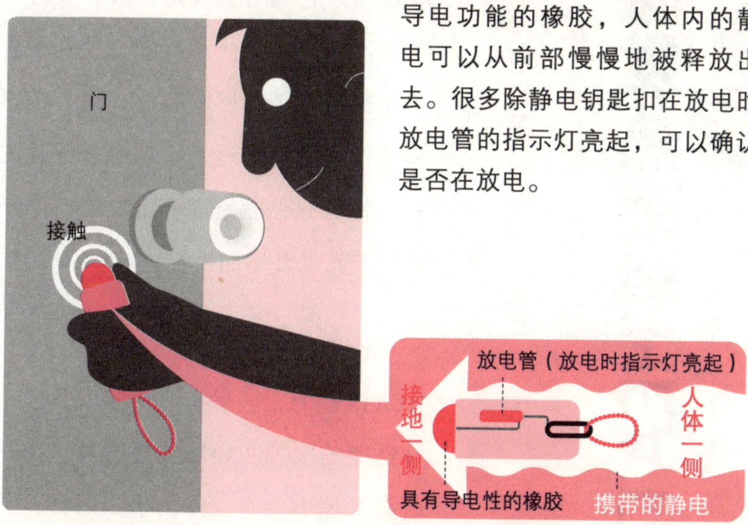

不受静电干扰的小妙招

妙招之一就是碰触墙壁使放电速度放缓，这与进加油站需要触摸静电消除器是同一原理。另外，就是用整个手掌接触物品，这样静电电流就不会集中在一点了，这种方法也很有效。

◉触摸墙壁或静电消除器

◉用整个手掌接触

Technology 074

保暖发热面料HEATTECH

顺应节能省电和温暖办公（WARM BIZ）的风潮，功能性服装大受欢迎。这次我们就研究一下以HEATTECH为代表的新型面料。

由日本优衣库与日本东丽合作研发推出的内衣系列**HEATTECH**非常受欢迎。它拥有如发热保暖、吸汗速干等作为内衣的优越性能，受到了男女老少不同年龄层顾客的欢迎，销售额连年上升。最近，不仅限于保暖内衣，拥有这些优越性能的T恤、牛仔裤等产品也开始面市了。

拥有这些特征的内衣不只有HEATTECH，一般具有保暖发热等特殊性能的服装叫作**功能性服装**，在一些大型超市会有专门的柜台出售。虽然日本纤维产业的生产量大幅减少，但这种纤维原料（**功能纤维**）的销售额却大幅增长。

功能纤维的三个特征

用于纺织功能性服装的纤维就是功能纤维，它们可能具有吸湿发热的特性，或者可以形成空气层，抑或者混入了陶瓷粉使其具有了放射远红外线的功能等。

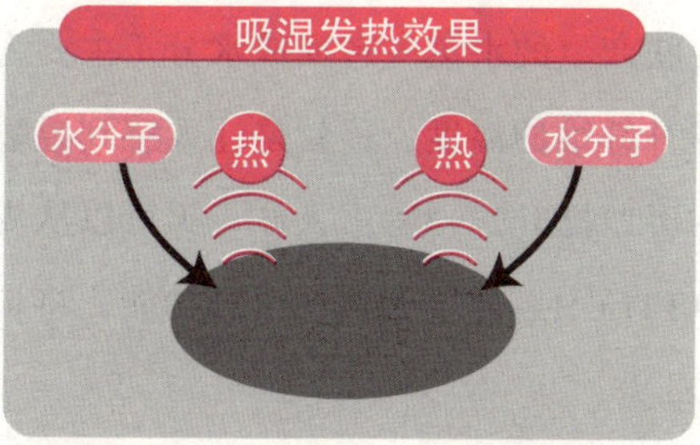

纤维可以吸收水分，并将水分子的动能转换为热能。

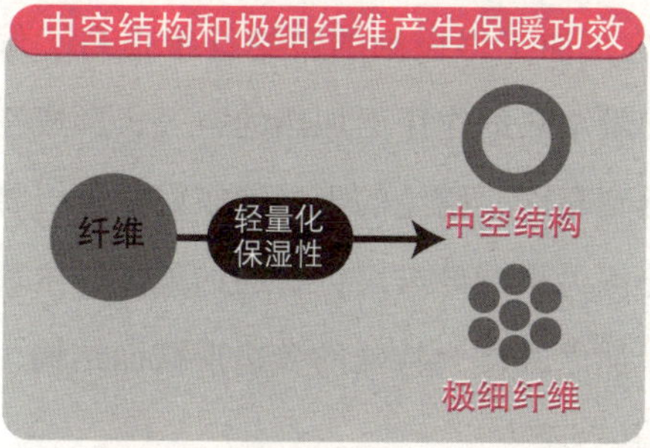

极细纤维以及中空结构形成了空气层，提升了保暖效果，实现了轻量化。

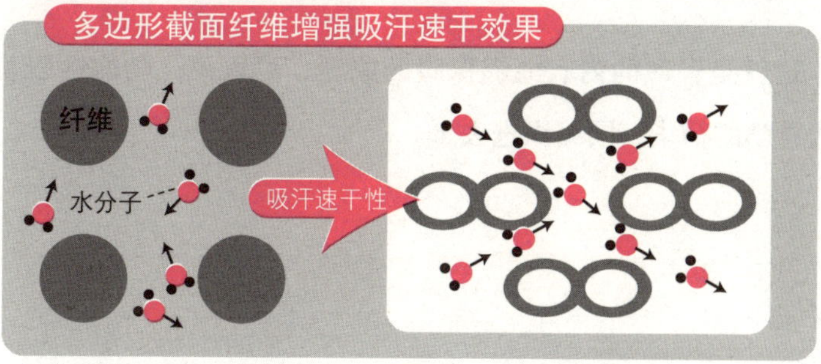

多边形截面增加毛细现象发生的概率，增强吸水性。

具有保暖发热功能的衣服大多是由粘胶纤维、腈纶、聚酯纤维等纤维面料组合而成，并充分发挥了它们各自的特性。接下来，我们就以其中的一个代表——HEATTECH为例仔细研究一下。

与皮肤接触的那一层选用了具有绵柔触感的粘胶纤维，它具有优越的吸湿性，可将皮肤产生的水蒸气转换成水分（主要为汗水），并产生**凝结热**，提升纤维的温度，这就是让人感到温暖的秘密所在。有些产品号称可以提升2～3℃。人体一天可以从皮肤散发约一升的水分，HEATTECH利用了人体的生理功能，将自然产生的水分作为发热的原动力。

粘胶纤维外侧为腈纶，加工得极细的腈纶纤维提高了保暖性能，可以储藏在体温和凝结热的作用下加热的空气，形成空气层。另外，汗液会使人感到寒冷，腈纶的吸湿性很好，可以将汗液运送到体外。腈纶层外侧为聚酯纤维层，普通的聚酯纤维就具有很好的排水速干功能，加之改良为特殊的多边形截面结构，可以将汗水运送到体外使其快速蒸发。

这就是轻薄的内衣能够保暖的原理，可以说，功能性服装将现代科学的精华一同编织进去了。

不同纤维面料的吸湿发热性比较

任何纤维面料都可以吸收水分并发热，不过不同种类的性能强弱不同。下图为不同纤维面料的吸湿发热性比较。腈纶最强，聚酯纤维最弱。

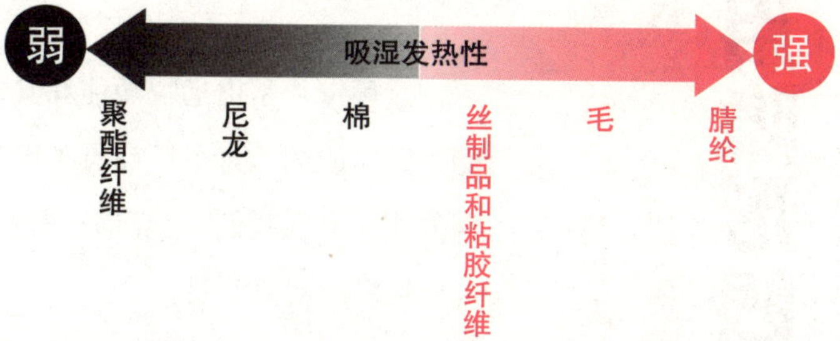

由多种纤维面料构成的功能纤维

为了能够充分发挥各种纤维面料的特性，功能性服装是由多种纤维面料共同构成的。

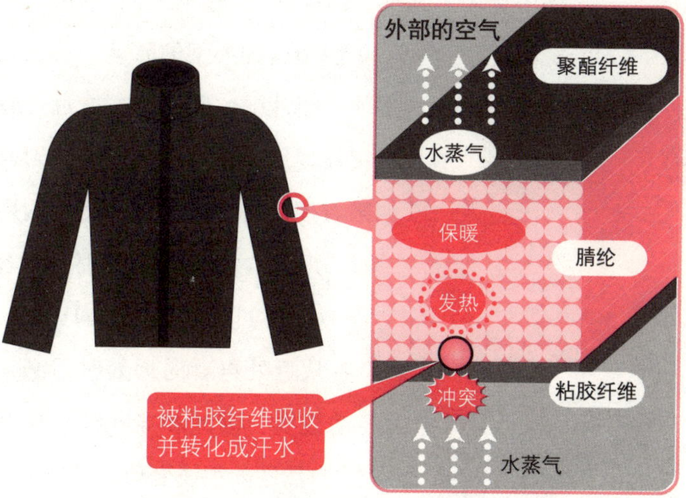

Technology 075

远近两用隐形眼镜

五十岁之后，看近处的东西会越来越吃力，但还远远不到佩戴老花镜的程度……这时候，你可能需要这个产品。

开始佩戴老花镜的时候，无论是谁都会有抵触感，特别是对于那些不习惯戴眼镜的人来说，是需要很大的勇气的，**远近两用隐形眼镜**在这部分人中非常受欢迎。

这种镜片是由远视功能和其他功能共同组成的，每个厂商有不同的组合方式。下面我们一起研究一下其中应用较多的两种类型。

第一种是模仿远近两用眼镜片制作的隐形眼镜。从中间到外侧曲率循序渐进地改变，从远视到近视都有覆盖。

使用这种类型的眼镜，看远处使用的是镜片的中间位置，看近处时移动视线使用镜片的周边位置。因此，如果有使用过此种类型的远近两用眼镜片，使用这种隐形眼镜时会更容易一些。不过，从远处看向近处，或者从近处再看向远处时，必须移动视线，因此和老花镜一样都是非自然性的视线变动。另外，在明

模仿远近两用眼镜片制作的隐形眼镜

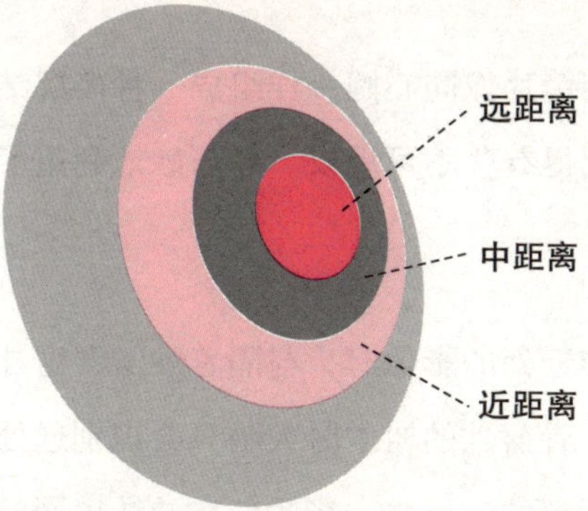

从中心开始依次为远距离、中距离、近距离所用，对于使用过远近两用眼镜片的人来说使用起来会更容易一些。

使用远近两用隐形眼镜时眼睛的变化

使用这种类型的隐形眼镜时，眼睛的变化与使用远近两用眼镜时类似。

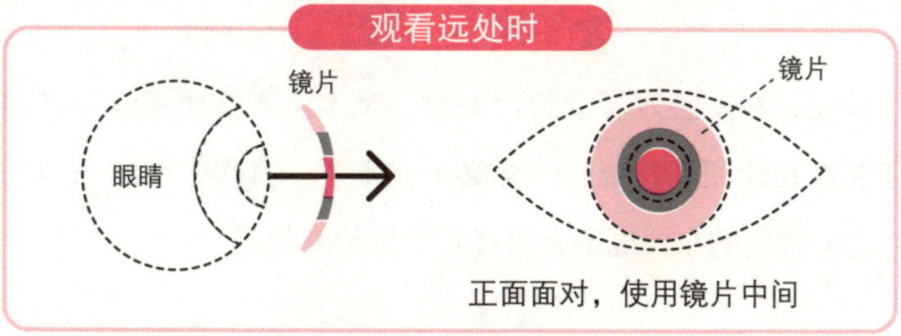

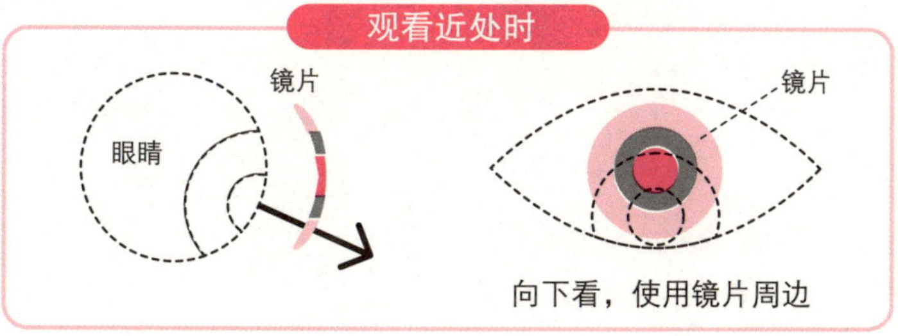

暗迅速变化时，瞳孔大小也会发生改变，之前能看到的东西可能会变得看不清楚。

第二种是远视和近视用镜片像同心圆一样组成一种多层结构的眼镜。虽然看起来让人觉得有些不可思议，却巧妙地利用了人类视觉的原理。

用这种眼镜识别远处和近处的影像时，与隔着纱窗看窗外的树木的情形很类似。我们在看窗外的树木时大脑只会识别远处的树木，近处的纱窗网是看不到的。反之，当我们在看纱窗网的时候，也看不到远处的树木。总之，在看向远处时近处的影像会从大脑中消失，反之亦然。

适应第二种眼镜需要花费一些时间，不过在适应后会有很多好处。

首先，在交替观看远近两处时，基本上不需要视线的移动。不需要像在使用老花镜时那样必须向下看。其次，明暗强烈变化时，之前看到的东西也不会出现看不清楚的状况。

远视和近视用镜片交替分布类型的构造

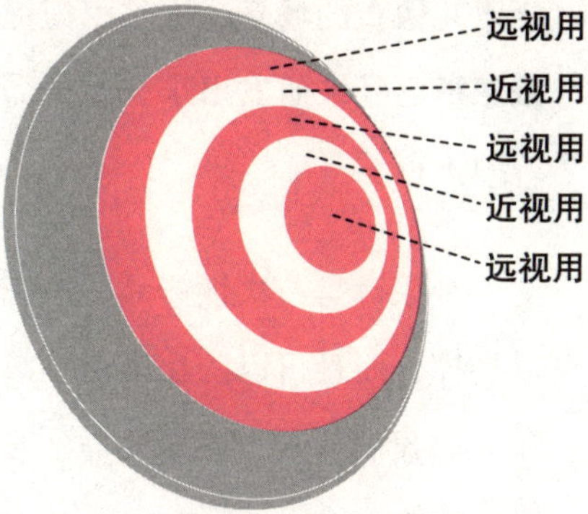

远视和近视用镜片像同心圆一样交替分布，适应这种眼镜需要花费一些时间，不过适应之后视线可以自然变化。

远视和近视用镜片交替分布类型的原理

这种类型的隐形眼镜，利用了大脑识别远近两处对象物体时的原理。

观看远处的树木时

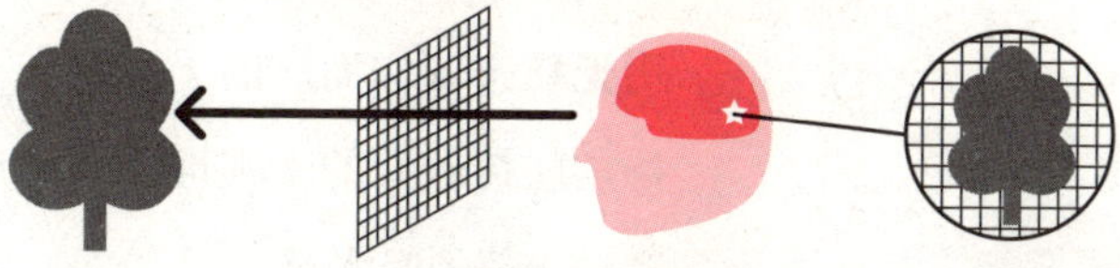

大脑集中在远处，看不到近处的纱窗。

观看近处的纱窗时

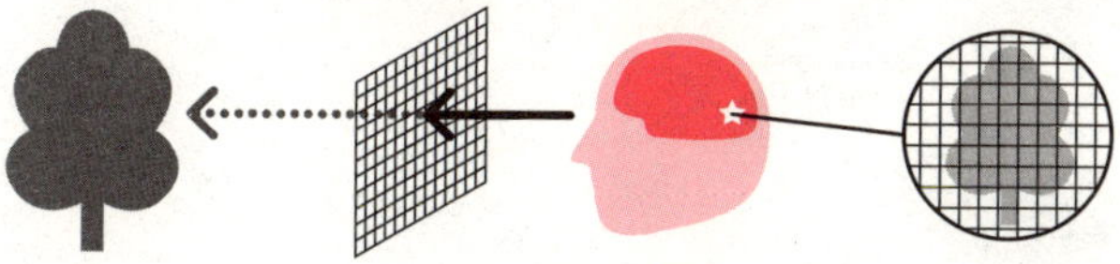

大脑集中在近处，看不到远处的树木。

Technology 076

纸尿裤

日本的『少子老龄化』现象日趋严峻，很多产业的衰退开始引起人们的关注，不过还有一个生机勃勃的产业，它就是纸尿裤产业。

以二十世纪九十年代左右为界，各家各户的屋子前再也没有出现过晾晒婴儿尿布的场景。这是因为优质的**纸尿裤**已经被研发出来，不再需要传统的尿布了。

纸尿裤是一次性产品，用完就可以扔掉，而且可以防止排泄物渗出。接下来我们就来一起探究一下它的秘密。

纸尿裤一般是由表层、吸水层、防水层三层构成的。

表层是最贴近皮肤的一层，它与皮肤直接接触并负责接收尿液，是使用**无纺布**制作而成的。无纺布可以保持皮肤接触面的干爽性，并将尿液传递到相邻的吸水层。

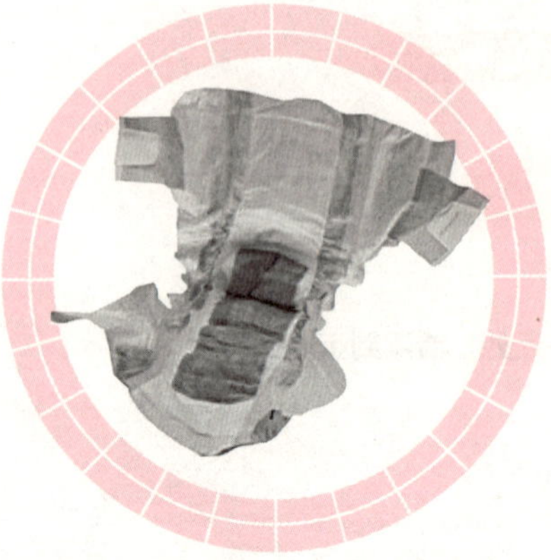

纸尿裤的构造

纸尿裤为三层结构，表层为无纺布，吸水层使用的是高分子吸水树脂（SAP），防水层使用的是防水透气膜。这些都是高科技的结晶。

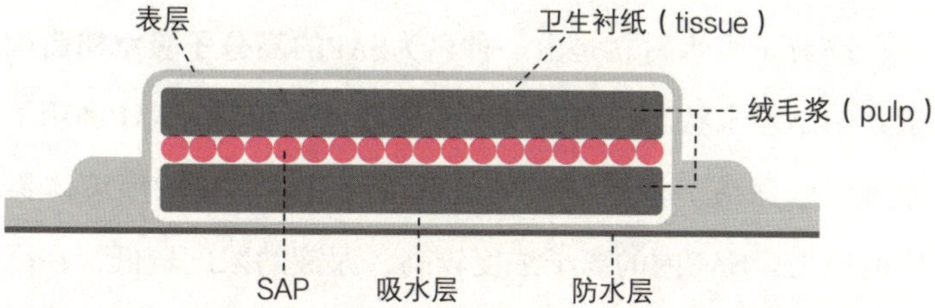

用途多样的无纺布

纸尿裤中最贴近皮肤的那一层使用的材料就是无纺布，顾名思义，它是一种“不经纺织做成的布”。我们身边的很多物品都用到了无纺布，如口罩、袋泡茶等，其中汽车座椅最为知名。

最中间的吸水层需要从表层接收尿液并将其吸收后固化。主要材料为**高分子吸水材料**，它能够瞬间吸收自重五十倍以上的尿液并将其固化。充分固化后的尿液不会渗漏，在身体的压力下也不会回渗。

高分子吸水材料是由一种名为SAP的**高分子吸水树脂**构成的。最开始是粉末状态，在吸水后变成固体凝胶状。SAP利用了渗透压原理吸收尿液。渗透压指的是低浓度液体向高浓度液体移动时产生的压力。SAP内的离子浓度较高，尿液的浓度较低，在因浓度差产生的渗透压的作用下SAP吸收了尿液。

最外层的防水层是防止尿液和气味外泄的最后的堡垒。但因其透气性较差，很容易造成皮肤湿疹。因此使用了一种名为**全面透气性薄膜**的防水透气膜。整个防水透气膜布满了肉眼不可见的微小的孔洞，尿液和气味无法泄露出去，只有水蒸气可以跑出去，降低了纸尿裤内的湿度。这样可以防止因闷热造成的皮肤问题。

纸尿裤上充满了现代科学的结晶，日本纸尿裤的出口量之所以连年增长，原因就在于此。

高分子吸水树脂（SAP）的工作原理

SAP吸收尿液的原理和海绵吸收水分的原理不同，它利用了渗透压原理，也就是在因离子的浓度差而产生的压力下吸收尿液。

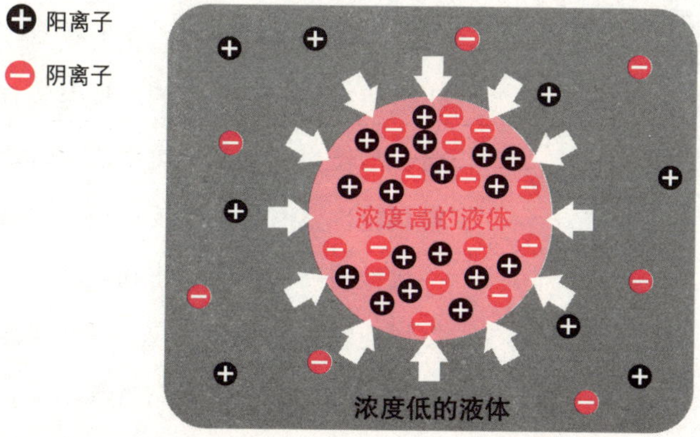

防水透气膜的作用

防水透气膜位于纸尿裤的最外侧，也起到了保护套的作用。它是一个门卫般的存在，让水蒸气通过，却不让水通过。

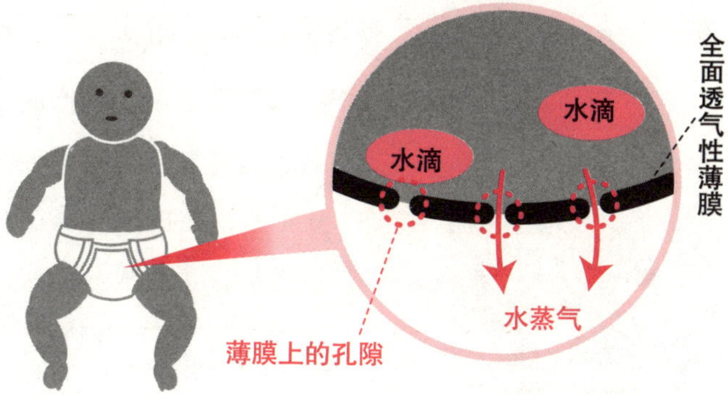

Technology 077

一次性暖贴

一次性暖贴可以说是冬季到户外观看比赛等活动的必需品。在任何地方都可以用它取暖，非常方便。

一次性暖贴是冬天户外的必需品，开封后揉一揉就能发热，使用非常方便。加之在最近日本防灾节能诉求的影响下，同类型的产品大受欢迎。

一次性暖贴之所以会发热与铁氧化生锈有关。取暖片的内袋内装有铁粉、活性炭、水和盐类物质，这些铁粉氧化生锈时会产生反应热，这就是一次性暖贴的热源。水和盐类物质可以加速铁粉的氧化反应，活性炭能够吸收空气中的氧气提高氧气浓度，使其更容易与铁发生反应。

最新上市的可以循环使用的**环保暖贴**（暖手宝）也受到了人们的欢迎。醋酸和钠反应生成醋酸钠，醋酸钠在比它本来的凝固点低的温度下，还可保持稳定的状态，人们利用了这一特性制作了这种创意产品（这种状态名为**过冷却**）。暖手宝内部设有金属片，在按压金属片使它产生震动后，主要成分醋酸钠就会迅速变成固体并释放热量。

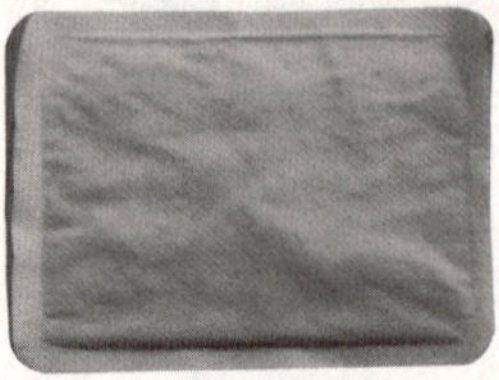

一次性暖贴的内部构造

一次性暖贴是日常生活中的常见物品，不过却很少有人了解它的内部构造。里面各种各样的物品都是精心设计的成果，其中隐藏着它可以发热的原因。

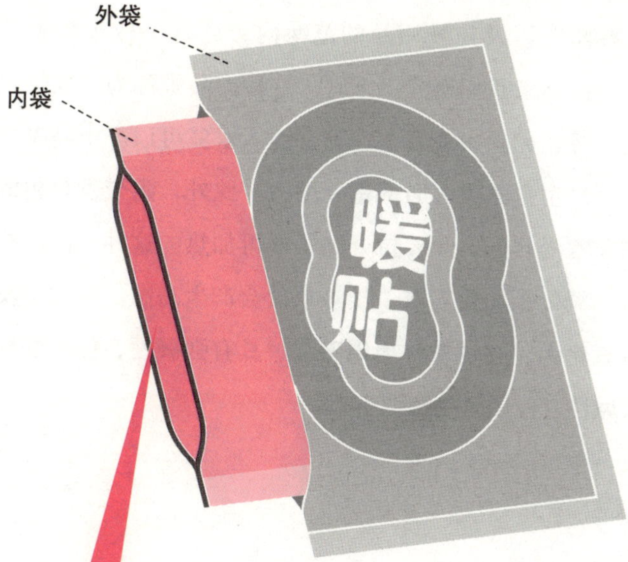

内部

铁粉（因为铁氧化生锈产生热量。）

水、盐类物质（加快铁粉氧化速度。）

活性炭［吸收空气中的氧气，提高氧气浓度（促使铁粉快速氧化）。］

保水剂（将水储存起来，防止水将铁粉弄湿。）

提到暖手宝，其实日本以前的白金暖手炉也是非常有名的，使用时间长，还可以循环使用，时至今日还有人非常喜欢。所谓的白金暖手炉是利用白金作为催化剂，在催化的作用下，专用的燃料油能够在低温状态下长时间燃烧。

在防灾以及户外用品的范畴内，还有一种非常知名的发热产品，接下来我们研究一下它。这种产品被称为“发热包”“加热包”等，无须火或者电，只要注入水就可以产生高温并加热食品，是发生自然灾害时的重要助力。此外，附带发热包的车站便当也非常受欢迎，只要拉开绳子即可加热。这种产品的原理十分简单，氧化钙（**生石灰**）接触水后会产生高温。但这个反应会生成氢氧化钙，它也被称为**消石灰**，具有强碱性，能使酸性的土地变成碱性，使用时要特别小心。

Technology 078

免烫衬衫

免烫衬衫免去了每天熨烫衣物的烦恼，那么，它究竟是如何保持形态稳定的呢？

西服衬衫的材质多为棉布。它有很好的吸水性，穿着舒适，不过棉布衬衫在洗涤后很容易产生褶皱。忙碌的现代生活中，每天熨烫又很麻烦。

因此现在市面上出售的西服衬衫大多经过**形态稳定**加工。形态稳定是包括形状记忆、免烫等类似的纤维加工方式的统称。经过这种加工的衬衫，在洗涤后直接晾干即可，无须熨烫。

在介绍形态稳定加工的原理前，我们先来研究一下褶皱产生的原因。棉纤维是由天然的纤维素分子松散地结合在一起组成的，内部有大小不等各式各样的孔隙。洗涤时，水分渗入孔隙内使其膨胀、变形，如果直接晾干，纤维就会以变形的状态固定下来，这就是棉衬衫产生褶皱的原因。

为了防止褶皱产生，需要抑制因水分引起的纤维膨胀，人们发明出来的解决方案是**架桥反应**。这是为使纤维与纤维之间联结更紧密，而在分子之间架桥的一种化学反应。经过处理后，即使水渗透进去，纤维也不会膨胀。

最开始人们使用福尔马林来激发架桥反应，不过现在人们找出了更多对皮肤和环境更友好的物质。

利用架桥反应防止纤维变形的技术，并非仅限于棉布，也可以用于毛织品。一些无须分开洗涤的套装等就是经过了这种处理。毛织品的表面为鳞片状结构，水分进入后会立起来，与旁边的纤维连在一起。这就是毛织品在水洗后会缩水的原因。所以，如果用薄薄的树脂将纤维包裹起来并在分子之间架桥，纤维在湿润后也不会缠在一起，这样晒干后就可以恢复本来的形状。

另外，经过形态稳定加工的衣服最好用阴干的方式晾干，理想状态是可以滴水的程度。因为水的重量可以自然地让褶皱舒展开来。

棉纤维产生褶皱的原因

很多衣服都会使用棉布，它的吸水性非常好，但其缺点是吸收水分后容易产生褶皱。下面我们来看一下褶皱产生的原因。

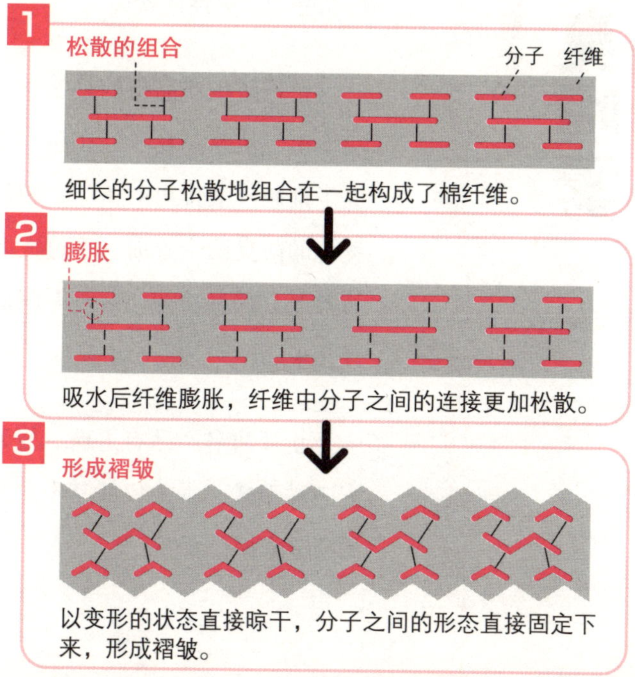

基于架桥反应的形态稳定加工

在架桥反应的作用下分子之间的连接更加坚固。这样在水分进入后也不容易变形。

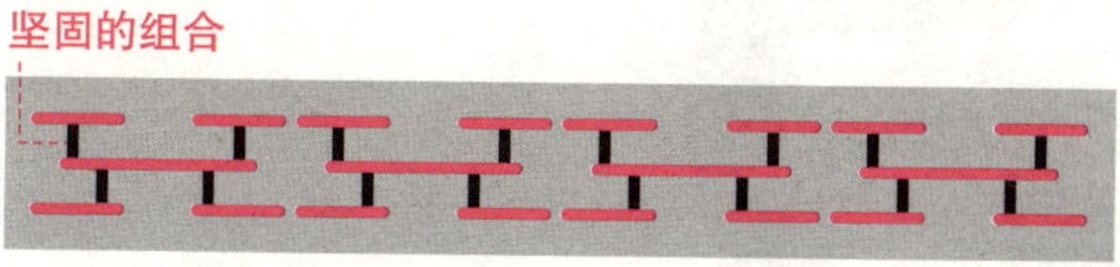

Technology 079

止汗防臭喷雾

现在，不仅是女性，男性也非常介意汗味和体臭味。因此，止汗防臭类产品的销量非常可观。

曾经有段时间，人们认为“汗水是男人的勋章”“汗味是男人的象征”，不过现在汗臭味只会让人们敬而远之。在这种情况下，止汗防臭类产品受到了男性的欢迎。

止汗防臭产品指的是能够抑制汗液排出、消除汗臭味的产品。虽然分成了抑制汗液排出的止汗，和消除汗臭味的防臭两个方向，不过大多数产品都兼具两种功能，并没有明确地区分开来。

止汗防臭产品有走珠、凝膏、喷雾三种形式，本文仅就其中最受欢迎的喷雾来探讨研究。

堵塞汗腺型止汗剂的原理

我们以联合利华（Unilever）的“Rexena”止汗剂为例，它的成分会进入汗腺内，形成凝胶状物体并堵塞汗腺，阻止汗液产生。

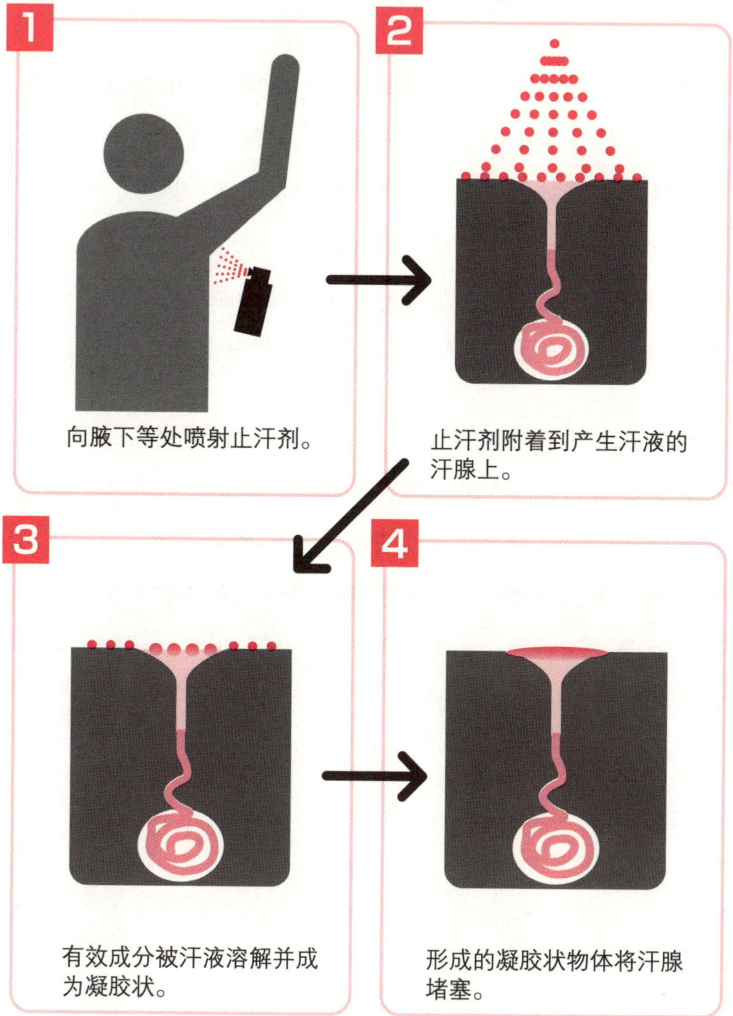

首先，我们来看一下止汗的原理。喷雾型止汗防臭产品可使喷洒区域降温，因此产生止汗的作用。不过，这只是最常见的一种止汗方法，人们期待更新、更有效的止汗方式。例如，有些商品在喷雾中添加了某种成分，可以进入汗腺内，直接抑制汗液的产生。这种止汗原理成了商品的突出卖点。

接下来，我再看一下防臭的原理。很多人可能会感到意外，但实际上人的汗液本身是没有味道的。臭味是皮肤上的常驻菌在分解汗液并繁殖的过程中产生的分泌物发出的。因此，对容易产生细菌的腋下等部位进行杀菌处理，汗味就会随之减弱。将分泌物净化后气味也会消失。最受欢迎的防臭产品是含有银离子的产品，银离子对人体无害，而且有很强的杀菌净化功效。

现在的人热衷于抑制气味。据统计，止汗防臭产品中销量最高的是“皂香型”这种非常清淡的味道。我们把目光转向法国就会发现，他们的文化是很享受香味并积极释放香味的，连法国男性都将喷香水当成理所当然的事情。也许在不远的将来，日本也会开始普及“增香”，而非简单的“防臭”了吧，不知那时人们会喜欢什么香味的止汗喷雾呢?

汗味产生的原理

汗水是由脂肪酸和丙三醇组成的，它本身是无味的。不过其中的脂肪酸被皮肤中的细菌分解时就会产生臭味。

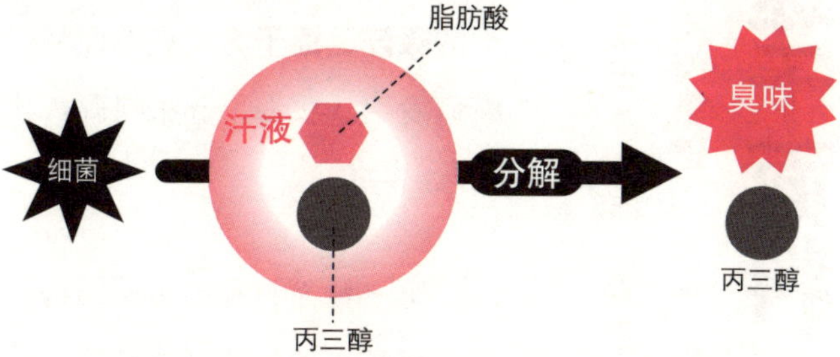

消除气味“防臭”原理

可以通过抑制细菌的繁殖或分解臭味成分来抑制气味的产生甚至彻底清除气味，最知名的防臭产品是银离子，它有很好的消臭效果且对人体无害。

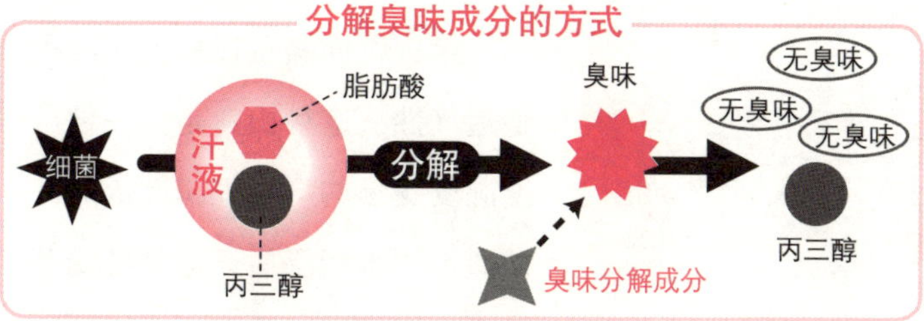

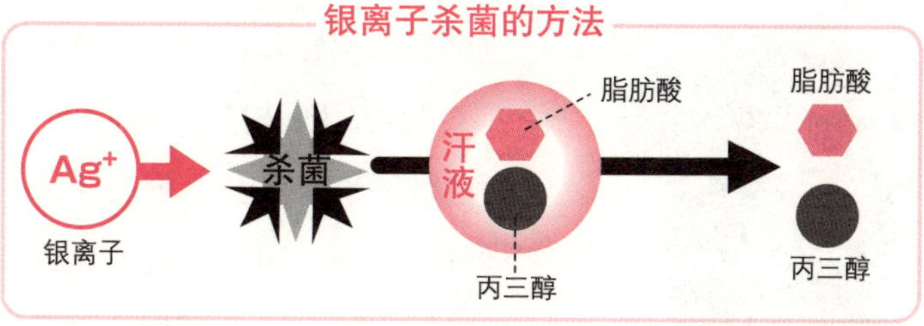

Technology 080

吸汗速干面料

『清凉办公』是日本倡导的夏季节能政策中的一项，高功能性服装在背后默默支持着这项举措，新的产品正在不断研发中。

为了解决全球变暖问题，人们不想只依赖空调，还希望找到其他可以清凉度过炎热夏季的方法。因此，以易吸收汗液或吸收汗液的同时快速变干的**吸汗**、**速干**为卖点的面料正在不断研发中。我们一起来揭开这项技术的冰山一角。

第一种面料是由多层结构制作而成。那是一种内侧纤维较粗，外侧纤维较细的多层复合面料，利用毛细现象如同水泵一样将汗液从内侧转移到外侧，让水分蒸腾出去。适合制作清爽型内衣和运动服。

第二种面料可以根据汗湿程度调整透气性。这种面料是由一种可以根据湿度变形的纤维编织而成的。一般面料被汗水润湿后，透气性变差，衣服内会很闷热。为了改善这种现象，这种面料由特殊的纤维编织而成，该纤维在干燥时处于收缩状态，透气性一般；出汗后舒展开来，透气性变好。因此，这种面料在流汗时织孔打开，干燥时恢复至原来

多层结构面料

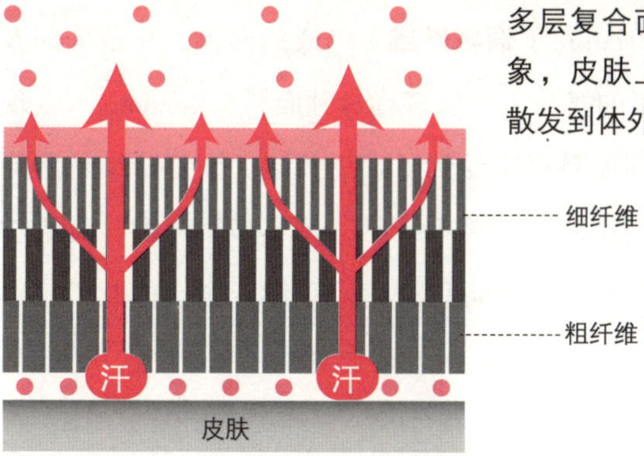

用粗细不等的线编制而成的多层复合面料，根据毛细现象，皮肤上的汗液被转移后散发到体外。

调整透气性的面料

这种面料由一种可以根据湿度变形的纤维编织而成，可以通过织孔的开合来调节透气性。

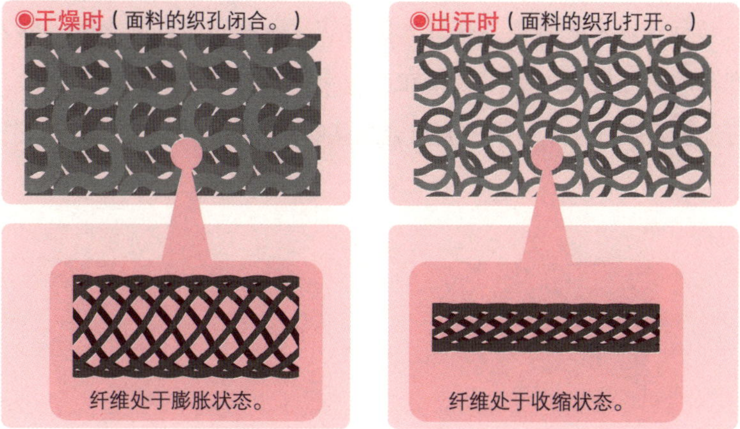

的状态，因此制成的衣服干爽不闷热。

此外，还有一种面料是由本身具有吸汗速干性质的纤维组成的。例如，一种由cupra（**铜氨纤维**）组成的面料，在很久前人们就将它用作运动服的衬布（当时多称这种面料为Bemberg），现在它作为吸汗速干的面料再次受到了广泛关注。铜氨纤维是用棉花种子周边的绒毛制作而成的再生纤维，具有多孔结构，吸湿放湿性能良好，这种纤维本身就可以缓解闷热和汗湿。因此，用这种面料制作而成的内衣夏天穿也非常舒适。

在运动时，单纯的功能性面料不足以完全抑制住大量汗水。于是，人们研发出了更加复杂有效的吸汗速干运动服。衣服内侧带有很多防水聚酯纤维的凸起，与外侧的吸水聚酯纤维组合在起，外侧吸水层没有完全吸收干净的汗液会从衣服下方滴落下来。

自古以来，日本人在夏天就喜欢穿着麻布面料的衣服。因为麻布的透气性良好，不会粘在皮肤上，具有优越的吸汗速干性。可能研发吸汗速干材料的起点就是从麻布开始的吧。

纤维本身具有吸汗速干性质的面料

有效利用了铜氨纤维的放湿性，与聚酯纤维相比，肌肤和面料之间不会有水分逗留，更容易将湿气散发到空气中。

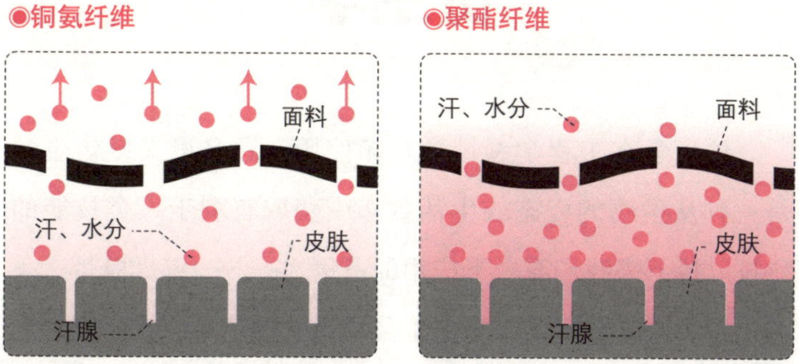

排汗面料

在皮肤一侧设计了很多凸起的防水聚酯纤维，这些凸起具有斥水性，可以将汗液甩掉，同时能够防止转移到吸水层的汗液回流，保持肌肤一侧的清爽。

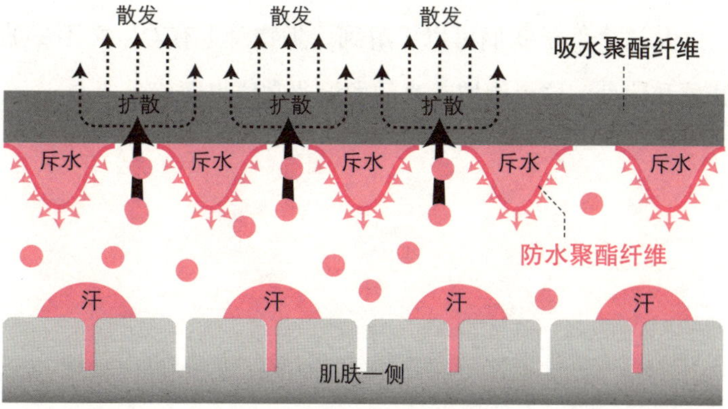

column

学习生物的智慧——仿生学

仿生学在工程学领域被频频使用。顾名思义，仿生学是一种从生物的姿态或生活状态中获取有利于人类技能的科技。接下来我们看一下应用的范例之一——壁虎胶带。

壁虎胶带是日本日东电工公司研发的产品。在研究壁虎为什么可以在墙壁上自由自在地爬上爬下的过程中，人们发现它的脚趾上长有无数微小的纤毛，这些纤毛可以进入墙壁表面细小的缝隙内，甚至在玻璃上也可以让壁虎轻松移动。受此启发，人们设想将无数细小的纤维根植在胶带上，是否会像壁虎的脚趾一样可以粘在任意地方并且能够瞬间揭下来，壁虎胶带就这样被研发出来了。

从这个例子我们可以了解到，生物身上有着取之不尽的智慧和信息。这个领域未来的发展非常值得期待。

第7章

文具也离不开科技

铅笔为什么可以写字？橡皮擦为什么可以将字擦掉？想必有很多人都不曾思考过这些问题。本章就从科技的角度研究一下文具。

Technology 081

铅笔

铅笔这个词语中有一个『铅』字，那么它真的含铅吗？铅笔又究竟为什么能在纸上写字呢？

铅笔中包含一个“铅”字，因此很多人误以为铅笔芯中含铅，实际上，铅笔中并没有铅。铅笔含有别名为“黑铅”的**石墨**成分，很容易与铅混淆。铅笔芯是由石墨和黏土制成的。

石墨的主要成分是碳，同样由碳组成的物质还有钻石，但是它们的结构和性质却毫无共同之处。像这样，由同样的单一化学元素组成，但性质完全不同的物质叫作**同素异形体**。

从纳米层面上观察，石墨是由碳组成的柔滑的层状结构，在笔压的作用下石墨层很容易脱落，变成黑色粉末，文字和绘画都是由这些粉末构成的。

石墨和钻石的成分相同

石墨和钻石都是由碳原子组成的，但排列方式不同。像这样，由同样的单一化学元素组成，但性质完全不同的物质叫作同素异形体。石墨是由很多碳层组成的，每层之间都非常柔滑。

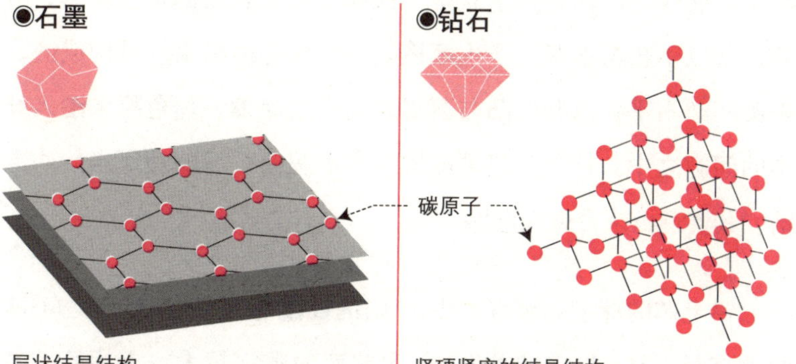

层状结晶结构。

坚硬紧密的结晶结构。

铅笔写字的原理

纸张表面是由植物纤维相互交织而成的。石墨粉末渗入纤维的间隙之中，就能在纸上留下字迹。

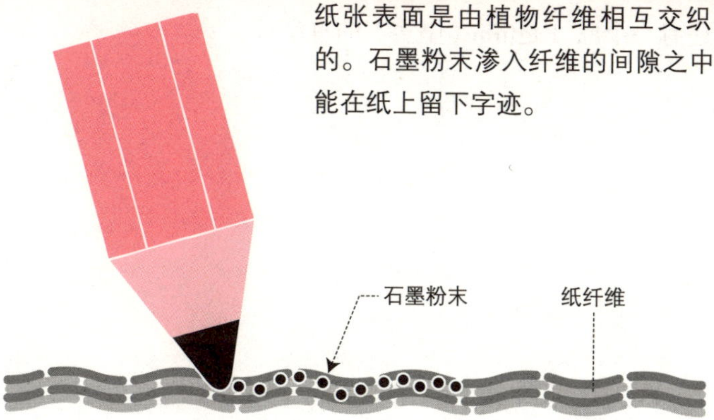

大约四百五十年前石墨在意大利被发现，一经发现马上被当作书写工具使用，这就是铅笔的起源，后来又历经两百多年，铅笔才演变成今天的模样。

那么，铅笔为什么可以在纸上写字，却不能在铁或者玻璃上写字呢？原因在于上文提到过的石墨的特性。要有摩擦石墨的碳层才能在笔压的作用下脱落，铁和玻璃的表面都是坚硬而光滑的，所以不会与石墨层产生摩擦。而纸张是由植物纤维构成的，表面凹凸不平，这些凹凸与石墨之间产生摩擦，黑色粉末渗入纤维的间隙之中。这就是铅笔能够写字的秘密。看似理所当然的事情，其实理由来自微观世界。

铅笔芯的深度和硬度，由B到H的**硬度等级**来表示，B是black的首字母，H是hard的首字母。B前面的数字越大，表示笔芯越软；H前面的数字越大，表示笔芯越硬。铅笔的硬度是由石墨和黏土的比例决定的。例如，HB铅笔中石墨为70%，黏土为30%。B前面的数字越大，笔芯中的石墨含量越多。顺便说一下，在H和HB之间还有一个F，F是firm（坚实）的首字母。

普通铅笔和彩色铅笔的材料

如前文所述，普通的黑色铅笔（石墨芯铅笔）的笔芯是将石墨和黏土混合在一起烧制而成的。而彩色铅笔的笔芯是由蜡和颜料等油性物质与滑石粉等混合压制而成的。滑石粉可以让书写更顺滑，在痱子粉中也有添加。

◉普通铅笔

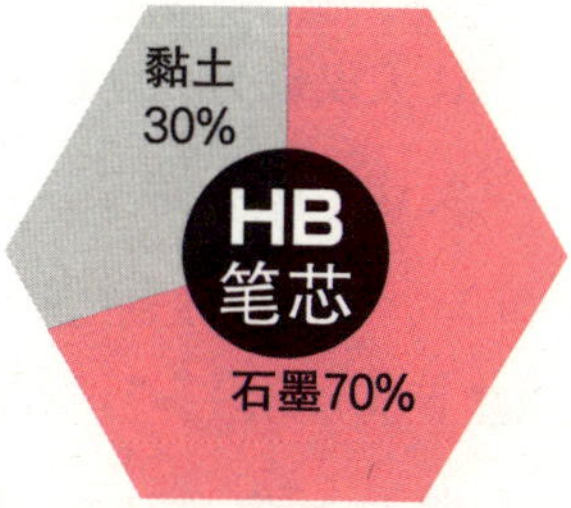

◉彩色铅笔

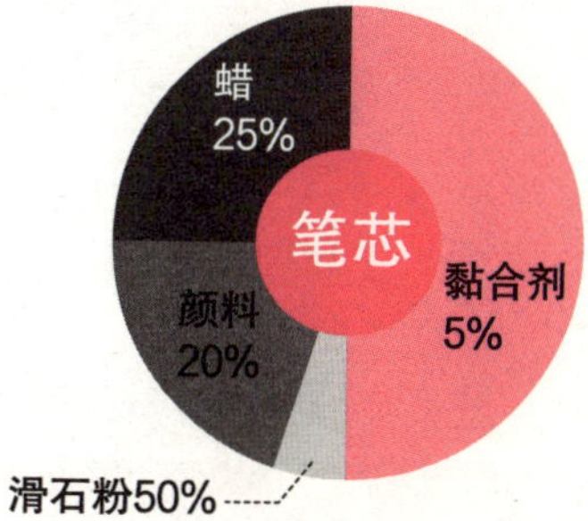

为什么橡皮擦很难擦除彩色铅笔的字迹

一般用彩色铅笔书写的字迹是很难用橡皮擦擦掉的，这是因为彩色铅笔芯中含有油性成分。

◉普通铅笔

笔芯的粉末附着在纸张表面，可以用橡皮擦擦除。

◉彩色铅笔

笔芯材料柔软且含有油性成分，会渗入纸张纤维内部，所以很难用橡皮擦擦除。

Technology 082

自动铅笔

自动铅笔无须削尖笔芯，在日本自动铅笔的英文名称是『sharp pencil』，因为它是由大型家电企业『夏普（Sharp）』的创始人发明的。

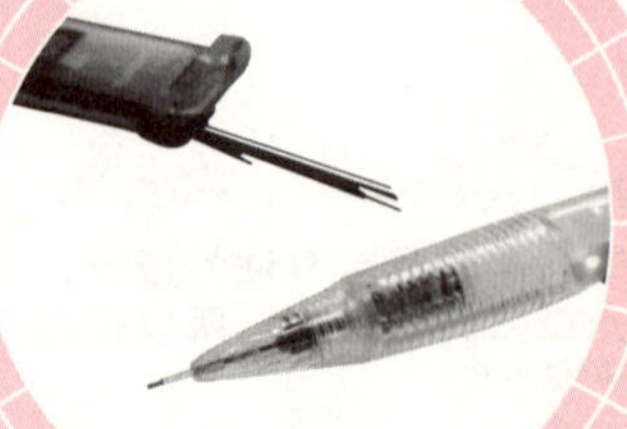

小学时，学校鼓励大家使用铅笔，但在日常生活中使用铅笔的时候并不多。这是因为自动铅笔取代了铅笔。日本的年轻人将自动铅笔亲切地称为“シャンペン（syannpenn）”。

不过，因为这个日语单词是片假名（日语中大多数片假名词汇为舶来语），会让人误以为自动铅笔源自欧美，但其实这个产品最初是由日本研发出来的。一百年前，日本大型家电企业“夏普（Sharp）”的创始人早川德次发明了一种自动铅笔并命名为sharp pencil，逐渐在世界范围内流行。最早的自动铅笔并非按动式而是旋转式的。直到1960年按动式自动铅笔才问世。

按动式自动铅笔的原理

按动式自动铅笔的工作原理十分巧妙，手指每按压一次按动尾盖，卡头都会将自动笔芯向外推出。

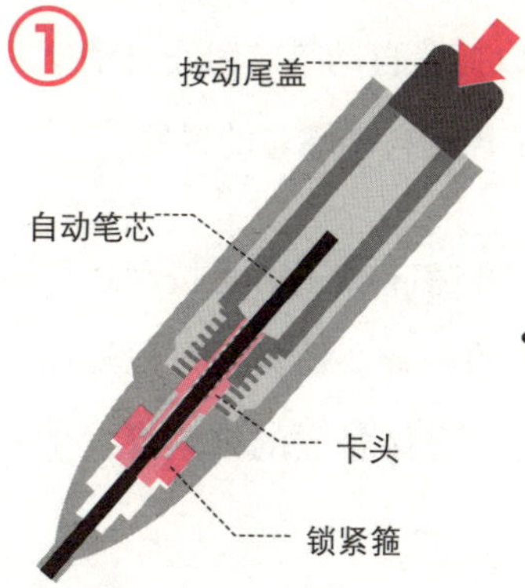

手指按压按动尾盖。

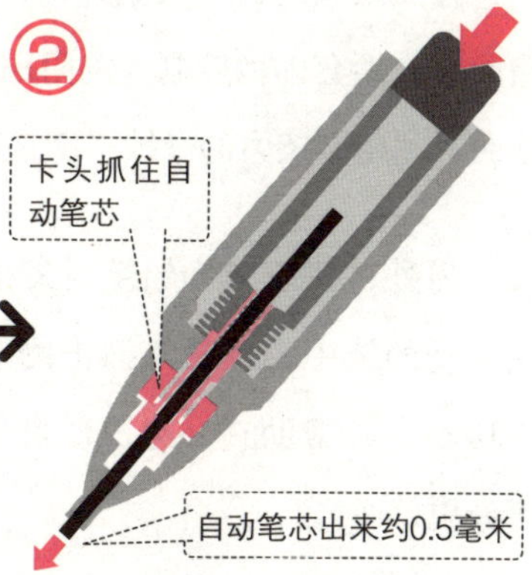

负责移动自动笔芯的卡头抓住自动笔芯向前移动约0.5毫米。

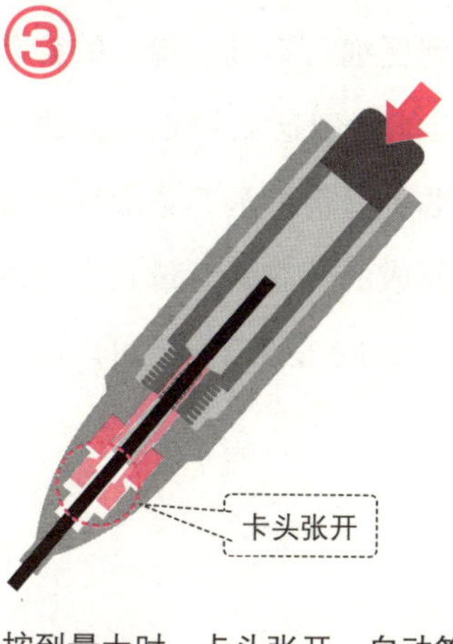

按到最大时，卡头张开，自动笔芯停止移动。

手指从按动尾盖处移开，在弹簧的作用下卡头缩回。

虽然有些自动铅笔的售价尚不足100日元，但它的工作原理十分巧妙。每当手指按压按动尾盖时，卡头都会带动自动笔芯将其推出。

按到最大时，卡头张开，自动笔芯无法继续移动。当按动尾盖缩回时，尖套内橡胶制成的阻尼圈可以抓紧自动笔芯阻止自动笔芯缩回。利用摩擦力的微妙平衡，达到了控制自动笔芯的目的。

另外，按压自动铅笔时发出的“咔嚓咔嚓”声是按动过程中被牵动的笔中的锁紧箍撞击侧壁发出的声音。锁紧箍可以辅助卡头移动，并帮助它一起抓住自动笔芯。金属材质的锁紧箍发生的声音更好听。

据说自动铅笔替芯（简称**自动笔芯**）刚上市的时候，直径超过了1毫米，这是因为它直接使用了普通铅笔的笔芯。因为铅笔的笔芯是石墨和黏土制成的，无法做到更细。不过，现在的自动笔芯直径已经小于0.5毫米了。之所以能做到这么细是因为原料是合成树脂和石墨（叫作**树脂自动笔芯**）。将细笔芯整形烧制使其凝固，完成后合成树脂已经炭化，制成的笔芯碳含量几乎达到100%，强度非常高。这个过程中混入的合成树脂的分量可以决定笔芯的硬度。

笔芯引导装置的构造

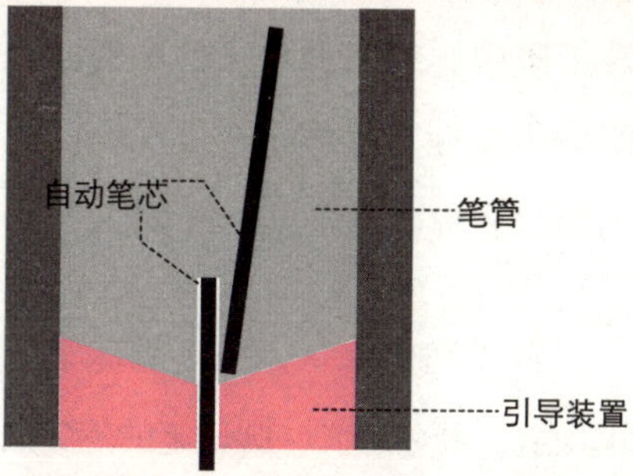

笔芯引导装置能够将笔芯陆续送出，它的孔径设计成比一根笔芯的直径大，比两根笔芯的直径小。因此自动笔芯能够一根一根地被送出。

自动笔芯的制造方法

自动笔芯的制造方法与铅笔笔芯不同。它不是用黏土而是用合成树脂混合烧制而成（增加混合比例可以调整硬度），最后浸入油内使笔芯更加柔滑。这样做出来的笔芯虽然很细但不易折断，还能得到顺滑的书写体验。

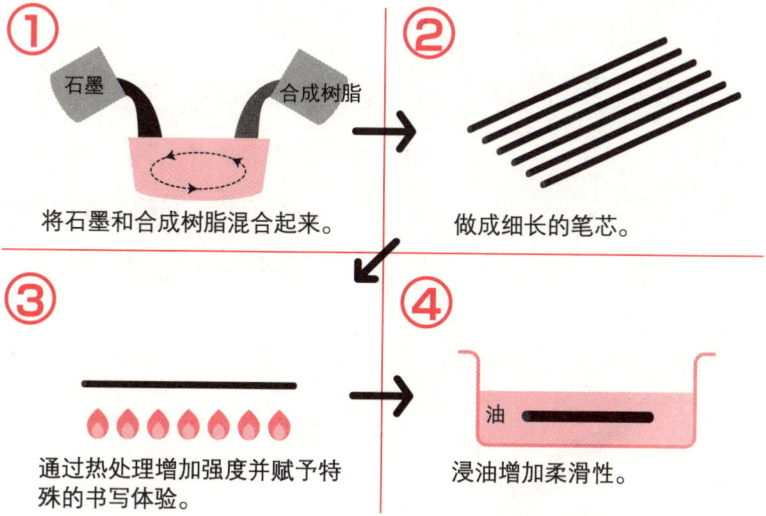

Technology 083

圆珠笔

圆珠笔已经成为我们最司空见惯的文具，不过依旧有很多种类的圆珠笔不断面市。让我们来看一下它们的精巧设计。

伫立在文具店书写工具的货架前，总是被色彩艳丽、造型丰富的圆珠笔吸引，有一种购买的冲动。圆珠笔的丰富性不仅体现在外观上，内部的墨水和构造也同样丰富多彩。

首先我们来认识一下圆珠笔的基本构造。顾名思义，圆珠笔的笔尖处带有一粒金属圆珠，它负责书写时将墨水释放到纸上。即使廉价的圆珠笔，它的笔尖也是经过微米级加工的。乍一看觉得圆珠笔很结实，实际上圆珠笔笔尖非常脆弱，不小心戳到哪里或者掉在地上就很容易坏掉，所以使用时请小心留意。

如文章开头所述，圆珠笔的墨水和内部构造非常丰富，圆珠笔的世界看似已经技术饱和，实际上各种各样精巧的设计正在刷新着人们的认知。

圆珠笔的原理

圆珠笔的笔尖处有一粒金属圆珠，转动的圆珠可以持续地将墨水释放出来。

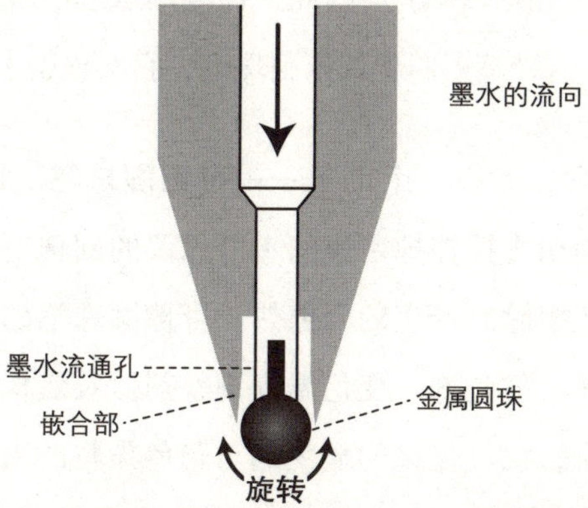

加压圆珠笔的工作原理

给墨水施加压力，防止圆珠和墨水分离。无论如何握笔都可以流畅地书写。

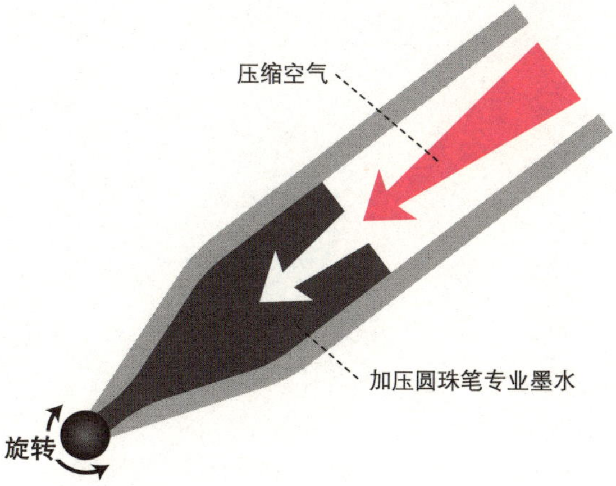

我们先来看一下其中的一个例子——**加压圆珠笔**。普通圆珠笔笔尖朝上时书写是不出墨的，因为朝上时在自重的影响下墨水向下走，在书写中可能不小心卷入空气。当墨水和滚珠之间有空隙的时候，就无法书写了。因此，提高墨水芯的气压，使墨水一直朝向滚珠，这种笔就叫作加压圆珠笔，它实现朝上书写。

接下来看一下另一个例子——**可擦圆珠笔**。顾名思义，它是一种能够用橡皮擦擦掉字迹的不可思议的圆珠笔。它的秘密在于，用橡皮擦擦除时产生的摩擦热。可擦圆珠笔的墨水颜料是由含有隐色染料、显色剂、变色温度调整剂微胶囊构成的。当摩擦使温度升高时，已经显色的显色剂与隐色染料的组合被拆开。这样隐色染料恢复到本来的无色状态，墨水的痕迹消失。

这个原理也用在了商店会员积分卡的可擦写卡上。另外，也应用于无碳纸（详见p380）。

文字消失的秘密

可擦圆珠笔写下的文字之所以可以消失是因为用橡皮擦擦除时产生了摩擦热。当温度高于60℃时，已经显色的隐色染料就会恢复至无色状态。

常温

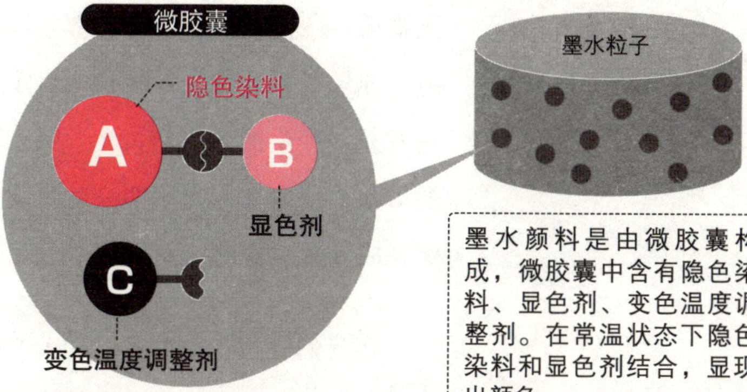

墨水颜料是由微胶囊构成，微胶囊中含有隐色染料、显色剂、变色温度调整剂。在常温状态下隐色染料和显色剂结合，显现出颜色。

摩擦加热

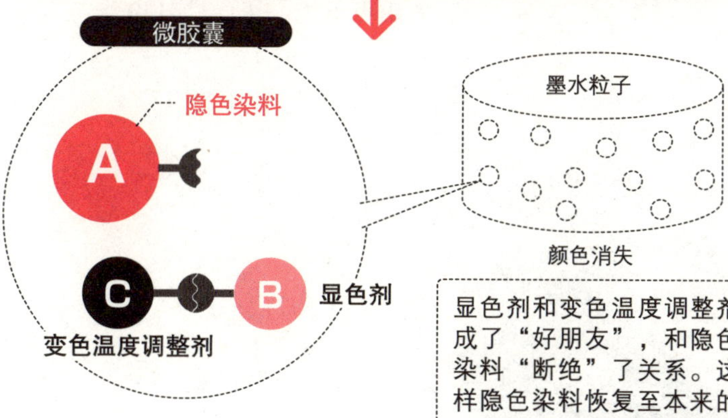

显色剂和变色温度调整剂成了“好朋友”，和隐色染料“断绝”了关系。这样隐色染料恢复至本来的无色状态，墨水的颜色消失。

Technology 084

荧光笔

荧光笔是二十世纪七十年代研发出来的，现在它已经成为热销产品，很多人的笔袋内都会常备一支。

在上市之初，荧光笔因其前所未见的鲜艳颜色和带有透明感的墨水色泽让很多人印象深刻。至今五十年，荧光笔已经成为笔袋内常备的文具。

为什么荧光笔的墨水看起来闪闪发光呢？这是因为它的墨水中含有**荧光物质**。荧光物质在受到外部光线照射后能够吸收光线，并转换为特定颜色发光，产生的光叫作荧光。荧光笔的墨水之所以看起来很明亮就是因为荧光成分发出的光。

在我们身边，有很多应用荧光物质的案例，如荧光灯。荧光管内侧涂有荧光物质，在紫外线的作用下，能发出可见光。（详见p149）

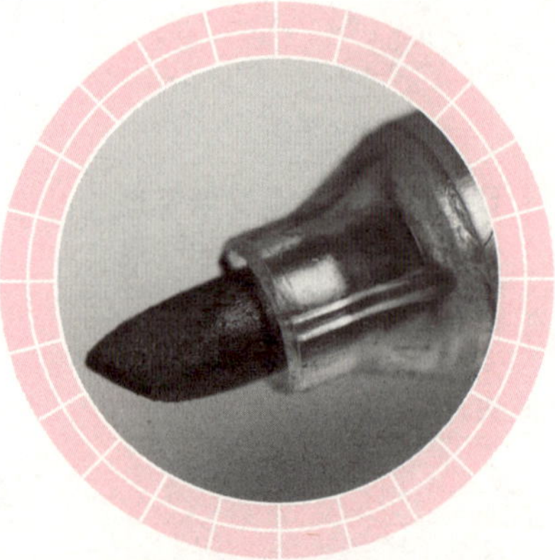

荧光物质发光的原理

电子吸收光线后会跃迁至高能级，释放一些能量后再恢复原来的状态，这时发出的光就是荧光。接下来请看荧光物质发光的原理（以下为示意图，仅供参考）。

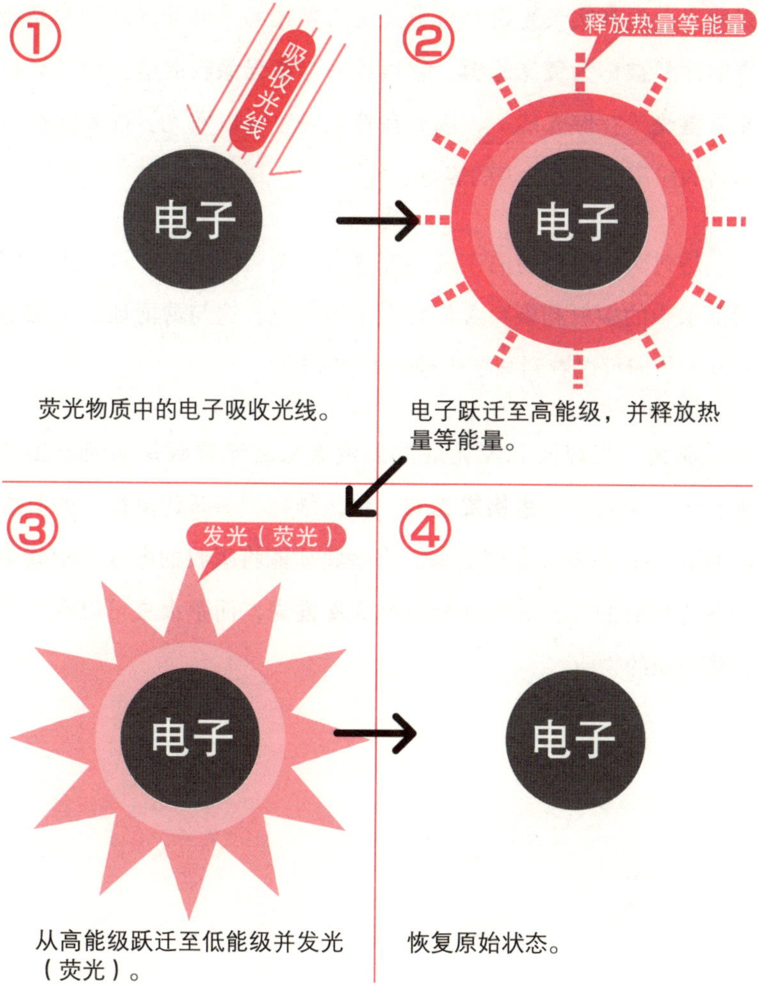

① 荧光物质中的电子吸收光线。

② 电子跃迁至高能级，并释放热量等能量。

③ 从高能级跃迁至低能级并发光（荧光）。

④ 恢复原始状态。

另外，LED照明也用到了荧光物质，LED照明使用的是蓝色的发光二极管，一般普通的LED照明发出的蓝光会被荧光物质吸收一部分，转换为黄光，黄光和本来的蓝光混合起来就变成了白光。

很多人看到荧光就会联想到萤火虫，误以为荧光物质自身可以发光，但其实荧光物质自身是无法发光的。另外，含有荧光物质的涂料被称为**荧光涂料**，它很容易与**夜光涂料**混淆。夜光涂料能够**蓄光**（存储光能），因此在背光时也可以发光。夜光涂料最知名的应用案例是钟表的表盘。

透过荧光笔书写的字迹能够透出其覆盖的文字，这是因为它的墨水中的颜料和染料含量要低于签字笔。这与薄薄地涂一层水彩颜料依旧可以看到画纸肌理的道理相同。

那么，很容易和荧光混淆的萤火虫之光到底是如何发出的呢？萤火虫发光是**生物发光**的一种，号称“新时代电视”的有机EL面板与它的发光原理类似。有些物质能将吸收的电或化学能量转化为特有的光，这种现象被称为**冷发光**，而萤火虫可以在体内合成类似的物质。

荧光笔墨水发光的原理

我们来看一下普通墨水与荧光笔墨水的区别。荧光笔墨水给人明亮之感，是因为除了反射光之外还有荧光助阵。

◉黄色普通墨水

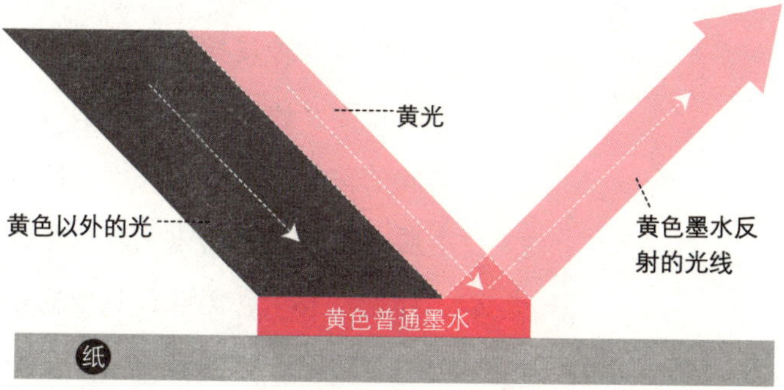

◉黄色荧光墨水

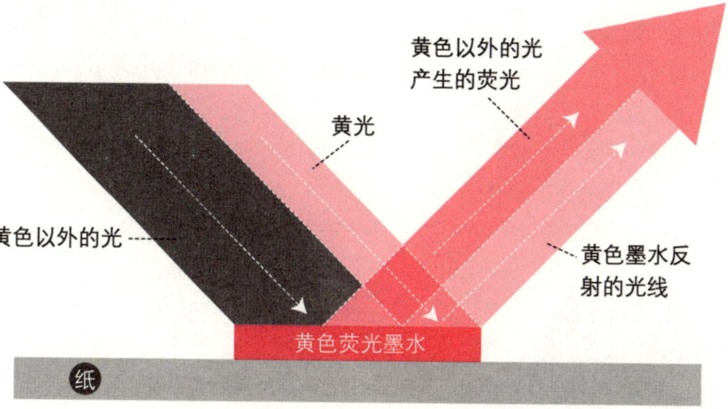

Technology 085

橡皮擦

橡皮擦虽然听起来像是橡胶制成的，不过现在大多是塑料制的。它为什么可以擦除铅笔字迹呢？

据说最早的橡皮擦是1772年在伦敦研制的。1564年人们发现了石墨，后来人们将石墨棒插到木棍中发明了铅笔。发明橡皮擦比发明铅笔晚了很久。看来人们发明这样的完美组合是需要花费大量时间的。

那么，橡皮擦为什么可以擦除铅笔字迹呢？原因就在于石墨粒子和纸之间的关系。铅笔写在纸上的点或线本质上都是石墨粉末附着在纸张表面（详见p336），因此，只要通过摩擦将粉末清除，字迹就会消失。但是仅凭摩擦是无法除掉字迹的，因为石墨粉末已经扩散。橡皮擦可以将石墨粉末吸附带走，并包裹在橡皮屑内，这就是橡皮擦能擦除铅笔字的原因。

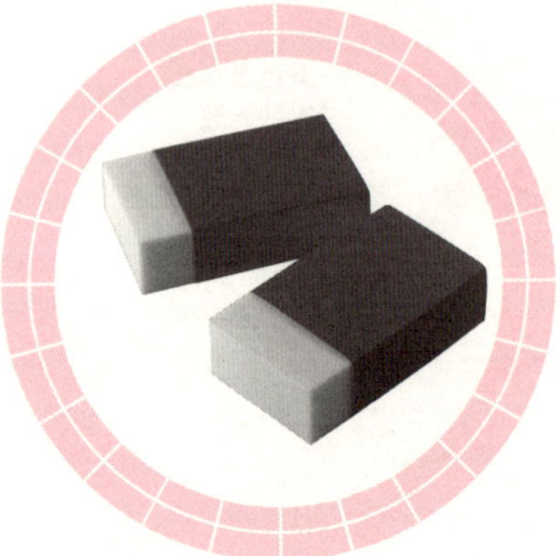

橡皮擦擦除字迹的原理

橡皮擦擦除铅笔字迹和墨水字迹的原理完全不同。铅笔字迹是石墨粉末被橡皮擦吸附带走的，而墨水字迹则需要将纸张纤维一同擦除。

◉铅笔字迹

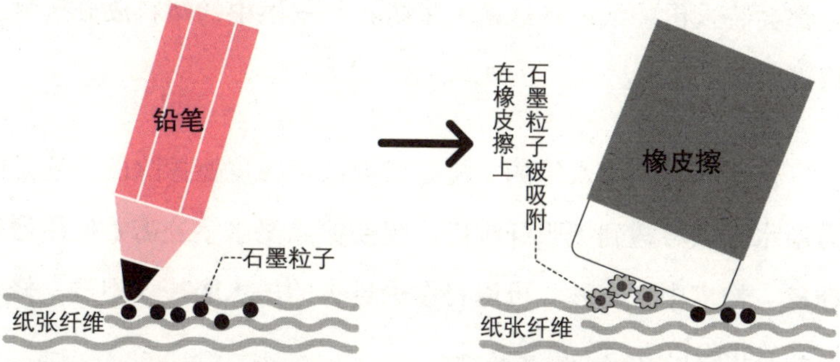

铅笔写下的字迹，是石墨粒子附着在纸张纤维上的状态。

在橡皮擦摩擦纸张的过程中，石墨粒子被吸附带走。

◉墨水字迹

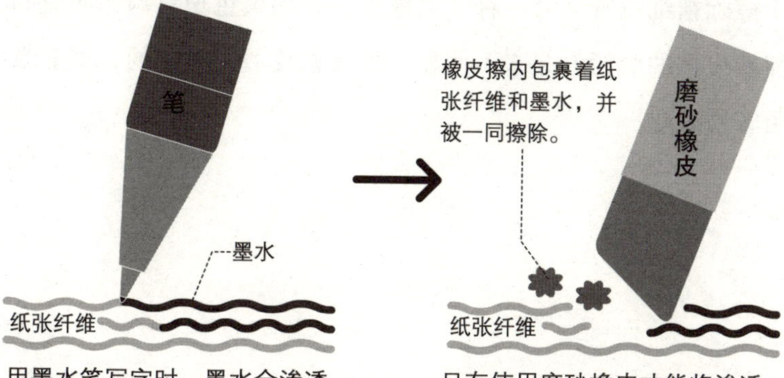

用墨水笔写字时，墨水会渗透到纤维内部。

只有使用磨砂橡皮才能将渗透到纸张内部的墨水痕迹擦除。

最近的橡皮擦都是由塑料制成的，据说它比橡胶材质的清洁能力更好，所以迅速扩大了市场份额。在日本，能够擦除铅笔字的橡胶橡皮擦和塑料橡皮擦统一被称为“消字擦”，不过还是“橡皮擦”这个名称使用更广泛。

塑料橡皮擦的制作方法如右图所示，在制作完成后每块橡皮擦都会装入包装纸内。这是为了防止橡皮擦中的塑料成分接触之后再次结合起来。

众所周知，墨水笔的字迹是没办法用橡皮擦擦除的，这是因为墨水可以渗透到纸张纤维内。想要擦除墨水字迹需要使用**磨砂橡皮**。橡皮中含有砂，可以将渗透进去的墨水磨掉。不过，修正液和修正带更方便、更受欢迎。

最近，还诞生了各种各样非常有设计感的橡皮。例如，一种名为“多角橡皮”的新型橡皮可以多次用尖角部位擦除，非常便于擦除精细位置。另一种“黑橡皮”是用黑色塑料制作而成的，使橡皮擦的脏污看起来不明显，而且橡皮屑是黑色的，很显眼，更容易清理。

塑料橡皮擦的制作方法

接下来看一下塑料橡皮擦的制作方法。最后将橡皮擦用纸包装是为了防止塑料成分再次结合。

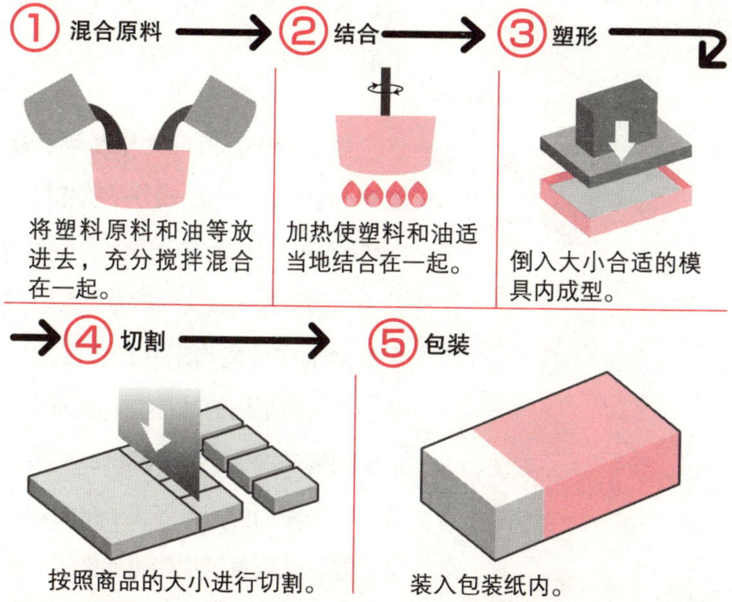

为什么橡皮包装纸的四角需要留出缺口

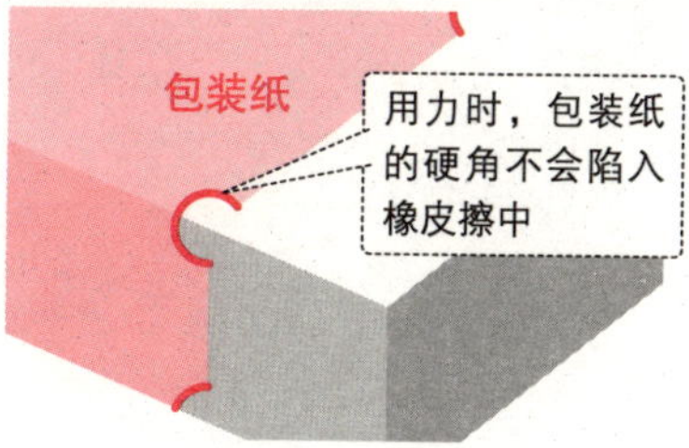

以日本蜻蜓铅笔公司的橡皮擦为代表，很多橡皮擦包装纸的四角会留出缺口。这是因为在用很大的力气推动橡皮擦时，包装纸的硬角很容易陷入橡皮擦内，这么做是为了防止这种现象发生。

Technology 086

修正液

要想去除圆珠笔写下的字迹，最简便的方法是使用修正液。修正液的白色成分是氧化钛，这种成分也用在防晒霜中。

想要修改墨水字迹或者是绘画时，最方便的工具莫过于修正液。修正液刚面市时，主要以毛刷类型为主，使用时涂抹在需要修改的地方，现在多为笔形修正液。另外，修正带也很受欢迎。

修正液中，溶剂为**甲基环己烷**，能够去除字迹的白色成分是**氧化钛**，使颜料凝固的固化剂成分为丙烯类树脂。其中作为颜料的氧化钛较重，存放过久会从溶剂中分离出来并产生沉淀。因此，长时间不用的修正液上半部分会变成透明溶剂，主要成分都沉淀下去了。这时，在使用前需盖好盖子摇晃均匀。笔形修正液内置了搅拌用的珠子，摇晃时会发出“咔哒咔哒”的响声。请在响声均匀后再使用。

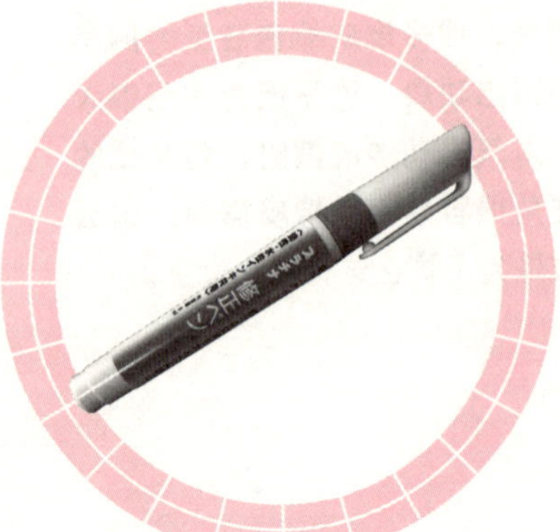

修正液的制作方法

修正液中白色粉末的主要成分是氧化钛，白色成分可以遮盖纸上的字迹。溶剂使用的是速干物质，一般为甲基环己烷。树脂可以在修正液干了之后将白色粉末固定在纸上，使用的是丙烯类树脂。

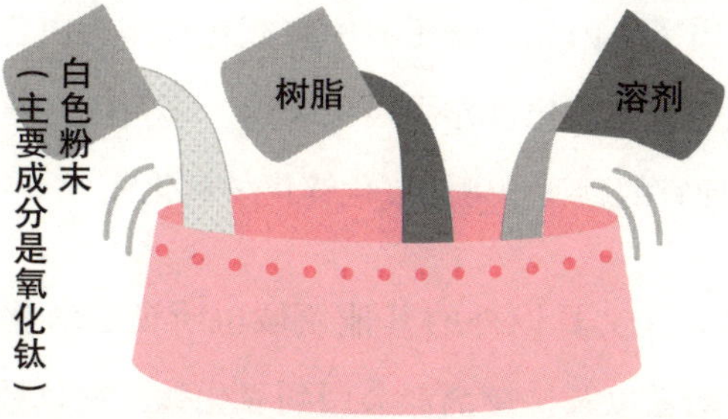

修正笔的原理

因为修正液中的氧化钛成分很难与溶剂混合在一起，所以在里面放入了辅助搅拌的珠子。使用前需摇晃均匀。

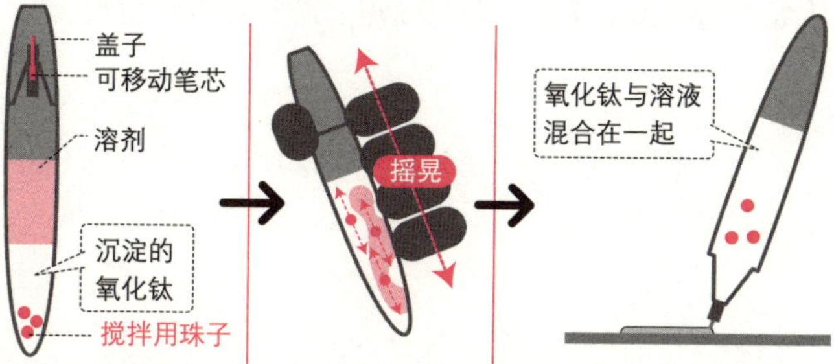

长时间不使用的修正液氧化钛会发生沉淀。如果不混合均匀直接使用，达不到遮盖字迹的效果。

摇晃修正液，利用珠子对溶剂和氧化钛进行搅拌。

氧化钛与溶液混合均匀才能完美地清除字迹。注意笔芯向下保存时，容易造成氧化钛凝固在笔尖处，修正液出不来。

使用修正液时需注意想要修改的墨水与修正液之间的亲和度，如果它们之间相互排斥，不仅达不到想要的遮盖效果，文字露出反而会看起来很不干净。所以在使用前请先确认一下它们的亲和度。

日常生活中，白色是一切颜色的基础，据说世界上没有比**氧化钛**更白的物质了。因此，修正液中将氧化钛作为白色成分的原料，绘画中也经常将氧化钛作为白色颜料。不过因为氧化钛的价格偏高，所以便宜的颜料中常用氧化锌代替氧化钛。

想必很多人在文具以外的其他领域也听说过氧化钛，化妆用的粉底、防晒霜以及抗菌剂都会用到氧化钛。氧化钛在光照的作用下作为光催化剂具有光化分解性能和亲水性能。催化剂指的是具有自身不发生改变，却能改变其他化学反应速率的性质的物质。在光的作用下能够起到催化作用的物质叫作**光催化剂**，氧化钛就是其中的突出代表。它因其特殊的性质被应用在了多个领域，比如作为抗菌卫生间、防污喷漆、防雾镜等的材料。

修正贴的构造

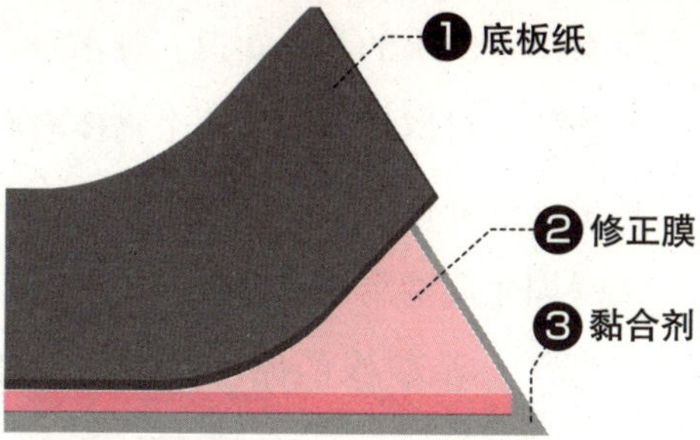

修正贴为三层结构。底板纸是由纸以及塑料薄膜制成的，上面覆盖着修正膜和黏合剂。修正膜的成分和修正液类似。黏合剂负责在修改时将修正膜粘在纸上。

修正带的内部构造

修正带一般是由两个圆盘和一个修正带头组成。用完的修正贴卷到下面的圆盘上，这些修正贴上面的白色修正膜和黏合剂已经粘在纸上了，所以比上面负责收纳没用过的修正贴的圆盘要小一些。

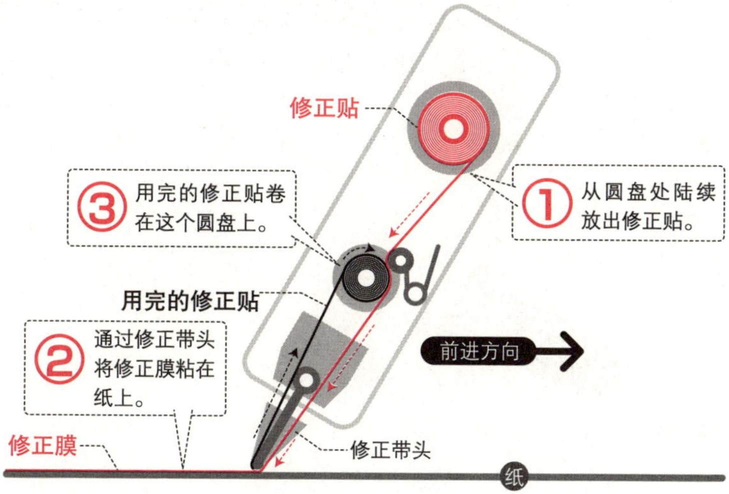

Technology 087

速干胶

当东西损坏时，速干胶是我们最得力的助手。它可以瞬间将损坏的部分粘在一起。快干的秘密就在于水分。

在研究速干胶为什么可以将物体迅速粘在一起的原理之前，我们先来了解一下胶水的基本知识。胶水是一种液体，可以迅速地在两个物体表面扩散渗透并使它们在分子层面结合，干燥固化后两个面就可以紧紧地粘在一起了。从胶水的原理我们可以知悉，胶水最初为液体，涂抹后变成了固体。

因此液体的固化时间很大程度上决定了黏合的时间。速干胶就是将固化时间缩短到瞬间的胶水。那么，它是怎样做到迅速固化的呢？秘密就在于空气中的水分。速干胶使用了一种只要接触到空气中的水分就能迅速凝固的物质。

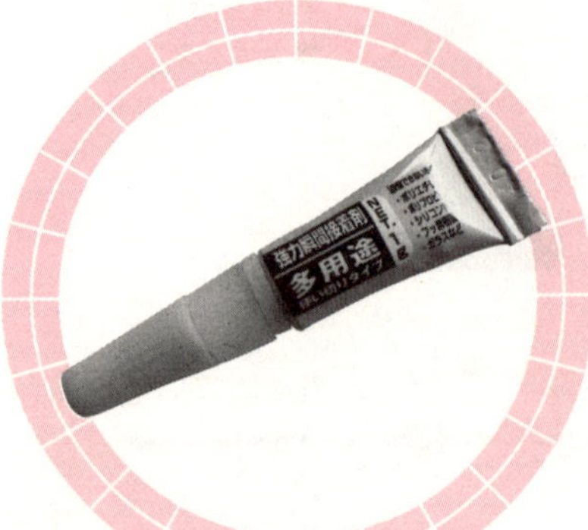

速干胶的原理

顾名思义，速干胶指的是能将物体快速粘在一起的胶水。而液体之所以能够迅速固化，秘密就在于空气中的水分。

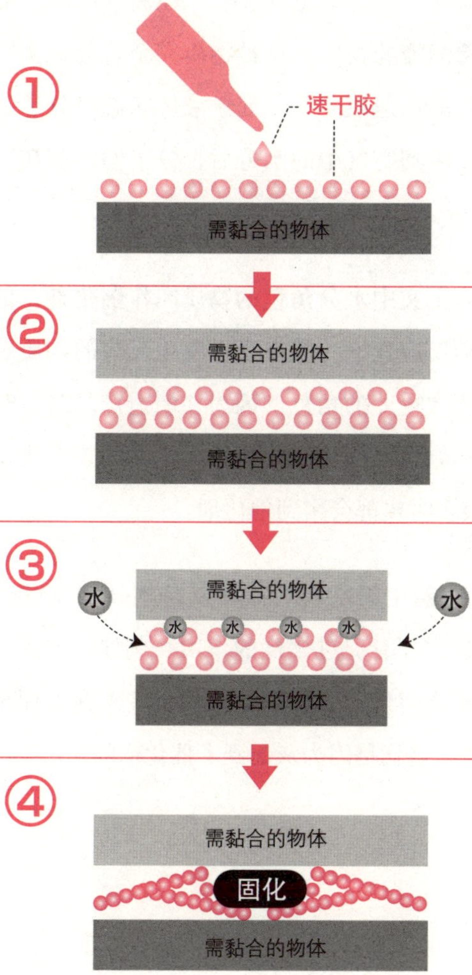

① 涂抹速干胶，液体胶水迅速在需黏合物体的表面扩散并渗透到内部。

② 将两个物体的粘贴面压合在一起。

③ 粘贴面上的水分以及空气中的水分与速干胶发生反应，迅速固化。

④ 胶水凝固，两个面被粘在一起。

在一般的生活环境中，空气中常常含有部分水分，物体表面也有些微湿润。速干胶利用少量的水分就可以瞬间凝固。

在日本，**AA超能胶**（Aron Alpha）就是速干胶的代名词。接着我们就以这种胶水为例看一下速干胶的原理。AA超能胶的主要成分是一种名为**氰基丙烯酸酯**的物质，这种物质完全符合上文所述的“只要接触到水分就能迅速凝固”。处于液体状态时分子通常是分散（单体）的，接触到空气中的水分后，分子们连接在一起，凝固为固体（聚合物）。

在化学世界中，扮演上文中水分角色的物质叫作**催化剂**，催化剂是一种能够改变化学反应速率，但自身不发生反应的物质。在化工界中，催化剂是非常重要的角色。因为在制造产品时，时间标准非常关键。如果不能将产品尽早完成，无论品质多么优良也没有工业意义。因此很多时候都会用到催化剂。

日常生活中最知名的催化剂是灰。因为灰是燃烧剩下的产物，不能继续燃烧，但是它却有促进燃烧的作用。例如，如果对着方糖直接点火方糖是不会燃烧的，但是如果撒一些灰在上面再点火，方糖就会开始燃烧。这就是因为灰起到了催化剂的作用。

速干胶固化的原理

让我们从微观角度观察一下速干胶固化的原理。

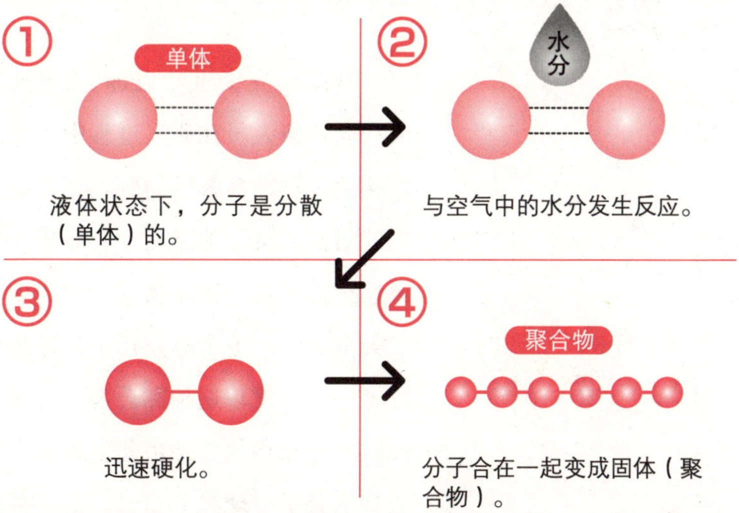

灰的催化作用

能够改变化学反应速率，但自身不发生反应的物质叫作催化剂。在下图所示的方糖实验中，灰中的碳酸钙催化了燃烧。

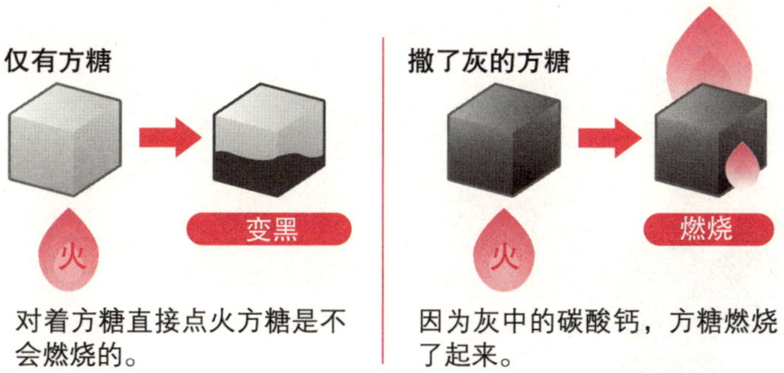

Technology 088

便利贴

在做学习笔记或备忘录时，便利贴是必不可少的工具，它既可以轻松地贴在桌子、书以及本子上，又可以瞬间撕下，十分方便。

便利贴的叫法来自英语Post-it，原是美国3M公司的注册商标，在日本“Post-it”比它的正式名称知名度还要高。

在距今三个世纪以前，3M公司的一名科研人员在研发过程中无意间发明了一种黏性较弱的胶。作为黏合剂的研究人员，他当然希望做出一种黏性很强的胶，因此将这种胶当成了“失败品”，他十分介怀于是仔细研究了一下，发现这种黏合剂的分子呈球状，分布均匀，并由此发现，当黏合剂的分子呈球状分布时，是一种能够反复粘贴的胶。

便利贴可以反复黏贴的原理

便利贴在粘贴后之所以能够轻松地取下，是因为它使用的黏合剂分子为球状构造，因此与被粘贴物体之间的接触面积小。

① 粘贴前

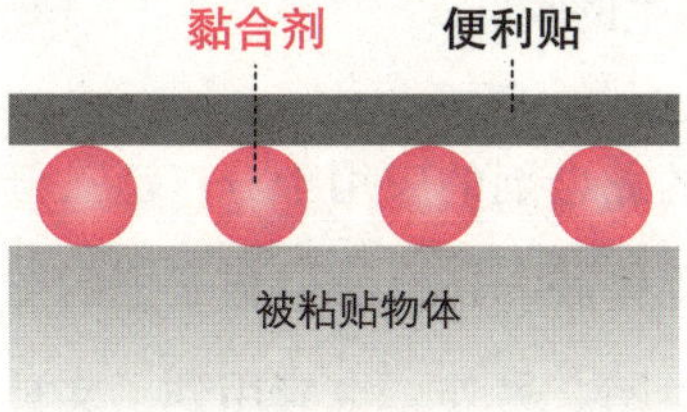

在将便利贴粘贴到纸张等物体上之前，黏合剂分子呈球状。

② 粘贴

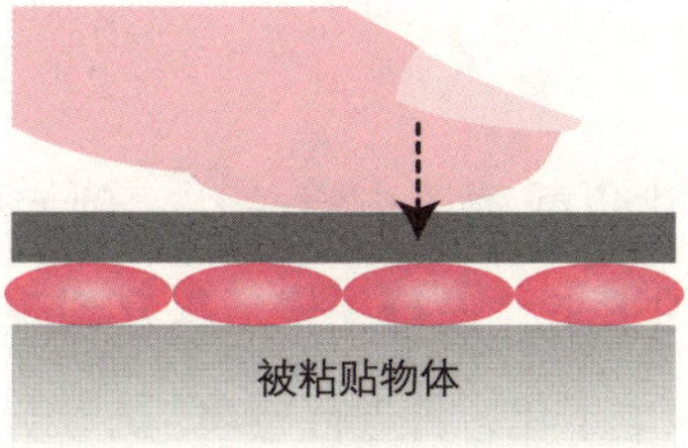

用手指从上方施压，球状分子被压扁，粘在物体上。

③ 撕掉

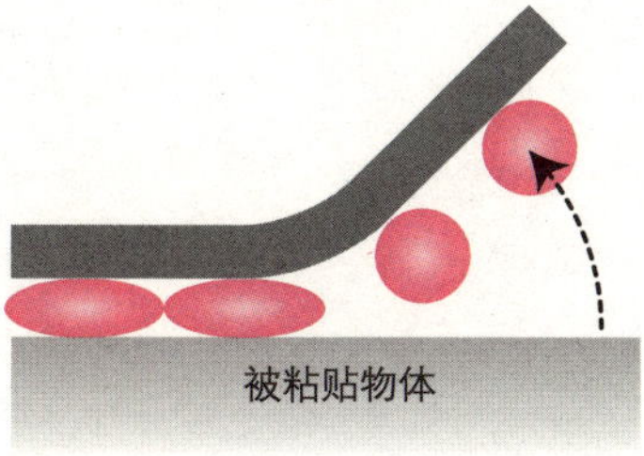

掀起后，原本被压扁的黏合剂分子又恢复球状，因此可以完整地撕下。

接下来谈一下便利贴发明背后的故事。这种黏合剂并没有立即应用在便利贴上。当时因为用途不明，3M公司内部曾公开征集这种黏合剂用途的提案，但都不了了之了。五年之后，它的发明者在与其他科研人员一起合唱时，夹着的书签不慎掉落，于是瞬间灵光一现："要是有一种可以反复粘贴的贴纸就太方便了。"这就是1974年，便利贴诞生的瞬间。

这种可以反复粘贴的黏合剂的应用十分广泛。例如，可以将纸条变身便利贴的可撕固体胶，还有类似板子上的图钉或磁铁，可以将纸张贴上去的无痕贴。另外，也应用到了文具之外的其他领域，例如，清洁工具滚筒粘毛器就充分利用了便利贴黏合剂可以反复粘贴的特性，滚筒上有两种黏合剂，"咕噜咕噜"滚动就可以粘起灰尘。

最近便利贴的电子化也受到了广泛关注，例如可以用智能手机将便利贴上的内容拍下来，进行编辑后保存到著名的云端商"Evernote"内。将备忘录电子化，再进行整理，方便分类和检索。

Technology 089

订书机

订书机是装订文件时必不可少的文具之一，日本大多将其称为『Hotchkiss』。

1952年，小型订书机开始在日本售卖，当时这种以品牌名Hotchkiss命名的文具迅速普及起来。因此，在日本，它的品牌名“Hotchkiss”甚至比它的正式名称知名度还要高。

无论过去还是现在，订书机的原理从未改变。类似于金属加工中的冲压，不过操作对象是专门的订书钉。在**推动器**的力量下，把订书钉压到名为**变形器**的金属模具上，将订书钉弯曲成类似眼镜的形状，这样就可以把纸订在一起了，这一系列的动作被称为装订。

以前用订书机订好的文件上，订书钉呈类似眼镜的形状。因此，将很多文件订好摞在一起，装订的那一侧会变得特别高，不易于叠放。

因此，现在一种名为**平钉**的订书针非常受欢迎。加装了导向用的金属板，使弯曲后的钉尖更平整，这样装订好的文件即使叠放很多层，都可以保持平整。

另外，订书钉是如何制作出来的呢？先将原材料铁丝电镀再压成订书钉的形状，接下来的步骤可能有些出人意料，用黏合剂将它们粘在一起就完成了。因此，每次订书时粘在一起的订书钉可以一根一根地被压下去。

在需要将一些不用的文件回收时，经常听到有人抱怨取订书钉很麻烦。不过，据说铁制订书钉其实并不影响制作再生纸，因为废旧纸张遇到水后碎掉溶解，比重较高的铁很容易分离出来。因此一般在订书钉的盒子上都会印有“订书钉对再生纸工程没有影响”的字样。

时至今日，订书机的普及已经近七十年了，不过最近兴起了一股革新之风。无针订书机、纸钉订书机，以及可以轻松装订几十张纸的订书机等，一些新奇点子转化而成的新产品正在陆续研发之中。

装订的原理

类似于冲压成型时将金属压到模具里，订书机是将订书钉压到变形器内。

①初步贯穿　②开始装订　③完成装订

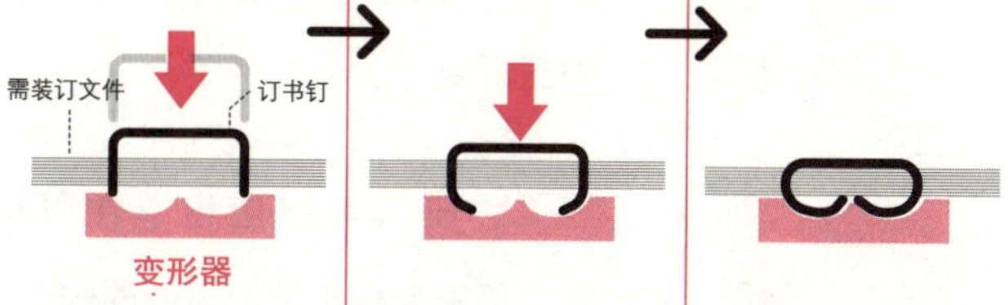

① 订书钉贯穿需装订的文件。

② 继续压入订书钉，将纸牢牢固定住。

③ 继续压入订书钉，将纸牢牢固定住。

平钉的原理

传统订书机是由变形器将订书钉弯曲成类似眼镜的形状，顾名思义，平钉时弯曲后的钉尖更加平整。

①初步贯穿　②开始装订　③完成装订

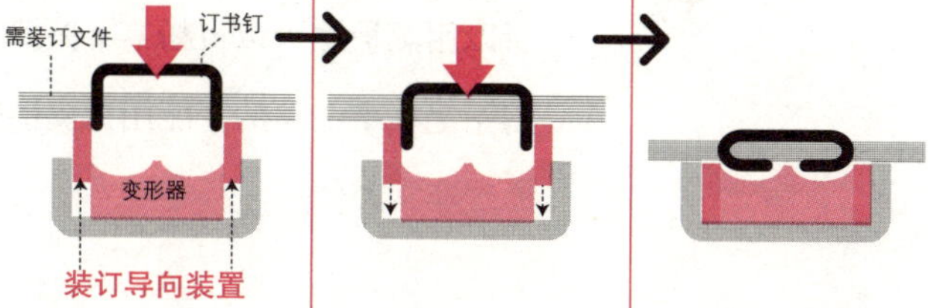

① 订书钉贯穿需装订的文件。

② 装订导向装置将订书钉压平。

③ 变形器升高，让装订后的内侧更平整。

◉传统装订的缺点和平钉的优点

用传统装订方式装订的文件，叠放后稳定性很差，而用平钉方式装订的文件叠放依旧可以保持平整。

Technology 090

黑板

虽然它的名字是黑板，不过现在的黑板一般都是绿色的。黑板表面为什么能写字呢？

黑板是1870年前后传到日本的，英文名称是“blackboard”，直译为“黑板”。事实上，以前的黑板表面的确是黑色的，不过从二十世纪五十年代开始改良了表面涂料，采用了更护眼的绿色。

之所以可以用粉笔在黑板上写字，秘密就在于黑板表面的构造。用显微镜观察就能发现黑板表面有很多细小坚硬的凹凸。粉笔是由白色粉末凝固而成的，在黑板上摩擦时，脱落的粉末会残留在黑板表面的凹凸里，这些白色的粉末就组成了黑板上的白色文字。正因为粉笔字以粉末的形式附着在黑板上，所以用黑板擦可以将粉笔字擦掉。这与用铅笔在纸上写的字能用橡皮擦擦掉的原理非常类似。

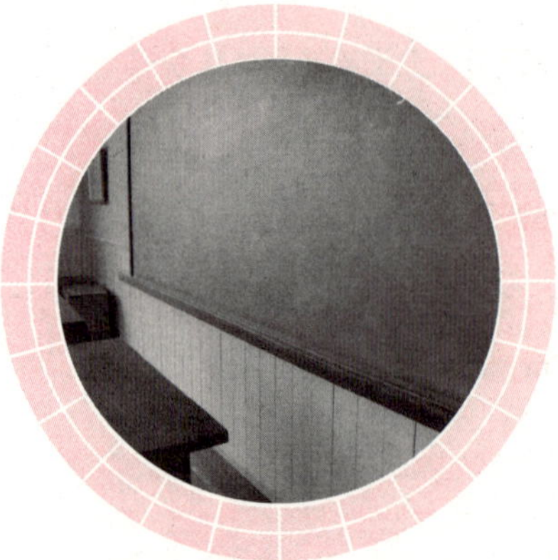

粉笔能在黑板上写字的原理

黑板表面并非平整，而是凹凸不平的，正是这些凹凸将粉笔的粉末磨掉。

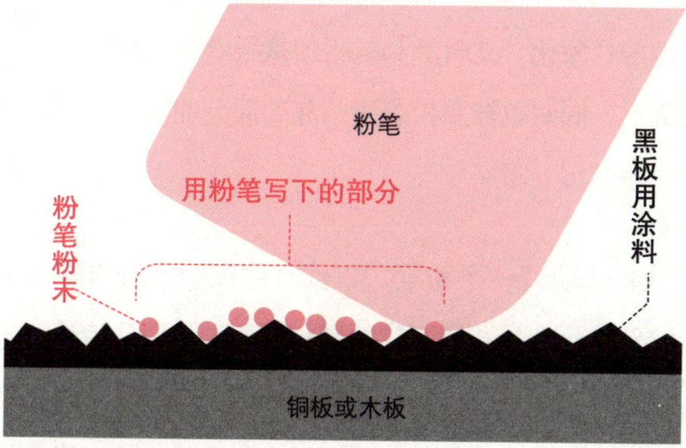

摩擦的原因

用显微镜观察黑板表面，可以发现黑板表面的涂装和粉笔之间的接触点上既有附着的部分，也有被冲蚀的部分。这是黏附摩擦和冲蚀摩擦造成的。

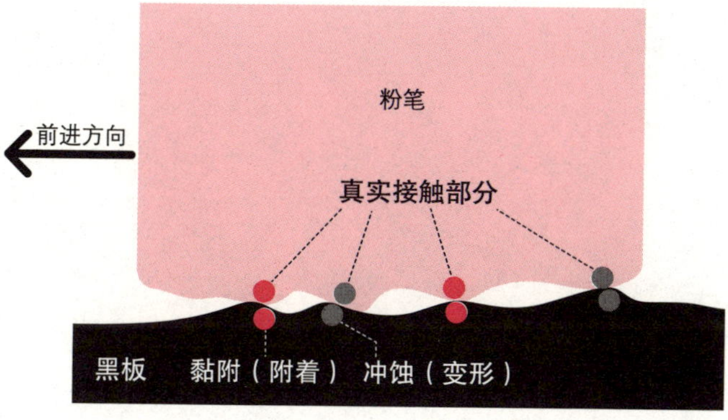

用粉笔在黑板上写字时可以感受到轻微的摩擦力，在这种摩擦力的作用下固体粉笔变成了粉末。那么，这种力究竟是如何产生的呢？附着在所接触的表面而产生的**黏附摩擦**以及因变形而产生的**冲蚀摩擦**是其产生的主要根源。粉笔和黑板之间的关系简直就是两者之间摩擦原理的具象化。在粉笔和黑板的接触点上，粉笔附着（黏附摩擦）在黑板上，同时也被黑板表面凸起的部分冲蚀（冲蚀摩擦），因此粉笔才能在黑板上写字。

接着我们来研究一下粉笔。古代日本称粉笔为**白墨**，粉笔分成石膏制成的软粉笔和碳酸钙制成的硬粉笔两种。最开始从法国进口的都是石膏粉笔，后来从美国进口碳酸钙制成的粉笔后，因为日本的石灰石产量较高，所以碳酸钙粉笔逐渐成为主流。此外，因为可以用以前被当作废弃物的贝壳、蛋壳作为原料，碳酸钙粉笔逐渐成为环保型粉笔。

白板笔中含有剥离剂

白板笔的墨水中除了含有溶剂（酒精）、颜料、树脂之外，还掺杂着一些剥离剂。它的字迹之所以能很容易被擦掉，就是因为含有剥离剂。

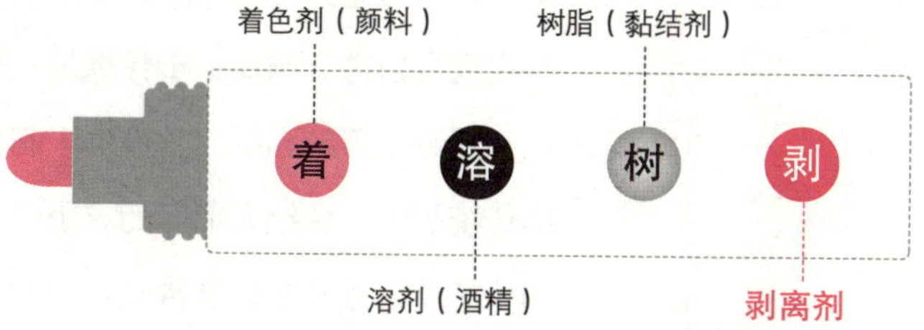

白板笔字迹消失的原因

在白板上写下的字迹用布或海绵擦拭后就会消失。因为在剥离剂的作用下，颜料与树脂形成薄膜变成“漂浮”的状态。

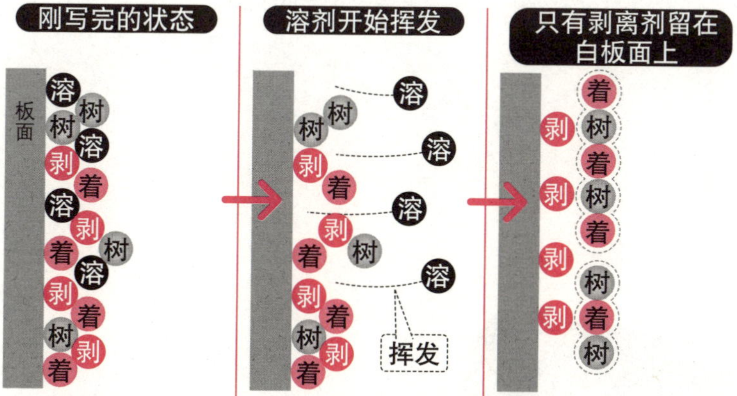

包括颜料、树脂、酒精、剥离剂在内的所有物质混在一起附着在白板上。

过一会儿，墨水中的溶剂（酒精）挥发了。

颜料和树脂结合在一起形成一层膜，漂浮在剥离剂上面并凝固。这样墨水就很容易擦除了。

和纸

Technology 091

近年来，一种特殊的纸——和纸特别受欢迎，作为毕业证书和工艺折纸的用纸，传统的和纸再次受到了关注。

1868年之前，和纸一直都是日本纸的代表。自从以纸浆为原料的现代造纸法传入日本，和纸的生产量急速下降，即便如此，和纸的人气依旧经久不衰。也许是因为它独特的质感，日本人一直对它情有独钟。例如，**千代纸**是一种花纹和图案精美的和纸，常被用于制作日本传统折纸、“纸人形”的衣服以及装饰工艺品。近几年，非常流行用和纸制作毕业证书。

距今将近一千四百年的飞鸟时代（公元592年—710年），造纸术传到了日本。在那之后纸历经数次改良，终于演变成今天的和纸。

和纸和洋纸的纤维

现在市面上大量流通的纸都是洋纸，它和日本自古以来的和纸有什么不同呢?

和纸

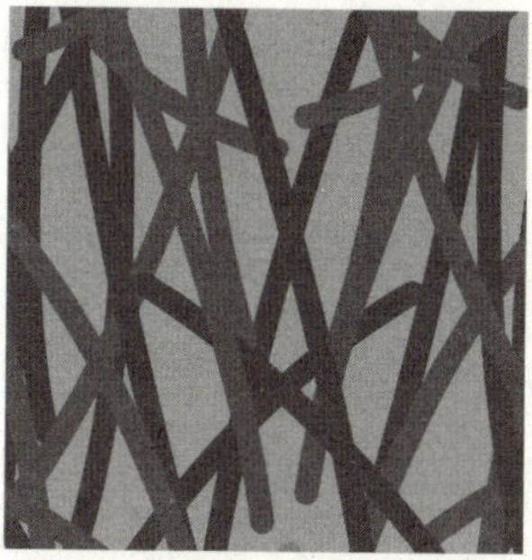

木材中的树皮纤维。纤维比洋纸长，表面粗糙不平。

洋纸

木质纤维。纤维比和纸短，表面光滑平整。

植物纤维的结合

虽然植物纤维是由纤维素构成的，但同时也是由天然黏着力（氢键）以微弱的力量连接在一起的。纸张之所以很容易弯折、破裂就是因为连接力较弱。另外，纸张之所以耐水性较差也是因为氢键遇水会断开。

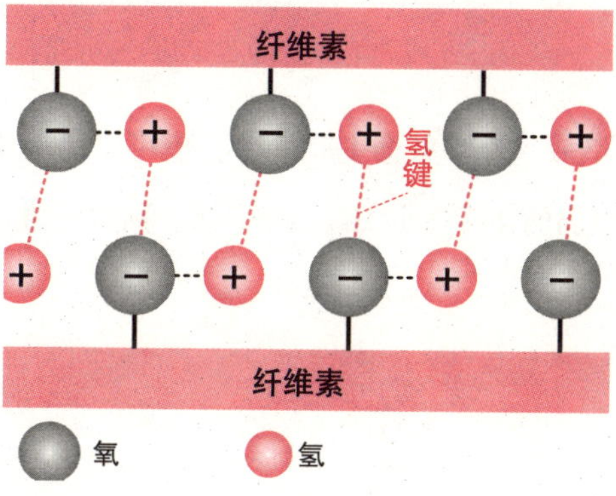

那么，和纸和现在大量流通的纸（**洋纸**）有什么区别吗？它们都需要提取植物纤维再进行抄纸，不同之处在于植物纤维的提取方式。

制作和纸时，需要先将原料熬煮以提取植物纤维，接着捣烂、用网捞起纸浆（也叫作抄纸）、烘干。与之相对，制作现代洋纸时，大多采用先使用机器将木材磨碎，再加入化学药品熬煮以提取植物纤维。相比之下，和纸的制作过程是物理性的，洋纸是化学性的。

从它们的制作过程我们可以了解到，和纸的纤维较长，纸质结实不易变质，便于长期保存。与之相比，洋纸的纤维细密适合大量生产，容易产出同等品质的纸张。

那么，为什么纸会弯折或破裂呢？这是因为纸张的原料植物纤维相互联结，它们之间通过一种天然的黏着力（**氢键**）连接在一起。这是一种因为将物质放在一起而产生的力量，它并不强大。纸张之所以容易弯折、破裂的原因正在于此。如果是强力结合的话，就会像玻璃一样一旦折断马上会破碎（为了弥补微弱的连接力，造纸时会添加胶类成分）。

之所以将纸放入水中就会变软变碎，也可以用上述理由解释。因为纤维之间微弱的连接在水中被分解开来，所以纤维也就散开了。

Technology 092

喷墨打印机专用纸

到文具店购买喷墨打印机专用的打印纸时，发现有很多种类，它们之间有什么不同呢？

日本市面上销售的贺年卡有**彩喷纸**、**喷墨相纸**两种不同的材质。此外，在文具店或办公用品卖场，有**亚光纸**、**相纸**、**高级书写纸**等各种打印用纸出售。这些都是什么纸呢？

想要理解喷墨打印机专用纸的种类，首先需要知道什么是**涂布纸**。纸浆经过抄纸后得到的纸张表面是凹凸不平的，因此，为了让表面更加光滑需要涂抹一层涂料，给纸张“上妆”。这种纸就叫作涂布纸。处理后纸张表面的凹凸就会消失不见。另外，涂料还能吸收印刷油墨，使印刷更加美观。未经过涂布加工的原纸叫作**非涂布纸**。打印纸和笔记本用纸都是非涂布纸。

制造涂布纸需要在抄纸工序后加一道涂布工序。用于涂布的机器名为**涂布机**，根据涂抹涂料的不同，将涂布纸大体分成了低光泽度的**亚光涂布纸**和有一定光泽度的**亮光涂布纸**。如果想要比亮光涂布纸更高的光泽度，还需要做进一步的表面处理，将其做成**光泽纸**。

我们具体地看一下。**高级书写纸**是质量较好的普通纸张，属于非涂布纸，打印文字的效果非常好，但不能打印照片。**亚光纸**是亚光涂布纸的简称，是经过消光处理的涂布纸，贺年卡所用的彩喷纸也属于这种纸。**相纸**使用的是光泽纸，贺年卡所用的喷墨相纸同样属于这种纸。

用什么纸打印决定了打印机呈现的印刷效果。如果想将数码相机拍摄的照片打印得好看，就需要选用经过专业表面处理的喷墨打印机专用纸中的光泽纸。光泽纸又分成两种表面处理方式，一种是**高分子材料涂布**，一种是**多孔质粒子材料涂布**。你可以将高分子材料想象成明胶，将多孔质粒子材料想象成硅胶。以前光泽纸多为高分子材料，不过多孔质粒子材料的光泽纸油墨的吸收性和速干性更好，可能成为未来的主流相纸。

亮光涂布纸和亚光涂布纸

涂布纸分成了有一定光泽度的亮光涂布纸和低光泽度的亚光涂布纸。我们来看一下它们之间的区别。

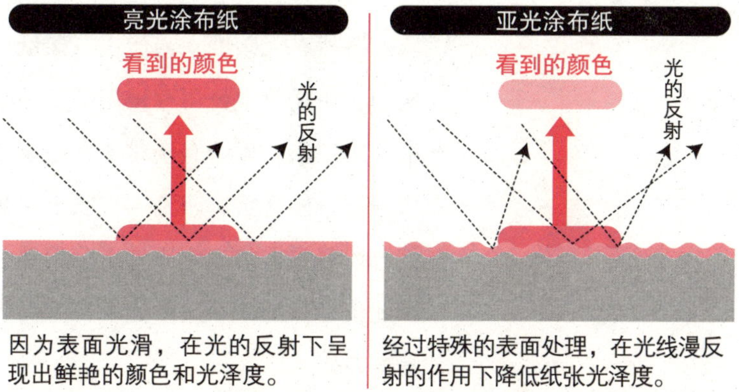

多孔质粒子材料涂布和高分子材料涂布

喷墨打印机专用的光泽纸分为多孔质粒子材料涂布和高分子材料涂布两种处理方式。

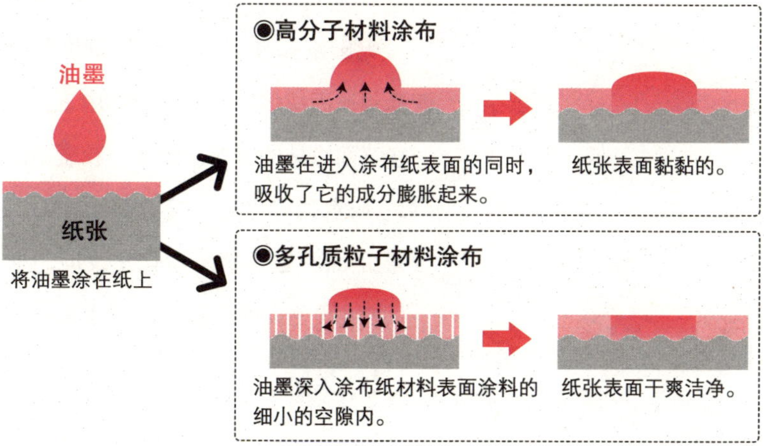

Technology 093

无碳纸

我们收到的复写式发票和交货单使用的大多是无碳纸，它不会弄脏手，是一种非常方便的纸张。

日常生活中许多场景都可能会用到**无碳纸**。如银行汇款单、快递单等很多需要副本的场所都活跃着无碳纸的身影。

既然有无碳纸，当然也有**碳纸**。例如，快递单中公司存根用的就是碳纸。第一联背面涂有碳粉，在笔压的作用下，能将字迹印到第二联上。我们可以看出它的工作原理十分简单，因此价格低廉，不过手碰触在上面容易被弄脏。

无碳纸解决了碳纸容易弄脏手的问题。无碳纸是由美国企业于1953年发明的，它的复写原理是什么呢？

无碳纸是使用以微米为单位的**微胶囊**制作而成的，在笔压的作用下，第一联背面涂抹的胶囊被破坏，胶囊中的无色**成色剂**渗出来，接着与涂在第二联正面的**显色剂**发生化学反应，显现出颜色。因此副本的纸张也印出了字迹。

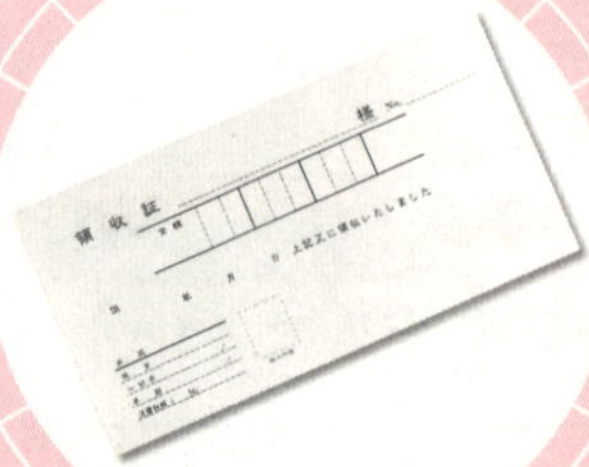

碳纸复写的原理

快递单等单据会用到碳纸。它的原理十分简单所以价格低廉，不过很容易弄脏手。

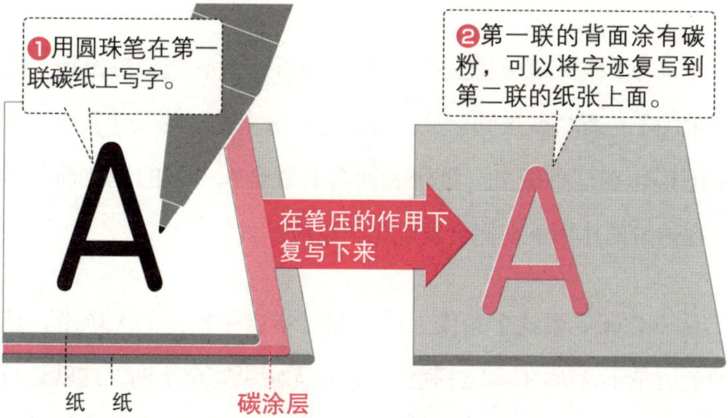

无碳纸复写的原理

在圆珠笔笔压的作用下，装有隐色染料（最开始是透明的）的微胶囊被破坏，与显色剂发生化学反应并显现出颜色。左图以三联复写纸为例。

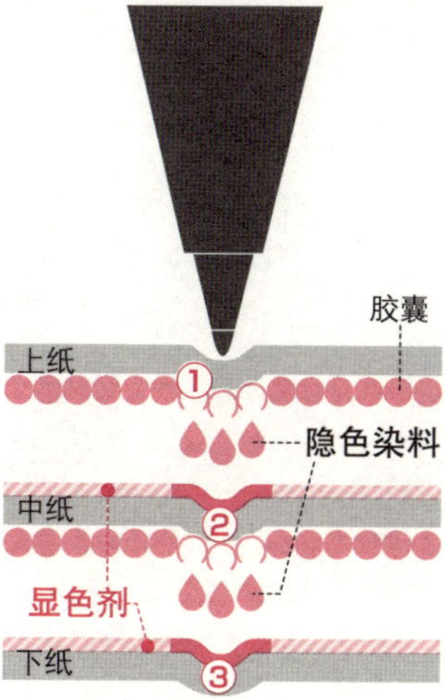

① 在圆珠笔笔压的作用下，上纸的微胶囊被破坏。

② 隐色染料与显色剂发生化学反应并在中纸上显现出颜色，中纸的微胶囊也被破坏。

③ 同上，隐色染料与显色剂发生化学反应并在下纸上显现出颜色。

这个显色原理让人联想到了“可擦笔”（详见p346）中研究过的隐色染料和显色剂的组合。实际上微胶囊中的成色剂就是隐色染料中的一种。但是，与可擦笔不同，用在无碳纸上时，这种隐色染料具有在常温下不会发生变化的性质，因此橡皮擦也很难将其擦掉。

无碳纸的复写原理还适用于另一种纸张，它就是**感热纸**。感热纸经常用于传真机或条码标签。通过打印头上的加热元件可以直接将文字图形印在这种纸上。纸张表面含有混合在一起的显色剂和成色剂，在热量的作用下它们会发生化学反应。

从不含碳元素这个角度上讲，除了本文中提到的无碳纸，还有一种纸也是不含碳的，不过制作方式与无碳纸完全不同，这就是日本PILOT（百乐）公司研制的**plastic carbon**，这种纸采用了特殊结构和设计，塑料层内含有油墨，手接触后不会弄脏。

微胶囊的单位是微米

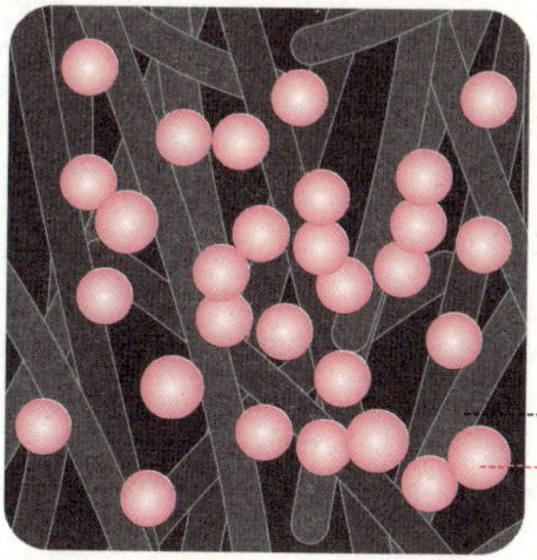

左图是无碳纸的放大图。无碳纸纤维中附着有微胶囊，胶囊内含有隐色染料。它的大小是以微米为单位的。

感热纸的原理

感热纸经常用于条码标签等。感热纸表面涂有黏结剂，黏结剂含有显色剂和隐色染料。

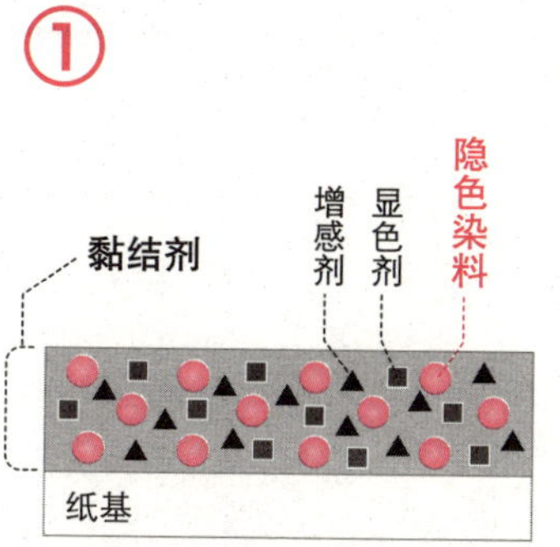

在纸张表面的黏结剂内含有显色剂、隐色染料。增感剂是使它们更容易发生化学反应的一种化学药品。

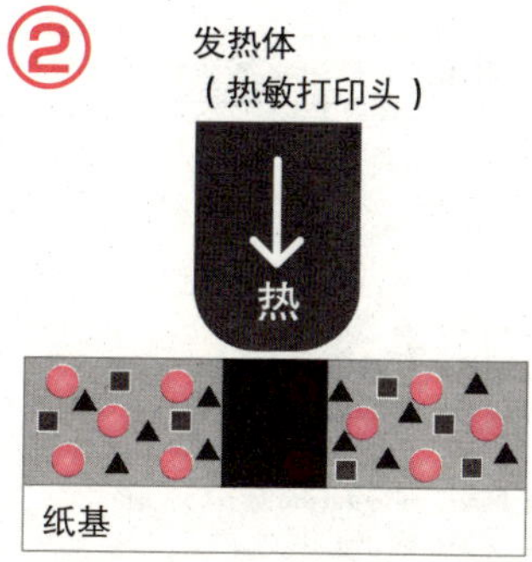

加热后，显色剂和隐色染料溶解并结合在一起，产生化学反应变成黑色。

图书在版编目（CIP）数据

万物运转图鉴 / (日) 涌井良幸, (日) 涌井贞美著；赵百灵译. -- 海口：南海出版公司, 2021.10

ISBN 978-7-5442-9883-4

Ⅰ. ①万… Ⅱ. ①涌… ②涌… ③赵… Ⅲ. ①科学知识—青少年读物 Ⅳ. ①Z228

中国版本图书馆CIP数据核字(2021)第129185号

著作权合同登记号 图字：30-2020-022

WANWU YUNZHUAN TUJIAN

万物运转图鉴

策划制作：北京书锦缘咨询有限公司（www.booklink.com.cn）
总 策 划：陈　庆
策　　划：肖文静

作　　者：［日］涌井良幸　［日］涌井贞美
译　　者：赵百灵
责任编辑：张　媛
排版设计：柯秀翠
出版发行：南海出版公司 电话：（0898）66568511（出版）（0898）65350227（发行）
社　　址：海南省海口市海秀中路51号星华大厦五楼 邮编：570206
电子信箱：nhpublishing@163.com
经　　销：新华书店
印　　刷：北京世汉凌云印刷有限公司
开　　本：889毫米×1194毫米　1/32
印　　张：12
字　　数：281千
版　　次：2021年10月第1版　　2021年10月第1次印刷
书　　号：ISBN 978-7-5442-9883-4
定　　价：68.00元